市政系列丛书

砂岩泥岩单护盾TBM 地铁施工技术

主 编 / 汪强宗 孙鹤明 王文广 王鹏伟
副主编 / 张 磊 樊德东
主 审 / 李 文 蒠振东 刘方华

人民交通出版社股份有限公司
China Communications Press Co.,Ltd.

内 容 提 要

本书共5章,介绍了盾构、TBM起源及发展历史,主要从设备选型、施工临建设施筹划、单护盾TBM管片、单护盾TBM掘进施工技术等方面进行了全面阐述。文中实例及施工工艺均以重庆轨道交通环线单护盾TBM项目为依托。

本书条理清楚、资料翔实、结果置信度高、参考性强,对同类地铁施工和管理都有较大的指导和借鉴价值。

图书在版编目(CIP)数据

砂岩泥岩单护盾TBM地铁施工技术/汪强宗等主编.—北京:人民交通出版社股份有限公司,2016.9
 ISBN 978-7-114-13273-5

Ⅰ.①砂⋯ Ⅱ.①汪⋯ Ⅲ.①地下铁道—砂岩—岩石隧洞—全断面掘进机—工程施工—重庆市②地下铁道—泥岩—岩石隧洞—全断面掘进机—工程施工—重庆市 Ⅳ.①U231.3

中国版本图书馆CIP数据核字(2016)第190157号

Shayan Niyan Danhudun TBM Ditie Shigong Jishu

书　　名:	砂岩泥岩单护盾TBM地铁施工技术
著 作 者:	汪强宗　孙鹤明　王文广　王鹏伟
责任编辑:	谢海龙
出版发行:	人民交通出版社股份有限公司
地　　址:	(100011)北京市朝阳区安定门外外馆斜街3号
网　　址:	http://www.ccpress.com.cn
销售电话:	(010)59757973
总 经 销:	人民交通出版社股份有限公司发行部
经　　销:	各地新华书店
印　　刷:	北京鑫正大印刷有限公司
开　　本:	787×1092　1/16
印　　张:	15.5
字　　数:	360千
版　　次:	2016年9月第1版
印　　次:	2016年9月第1次印刷
书　　号:	ISBN 978-7-114-13273-5
定　　价:	68.00元

(有印刷、装订质量问题的图书由本公司负责调换)

《砂岩泥岩单护盾 TBM 地铁施工技术》编写委员会

总 策 划：吴　琼

顾　　问：姚占虎　崔大臣

主　　编：汪强宗　孙鹤明　王文广　王鹏伟

副 主 编：张　磊　樊德东

主　　审：李　文　蒽振东　刘方华

编　　委：汪强宗　孙鹤明　王文广　樊德东　易　达
　　　　　　丁传海　陈胜亮　魏国涛　王志刚　马　帅
　　　　　　林章虎　忽慧涛　刘　宇　郭莹莹　范蔚山
　　　　　　张书香　马思伟　杨　平　刘拴锭　胡锡鹏
　　　　　　张志伟　张　波　吴洪旭　陈　明　彭朝阳
　　　　　　张历男　高　平　冯胜武　乔浩利　祝阳春
　　　　　　杨智交　王晓达　于志凯　杨　波　吴　伟
　　　　　　郇叶飞　田　龙　马　莹　李　玲

责任编辑：孙鹤明　王文广

主编单位：中交一公局第三工程有限公司

TBM（Tunnel Boring Machine）——全断面隧道掘进机，具有掘进速度快、利于环保、综合效益高等优点。重庆轨道交通6号线于2009年引进了两台敞开式单护盾TBM，这是TBM首次用于国内地铁工程建设，此后重庆轨道交通广泛采用单护盾TBM施工，目前在建工程有重庆轨道交通环线、6号线二期、3号线、5号线等工程项目。但是国内地铁建设采用TBM施工并进行碎石吹填灌浆施工工艺的相关案例较少。本书以重庆轨道交通环线单护盾TBM项目为依托，广泛学习重庆在建项目其他标段施工，结合重庆市砂岩、泥岩的地质情况对单护盾TBM用于地铁施工进行技术总结，对隧道结构衬砌管片进场到管片拼装、壁后碎石吹填及注浆，单护盾TBM吊装组装始发到掘进到达过站，TBM设备维修保养到管理等，文中都有详细的阐述。本书的亮点在于完全从施工的角度，总结了技术成果，为单护盾TBM施工在地铁领域的应用积累了经验，对后续工程的施工具有一定的指导意义。在编写本书过程中参考了相关的规范和文献，得到了有关单位的大力支持和帮助，在此一并感谢。

由于本书的编写时间仓促以及相关工程经验积累还不多，书中难免有局限性和不足之处，对于书中存在的错误与不当，敬请广大读者不吝指正。

作者
2016年6月

目录 / contents

第1章 盾构、TBM 概述 ··· 1
1.1 盾构的起源与发展历史 ································ 1
1.2 TBM 的起源与发展历史 ································ 2

第2章 设备选型与施工筹划 ······························· 6
2.1 设备选型 ·· 6
2.2 场地临建概述 ·· 67
2.3 办公区和生活区驻地设施 ···························· 68
2.4 其他临建设施施工要求 ······························ 78

第3章 TBM 管片 ··· 100
3.1 管片概述 ··· 100
3.2 管片进场 ··· 100
3.3 管片防水材料及传力衬垫 ···························· 102
3.4 管片吊运及存放 ····································· 110
3.5 管片修补 ··· 111

第4章 掘进生产辅助 ··· 14
4.1 附属设施设计 ·· 114
4.2 人员配置及职责 ····································· 119
4.3 道岔 ·· 122
4.4 设备吊装 ··· 126
4.5 反力架 ·· 134
4.6 油、脂种类及使用部位 ······························ 140

第5章 掘进施工技术 ··· 154
5.1 掘进参数选择及常见问题 ···························· 154
5.2 碎石吹填注浆技术 ··································· 160
5.3 点位选择 ··· 180
5.4 过站 ·· 184

— 1 —

5.5 负环拆除 …………………………………………………………… 197

5.6 刀具管理 …………………………………………………………… 206

5.7 TBM 掘进统计分析 ………………………………………………… 232

参考文献 ………………………………………………………………… 239

第1章 盾构、TBM概述

1.1 盾构的起源与发展历史

盾构是一种用于软土隧道施工、具有金属外壳、壳内装有整机及辅助设备,在外壳的掩护下进行土体开挖、土渣排运、整机推进和管片安装等作业,从而使隧道一次成形的隧道施工机械。

在发达国家中,使用盾构施工已占隧道施工总量的80%以上。国外盾构经历了四个发展阶段:一是以布鲁诺尔(Brunel)盾构为代表的手掘式盾构;二是以机械式、气压式盾构为代表的第二代盾构;三是以闭胸式盾构为代表(泥水加压平衡式、土压平衡式)的第三代盾构;四是以大直径、大推力、大扭矩、高智能化、多样化为特色的第四代盾构。

目前,世界上采用盾构法修建隧道已有150余年的历史。最早进行盾构法研究的是法国工程师马克·布鲁诺尔,他观察到船蛆在船的木头中钻洞的同时,从体内排出一种黏液加固洞穴,现象得到启发,在1818年开始研究盾构法施工,并于1825年在英国伦敦泰晤士河下,使用一台矩形盾构建造世界上第一条水底隧道(宽11.4m、高6.8m)。

马克·布鲁诺尔矩形盾构,由12个邻接的框架组成,每个框架分成3个工作仓,每个仓可容纳一个工人独立工作,并对工作人员形成保护。每个工作仓都牢固地安装在盾壳上,当掘进完一段隧道后由螺杆将鞍形框架向前推进,紧接着后部完成砌砖工作。

由于英国伦敦泰晤士河水底隧道施工前未掌握抵制泥水涌入隧道的控制方法,在隧道修建过程中遇到很大的困难,两次被河水淹没。1835年,开始使用改良后的盾构,最终在1843年完工,建成后的隧道全长458m。

1869年英国人詹尼斯·亨利·格瑞海德(Janes Heary Greathead)用圆形盾构再次在泰晤士河底修建了第二条隧道,隧道外径为2.18m、长402m,并第一次采用了铸铁管片。由于隧道基本上是在不透水的黏土层中掘进,所以在控制地下水方面没有遇到什么困难,格瑞海德圆形盾构成为了大多数初期盾构的模型。

1874年英国人詹尼斯·亨利·格瑞海德(Janes Heary Greathead)开发了液体支撑隧道工作面的盾构,通过液体流,涂料以泥浆的形式排出。

劳德·考克让施(Lord Cochrane)按照1828年Callodam向布鲁诺尔提出的建议,于1830年发明了气闸,它能使作业人员从常压空间进入到加压的工作仓。1879年,在安特卫普首次采用压缩空气掘进隧道,但未使用盾构。

1886年,英国人詹尼斯·亨利·格瑞海德(Janes Heary Greathead)在伦敦地下施工中,将压缩空气方法与盾构掘进机相结合使用。压缩空气在盾构掘进中的使用,标志着在承压水地层中掘进隧道的一个重大进步,填补了隧道施工的空白,促进了盾构在世界范围内的进一步推广。

在布鲁诺尔开发盾构之后的另一个进步是采用机械代替人工开挖。第一台机械化盾构的专利是1876年英国人约翰·荻克英森·布伦敦(Janes Dickinson Brunton)和姬奥基·布伦敦(Georgr Brunton)申请的专利。这台盾构采用了半球形旋转刀盘,开挖土渣沿径向落入装在刀盘上的料斗中,料斗将土渣转运到皮带输送机上。

1896年,英国人普莱斯(Price)开发了一种辐条式刀盘机械盾构,并于1897年起成功地应用在伦敦的黏土地层施工中。它第一次将格瑞海德圆形盾构与旋转刀盘结合在一起,在4个辐条式刀盘上装有切削工具,刀盘通过一根长轴由电机驱动。

1964年,英国人摩特·亥(Mott Hay)、安德森(Anderson)及约翰·巴勒特(John Bartlrtt)申请了泥水加压平衡盾构专利。但是由于英国当时缺乏能适合应用这种技术的隧道工程,该技术的发展受到了限制。1967年,第一台用刀盘切削土体和水力出渣的泥水盾构在日本投入使用,这台盾构由日本三菱公司制造,其直径为3.1m。1970年,日本铁道建设公司在京叶线森崎运河下的羽田隧道工程中采用了直径为7.29m的泥水盾构施工,施工长度为1712m,施工获得了巨大成功,这是当时直径最大的泥水盾构。随后,德国Wayss&Freytag公司意识到膨润土技术具有潜在的发展前途,开发了德国的第一台泥水盾构,并于1974年在德国汉堡首次使用了这种盾构,开挖4.6km长的污水管道。

1895年,Wayss&Freytag公司和海瑞克公司申请了复合盾构的专利,它以Wayss&Freytag公司拥有专利的泥水盾构为基础,有其独特的沉浸墙、压力隔板结构,可以以土压平衡或压缩空气盾构模式运行。1993年9月,第一台外径为7.4m的多模式复合盾构用于巴黎一段长为1600m、穿过三种完全不同地层隧道中,它可以从泥水式转换到土压平衡式或敞开式。

1.2 TBM的起源与发展历史

TBM(Tunnel Boring Machine)——全断面隧道掘进机,可实现掘进、支护、出渣等施工工序并行连续作业,是集机械、电子、液、光、气等系统为一体的工厂化流水线隧道施工装备,具有掘进速度快、利于环保、综合效益高等优点,可实现传统钻爆法难以实现的复杂地理、地貌深埋长隧洞的施工,在中国水利、水电、交通、矿山、市政等隧道工程中的应用正在迅猛增长。

欧美等国将全断面隧道掘进机统称为TBM,日本则一般统称为盾构机,细分可称为硬岩隧道掘进机和软地层隧道掘进机。中国则一般习惯将硬岩隧道掘进机称为TBM,将软地层掘进机称为盾构机。

19世纪中叶,西方的文明体现在于铁路的修建。梦想家们在地图上画满弯曲的路线,而实现方法是勇往直前,开凿隧道,但这意味着巨大的支出。隧道工程的工作面之小,不比一个床单大多少,因此隧道开凿工作面同时工作的人数被限制,而且大部分时间浪费在工序交接上。美国马萨诸塞州的一个隧道项目耗时20年,仅仅掘进了5mile。

聪明的工程师们心中萌发着建造一台大机器的冲动。加大机器动力,把工业革命带入地下,先驱者是一个是叫毛瑟的比利时工程师。他在1845年得到撒丁国王的许可,修建一条连接法国和意大利的铁路,毛瑟在国际采矿业具有显赫声名和超强自信。他对爬越山口的方案不以为然,坚持要走直线,尤其是在著名的Cenis山口附近,要以隧道形式穿越Frejus山。

这是一个巨大的挑战,毛瑟的方案需要开凿40000ft(约12km)隧道,这在当时的技术条件下几乎是不可能实现的。当年隧道开挖的工序是:岩面钻孔→装填炸药→点火→操作人员找掩→起爆(图1-2-1)→迅速带着支撑木跑回掌子面,在洞顶塌方之前把支撑架好→用铁铲把破碎的岩石运出。

施工过程中,密闭空间中起爆会造成大量有毒气体,后续工作进行之间必须通风换气。对于当年的通风技术来说实在太长,隧道需要很长的时间才能完成换气。毛瑟当然知道这点,他计划在爆破之外,还要使用世界上第一台隧道掘进机TBM。

毛瑟的"片山机(mountain-slicer)"于1846年在都灵附近的一个军工厂组装成形。它庞大而复杂,体积超过一节火车头,有一百多个钻头。整个机器俨然就是由凸轮、拉杆、活塞和弹簧组成的"丛林"。不论实用与否,它确实是深思熟虑的产物。机器建成后,来自各地的参观者络绎不绝,视其为隧道掘进机械历史上

图1-2-1 隧道爆破场景

的纪念碑。当年,人们更多地将它视为一件艺术品,而非工具。

当然,也有一些参观者是把它当成机器,而非艺术品来评估的。他们满腹狐疑,因为掘进机需要巨大的推进力,而这些能量是在隧道外产生,并通过复杂的机械连接到达工作面的,隧道越深,连接就越长,而传输过程中的能量损失也就越大。看起来,"片山机"早晚会因为动力不足而僵死洞中。自信的毛瑟相信"车到山前必有路",但持怀疑态度的人也没有被说服。1848年欧洲的政治动荡削弱了弥漫的乐观气氛,对毛瑟的资助被中断。(10年以后,有赖于隧道通风技术进步,一条紧邻毛瑟路线,采用爆破技术的隧道修建完成)。毛瑟的隧道机械,虽然没有经过实践检验,但却是公认的第一台TBM(图1-2-2)。

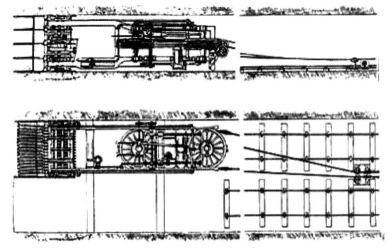

图1-2-2 毛瑟(Maus)的隧道机械

1851年,美国波士顿南部的理查德穆恩公司又建造了一台质量为75t的巨大机器,用于马萨诸塞州西北Hoosac隧道的开挖。但仅仅开挖了10ft,机器就不动了。1856年,美国著名的工程师之一——赫尔曼·豪普特,宣布他将以另一台隧道机拯救胡塞克项目。他对此充满信心,甚至自掏腰包资助该计划。然而,他的机器开挖不到1ft就寿终正寝了,豪普特在郁闷中破产。在这以后的30年,人们设计试制了13台各式各样的TBM,技术上均有所进步,但都不能算得上成功。

比较成功的是1881年波蒙特开发的压缩空气式TBM,应用于英吉利海峡隧道直径为2.1m的勘探导洞,共掘进了多于3mile。

1881—1926年,一些国家又先后设计制造了21台掘进机。之后,因受当时技术条件的限制,掘进机的开发处于停滞状态。

1930年前后,人们本来已经要放弃。巧合的是,1930年也是詹姆士鲁宾斯(James Robbins)从当时的密西根采矿学校(现在的密歇根科技大学)毕业的年份。鲁宾斯从没想到自己会成为创造历史的人。根据他的儿子理查德(Richard)介绍,当时鲁宾斯对TBM的发展历史一无所知。当然也没有必要了解,因为当时普遍认为TBM已经走进了死胡同。鲁宾斯毕业后的15年四处漂流,在加利福尼亚的坚硬岩石中开矿,在阿拉斯加淘金沙。第二次世界大战以后,他在伊利诺伊州成为一个采矿咨询工程师。

1952年,鲁宾斯和一名叫F.K.Mittry的隧道承包商见了面。Mittry刚在南达科州皮尔中标一个引水渠开挖项目。皮尔附近的基岩充满裂缝和断层,地质学家甚至特意标明该区域岩层为皮尔页岩。皮尔页岩的脆弱使得爆破施工极其困难,因为点火后根本不知道落下来的会是什么。如果换到其他行业,这些问题在没有答案之前,人们是不会签订文件的,但这是隧道工程。Mittry投标时义无反顾,他知道需要大量时间和精力解决皮尔页岩的开挖问题。他中标后开始访问咨询工程师,搜罗主意。他的研究是非常仔细的,能找到鲁宾斯这个专家就是明证。

鲁宾斯给他出了一个主意。当时采矿业刚刚开始进入非爆破开掘技术阶段,基本思路是将一批金属齿或者镐切入采煤工作面,然后旋转,在工作面上形成一个切口,而悬挂于金属尖齿之间的旋转轮则将表面的松散煤层带下,回送后重复以上过程。

图1-2-3 鲁宾斯站在新开挖隧道断面前

当然,隧道的精度要求远高于煤矿挖掘,而且尺度也大为不同。但Mittry慧眼独具,一举选定鲁宾斯的方案并委托其建造一台机器。1953年机器建成,像所有类似机器一样,Mittry被称为鼹鼠(Mole)的机器让人印象深刻:质量125t,长90ft,直径约26ft。隧道以每天160ft的速度推进,这是一个惊人的数字,几乎十倍于同时代的钻进/爆炸施工方法。鲁宾斯虽然没有建造世界上第一台TBM,但他做得更好:他建造了第一台能工作的TBM,突破了百年来未能突破的禁地,而且是以这样出色的方式(图1-2-3)。

第1章 盾构、TBM概述

皮尔项目的成功掀起了一阵风潮,但这些机器除了对软岩行之有效之外,对于硬岩均以失败告终。鲁宾斯看到了TBM的应用虽然荆棘密布,但是开发前景广阔,于是创办了世界上第一家专门研究制造TBM的公司——S. Robbins & Associates公司(后来的Robbins公司)。1955年,鲁宾斯又为某坝的工程建设,连续制造了3台直径2.44m的掘进机,这3台掘进机均不能认为是成功的,因为在对岩面、石灰岩的互层岩体及硬石灰岩的岩体掘进中,很快暴露出一些弱点。最头疼的问题是碳化钨钻头经常会碰到硬岩而脱离,结果不得不停机进行维修。如此反复浪费了大量时间,更不用说钻头本身也价格昂贵。

鲁宾斯绞尽脑汁,思索化解之道。1956年的某一天他突发奇想,决定去掉所有的钻头,乍一看似乎不合理。因为理论上,钻头主要负责切入岩石,而碟片则是负责收集碎石,但他的直觉是对的。没有钻头后,那些稍经改造的碟片(被罗宾斯称为破碎轮,即盘形滚刀)更能独立高效地完成作业,并能有效破碎多伦多项目单轴抗压强度140MPa的岩石。

多伦多项目的重要意义还在于第二项重要改进。隧道开挖中,耗时费力的工作并不完全在岩石切割,还要考虑如何把碎石运离工作面。鲁宾斯对机器进行了改进,设置了一个和切割轮一起旋转的挂斗。这个挂斗可以收集地面的碎石并倒入一个运送装置中,由该装置将碎石后运。这个挂斗—运送装置标志着鲁宾斯隧道挖掘机的又一个巨大进步:隧道开挖机成为隧道开挖—碎石后送机。

同年,罗宾斯制造的直径3.28m中硬岩掘进机,成功通过了工业性试验,盘形滚刀的应用是全断面硬岩掘进机技术进步的重要标志,是硬岩掘进机的发展中的一个重要转折点。这一时期,罗宾斯又为国外某一大坝的输水隧道制造了1台直径为9m的全断面掘进机。

1960年,掘进机的发展进入新的阶段,罗宾斯公司为塔斯马尼亚隧道工程制造了1台直径4.89m的掘进机,在结构设计上第一次把支撑和推进机构组合为一个全浮动的系统;采用球铰式结构,通过支撑靴板压紧并固定在洞壁上,以此获得推进时掘进机的反力。这是第一台创纪录(6d中掘进了229m)的罗宾斯掘进机。

目前,全世界大约有120台TBM同时工作。这个数字不仅反映了TBM应用在隧道工程方面的统治地位,也反映出人们对地下空间的依赖增强。每当地面有冲突,比如高速路扩宽、繁华城市地铁修建等工程,首先会考虑对地面影响较小的TBM施工方法。

第 2 章 设备选型与施工筹划

2.1 设备选型

2.1.1 TBM 选型

1）盾构类型的比选

重庆市 TBM 项目的地质情况为：砂岩所占比例 70%~80%、泥岩或砂质泥岩所占比例 20%~30%，岩体较为完整，砂质泥岩的强度是 8~15MPa，破碎后遇水易软化，砂岩的最大强度是 50MPa；沿线无地表水体或地下暗河，岩层中存在基岩裂隙水，涌水量低于 10L/(min·10m)。并且，此标段工期紧、任务重。基于以上情况，现有如下四种备选方案：

方案一：

针对重庆 TBM 项目的地质情况，以及近几年在重庆地铁的施工经验，中铁工程装备集团公司（以下简称中铁装备）建议使用双模式盾构机（具备单护盾 TBM 和土压平衡两种模式功能），也就是既能在敞开模式或欠压模式下掘进，也能在保压（土压平衡）模式下掘进。在敞开或欠压模式下采用皮带出渣，在土压平衡模式下采用螺旋输送机出渣。但是在一个区间内不建议频繁更换模式，因为模式的转换需要一定的时间：在工厂内模式转换大约需要 7d 的时间，如果在施工中转换模式需要十几天的时间。频繁更换模式必定影响施工进度。

方案二：

根据重庆 TBM 项目的地质情况，小松（中国）投资有限公司（以下简称日本小松公司）推荐使用复合式土压平衡盾构机。刀盘采用复合刀盘，出渣方式采用螺旋输送机，刀盘中心附近确保开口可防止结泥饼，刀盘外部确保开口 16 处，确保渣土落入土仓内，刀盘的转速提高到 5r/min，开口率 33%；既可以在欠压模式下掘进，也可以在土压平衡模式下掘进。但是，土压平衡模式下掘进的渣土要进行改良，需加泡沫剂和膨润土，渣土过稀，增加了材料成本和出渣成本，且螺旋输送机磨损较大，影响掘进速度。

方案三：

分析重庆 TBM 项目目前的地质资料，德国海瑞克股份有限公司（以下简称德国海瑞克公司）认为采用双模式盾构机（土压模式和单护盾硬岩掘进机模式）比较合理。在水压力比较大、水流量比较多或在泥岩等地层条件下，可采用土压平衡盾构模式掘进；在岩石完整性良好的砂岩地层条件下，采用单护盾硬岩掘进机的模式掘进。

方案四：

为满足工程地质复杂多变和高进尺要求，中国铁建重工集团有限公司（以下简称中铁建重工）建议采用双模式 TBM，即具备土压平衡盾构和单护盾 TBM 两种模式，两种不同模式主要体现在刀盘形式和出渣方式的差异,在不同的区间、不同的地质条件下采用不同的出渣方式。单护盾 TBM 在泥岩和砂质泥岩地层中,容易出现糊刀和刀盘结泥饼现象,应采取一定措施进行改良。

针对以上四种方案,现做如下分析:

(1)设备技术性能

中铁建重工、中铁装备和德国海瑞克公司三家盾构设备生产厂家为本工程拟用设备,设计方案均为双模式盾构机,即一套设备上拥有土压平衡和单护盾 TBM 两种设备的功能。此设计方案扩大了设备的使用范围,不仅能够满足重庆地区的地质条件施工,也为后续其他地区施工做了考虑。日本小松公司只提出了复合式土压平衡盾构的设备设计方案,不太适应重庆地区施工使用。

基于重庆市 TBM 项目(轨道交通环线)的地质情况,采用单护盾 TBM 方案,较适合重庆市地质条件,但应有泥岩/砂质泥岩的施工应对措施。日本小松公司提出的复合式盾构方案,实际上并不适合重庆市地质情况,且施工进度不能满足工程工期要求。就设备的性能而言,德国海瑞克公司的整体性能略强,而中铁建重工、中铁装备的主要设备采用进口设备,故在设备技术性能方面几种方案近似。

(2)设备的经济性

根据表 2-1-1 报价,中铁建重工的性价比较高。

各厂家设备报价表　　　　表 2-1-1

生产厂家	中铁装备	日本小松公司	德国海瑞克公司	中铁建重工
报价(万元/台)	4600	4575.3219	5114.5519	4500

(3)技术参数

通过对刀盘驱动、刀具、推进系统、盾体等设备的主要技术参数进行评审分析,得出中铁建重工和中铁装备两家设备的主要技术参数都可以满足重庆环线的施工要求,经比较分析,中铁建重工设备技术参数稍优于中铁装备设备,如表 2-1-2 所示。

中铁装备和中铁建重工设备技术参数对比表　　　　表 2-1-2

序号	主项	分项	单位	中铁装备	中铁建重工	优者	备注
1	总体	整机功率	kW	1761	2300	中铁建重工	
		最小转弯半径	m	350	250		
2	刀盘驱动	回转功率	kW	6×200=1200	7×220=1540		
3	刀具	滚刀	把	17in、45 把	17in、44 把	二者接近	
		刮刀		59	72		
4	刀具突出盘面高度	滚刀	mm	165	175	中铁装备	
		刮刀		125	140		
5	刀盘	开口率	%	35	34	二者接近	
6	大轴承	直径	mm	3400	3600		
7	推进系统	速度	mm/min	80	120	中铁建重工	推进泵流量大
		油缸尺寸	mm	230/200-2300	230/200-2200	中铁装备	

— 7 —

续上表

序号	主 项	分 项	单位	中铁装备	中铁建重工	优者	备注
8	管片安装	起吊能力	kN	120	150	中铁建重工	
		吊装范围	°	±200	±220		
9	变压器	容量	kV·A	1600+1000	2000+1000		
10	盾体	前盾直径、钢板厚度	mm	6850、60	6820、50	中铁装备	
		中盾直径、钢板厚度	mm	6840、50	6810、50		
		盾尾直径、钢板厚度	mm	6830、50	6800、35		

(4)售后服务及易损件更换

①中铁装备承诺:除了完成试掘进服务500m验收后,免费增加100m试掘进服务,并为重庆环线工程免费配备一名经验丰富的工程师全程保驾护航。两台盾构设备提供总共三次免费油水检测等售后服务。质保期内免费更换随机备件。中铁装备在重庆设有设备组装分厂,厂内设有配件库,易损件库存充足可以随时更换,并提供配件更换指导服务。

②中铁建重工承诺:免费试掘进500m,前300m带领施工方技术人员边掘进边学习,后200m手把手进行现场教学;质保期内易损件免费提供更换服务,但收取备件成本费,同时提供服务内容扩展、配件紧急配送等服务(在成都有配件库)。

(5)重庆市场认可度

中铁装备在重庆有施工经验,其对重庆的地质较为了解;中铁建重工在重庆前期地铁施工中无设备使用,无市场反馈。

(6)设备类型确定

在该项目中,TBM穿越的地层主要为砂质泥岩、砂岩,岩石饱和抗压强度为5~50MPa,砂岩石英含量达到70%左右,决定刀盘宜选用采用滚刀破岩的硬岩刀盘;地下水总体贫乏,地下水量小,砂岩或砂质泥岩渗透系数为10^{-7}~10^{-5}m/s,透水性较弱,从成本和施工速度方面考虑,不宜采用泥水平衡盾构,而单护盾TBM和土压平衡盾构均能适应。考虑到大部分地段地下水量较小,且渗透系数处于10^{-7}m/s的数量级,采用有压方式或敞开方式掘进均可。

若采用土压平衡盾构,螺旋输送机出渣速度较慢,将会明显制约掘进速度,且成本过高。在砂质泥岩段掘进时,若土质改良效果不好,刀盘发生结泥饼现象后,有压掘进模式较难进行处理;土仓内岩石的二次破碎会加剧刀盘和刀具的磨损,在石英含量较高的地层更为明显。而敞开式掘进模式下,皮带机出渣速度快,施工效率高;在砂质泥岩段掘进时,可减少喷水来减少刀盘结泥饼概率,同时加强通风除尘来改善施工环境;采用皮带机出渣,土仓内存渣少,刀盘和刀具的二次磨损小。

综上所述,通过与中铁装备和中铁建重工的接触,结合专家的评审及重庆的地质情况,在设备技术性和经济性上,中铁建重工的盾构机较有优势,中铁装备在重庆的施工经验方面较有优势。通过对以上情况的综合考虑以及结合专家的评审意见,最终重庆TBM项目决定使用中铁建重工的单护盾TBM敞开式掘进,皮带机出渣,预留土压平衡盾构模式接口的单护盾TBM。

2)TBM的性能要求

(1)TBM的性能需求

TBM 的性能需求如表 2-1-3 所示。

TBM 的性能需求　　　　　　　　表 2-1-3

项　目	内　容	备　注
工程适应性	①能够适应已提供的本工程的水文地质条件； ②具备转换成土压平衡盾构机的功能（预留相关所有接口及管路）	①在工厂进行土压平衡模式接口试组装（用直径 800mm 的螺旋输送机试装），管路通畅； ②增加盾尾油脂泵系统； ③必须提供转换成土压平衡模式后的方案图
转弯半径	适应转弯半径 300m	本标段最小转弯半径 349m
爬坡能力	设计能力 ±50‰	本标段最大坡度 28‰
管片参数	内径 5900mm，厚度 350mm，环宽 1500mm	
掘进速度	最大设计掘进速度 120mm/min，持续掘进速度不低于 60mm/min	
具备功能	具备吹碎石回填功能	

（2）TBM 设备具体要求

①要求刀盘采用鲁宾斯的"十"字形刀盘，确保开口大，保证迅速出渣，并且要求刀盘必须能够正反转，且必须合理设计刀间距和角度。

②采取防止管片和盾体旋转的措施。

③除尘系统和与碎石尽量同侧布置，并设置除尘管路至碎石泵处。

④取消补浆软管泵和搅拌罐，保留双液注浆系统和砂浆罐，配置两台 $10m^3/h$ 施维英泵和一个 $7m^3$ 的砂浆罐，注浆系统用于碎石回填施工工艺注浆。

⑤除尘风机的能力按 $400m^3/min$ 配备。

⑥要求填充碎石及注浆的能力，必须与掘进速度相匹配，并预留 6 条注浆管路。

⑦主机不宜过重，避免在其他软弱地质条件下发生栽头的现象。

⑧刀盘要保证能快速出渣，电缆槽容量要能储存电缆长度大于 500m。必须设置 2 个水箱，设增压泵。

⑨刀座及刀具设计时，必须考虑更换的方便性，主机前必须设计送刀轨道，方便刀具更换。

⑩推进油缸采用 10 根单缸加 10 对双缸布置。

（3）防刀盘"结泥饼"针对性设计

根据重庆地铁指定标段地质资料，对于刀盘可能"结泥饼"的问题，做了如下针对性设计：

①刀盘采用 Q345C 高强度钢板焊接，采用圆弧过渡到大圆环，降低刀盘对掌子面和岩渣的扰动，有利于岩渣的流动。

②滚刀和齿刀可进行互换，在易结泥饼区间可换装齿刀，以满足不同地层条件下刀具的配置要求。

③正滚刀刀高设计为 170mm，增加渣土流动空间，防止结泥饼。

④刀盘正面耐磨板全部采用表面光滑的 Hardox 板，减少渣土附着结饼现象。

⑤刀盘在正反方向各有 6 个大容积铲斗，其中正向铲斗为超大容积铲斗，开口靠近刀盘

中心,能大大加强刀盘正向铲渣能力,减少渣土堆积,有效降低刀盘在黏性地质中结泥饼的概率。

⑥在不同地层,合理控制刀盘喷水量来避免糊刀盘;泥岩地段掘进时,减少刀盘喷水(或不喷水),从而减少刀盘结泥饼概率,通过刀盘背后冲水冷却刀盘和刀具,加强通风和除尘改善工作环境。

(4)刀盘和刀具的耐磨针对性设计

①增加边缘区域滚刀、铲刀数量,提高刀盘边缘区域的耐磨性能,减少对铲刀的非正常磨损,有效保证开挖直径。

②刀具采用高耐磨性设计,滚刀的刀毂和刀刃由特殊的优质钢材加工而成,增加了整个滚刀的耐磨性能;进一步优化了刀座结构,增加刀座板的厚度和高度,提高刀座整体强度。

③在刀盘大圆环与椎板连接处增加环板,改进刀盘制作工艺,提高刀盘的整体强度。

④刀盘椎板与轴线的夹角改为30°,使刀盘锥面与背部进渣口收集的渣土能顺利溜到溜渣板上而输送至接渣口。

⑤刀盘面板和刀盘外缘焊有耐磨复合钢板,提高了刀盘的整体耐磨性能。

⑥刀盘边缘采用圆弧过渡,以防止渣土堆积,减少磨损。

⑦刀盘外缘焊有镶嵌合金的耐磨块,见图2-1-1,其余部分堆焊高性能耐磨材料。

图2-1-1　刀盘实体图

(5)防止"卡盾"应对措施

①盾体,由前盾、中盾、盾尾三部分组成,前盾直径6830mm,中盾直径6820mm,尾盾直径6810mm,盾体钢板厚度40mm,盾体呈前大后小的锥形直筒结构,有利于防止卡盾。

②推进油缸总推力为43603kN,远大于常规情况下掘进所需要的推力(11895kN),有足够的富余量用于TBM脱困。

③边刀可通过更换垫块方式扩挖,最大扩挖量50mm,减少卡盾概率。

在盾壳圆周上设有14个预留管道,供超前钻机钻孔及超前加固注浆用。根据地质情况和需要,可在管片拼装机抓持机构部位安装超前钻机,对TBM前方进行钻孔和注浆作业,加固地层,防止破碎地层引起卡盾。

(6)防止"扭转"应对措施

在岩石地层中掘进会产生比土层中掘进更强烈的振动冲击,另外岩石地层对盾体的围裹作用减弱,盾体不能从周围的地层中获得足够的摩擦力矩,刀盘转矩的反作用力矩会使盾体产生滚转。

①刀盘设计为双向旋转、双向出渣,可通过刀盘的反向旋转来纠正设备的扭转问题。

②前盾设有4套液压稳定器,中盾设有2套液压稳定器,理论上可额外提供约7000kN·m的防扭扭矩(30MPa时),大于主驱动的脱困扭矩6060kN·m。

(7)防止"栽头"应对措施

①优化盾体结构,采用Q345B高强度钢板制造,在满足结构刚度和强度的情况下,尽可

能减轻主机重量,以减轻TBM"栽头"的趋势。

②推进油缸(图2-1-2)分为顶部(A组)、右部(B组)、底部(C组)、左部(D组)四个组进行控制,四组油缸的压力可以独立调节,以控制TBM的掘进姿态,防止"栽头"。

(8)防止管片"上浮"应对措施

管片上浮,不但改变了隧道中心位置,同时使上部盾尾间隙减小,造成管片安装困难,并会使尾刷损坏加速。

①壁后回填采用碎石吹填及注浆方式,快速稳定管片,降低了同步注浆浆液对管片浮力的影响。

②配备二次补浆系统,可及时补充浆液,填充壁后间隙,减少管片上浮空间。

(9)通风除尘系统

①隧洞通风除尘系统,应该具备足够大的送风量,以保持隧道内有充足的新鲜空气。前盾和中盾设有除尘系统风管,用于过滤从刀盘除散发出来的粉尘。风机及除尘系统,应配置消声器,降低隧道内的噪声,除尘风机应采用干式除尘系统,除尘风筒和除尘风机如图2-1-3和图2-1-4所示。

图2-1-2　推进油缸

图2-1-3　除尘风筒

图2-1-4　除尘风机

②刀盘设有喷水口,每个喷水口按不同轨迹布置,覆盖整个刀盘。采用喷雾式喷嘴,每个喷嘴流量要满足要求,实现对开挖面的有效降温、除尘。皮带机落渣点处设有喷雾除尘装置,可有效减轻落渣引起的粉尘扩散。

(10)碎石吹填及注浆系统的针对性设计

管片衬砌后,需要及时回填碎石以保证结构的稳定性,碎石由碎石电瓶车上的碎石罐车运进隧道,碎石量应满足每环1.5m掘进的需要,碎石皮带机将碎石从碎石存储罐卸入碎石泵的进料口(图2-1-5)。

后配套台车上布置有两台风动碎石泵,通过压缩空气将碎石吹入管片与周边岩层的空隙。碎石充填能力与最高掘进速度相匹配,并有一定富余量。碎石泵的使用寿命应能满足工程施工的需要。

在后配套台车上布置压缩空气系统,配置空压机、控制阀门及相关管路。空压机要具备足够的容量,以满足各类设备的需求。空压机应配置两台,用以满足特殊情况或作为备用机器。空压机吸入外界空气压缩成高压气体,通过2个高效过滤器进入储气罐,流经管路分配到各个台车处给所有气动工具、碎石喷射设备、除尘系统集尘器、油脂循环系统使用。

(11) 防止"地面沉降"应对措施

①配置碎石吹填系统,及时稳定管片。

图 2-1-5　碎石吹填系统

②配置大方量壁后回填注浆泵,快速填充洞壁与管片外径之间的环形间隙。

③注浆压力可以根据地质条件调节,注浆泵泵送频率在可调范围内实现连续调整,并通过注浆同步监测系统监测其压力变化。

④单个注浆点的注入量和注浆压力信息,可以在主控室看到,并可随时储存和检索砂浆注入的操作数据,提高"地面沉降"可控性及控制精度。

⑤配置一套双液注浆系统和一套水泥搅拌罐,用于双液注浆止水或者二次补浆,确保地层稳定。

⑥TBM 有较大的推力储备和可靠的导向系统,实时监测 TBM 姿态。

(12) 土压平衡模式预留接口

①预留一个 D600 的人仓法兰接口。

②预留 1 个 D900 的螺旋输送机安装套筒(带法兰)。

③预留土压平衡模式回转接头接口。

④盾体内预留有同步注浆管,具备同步注浆能力。

3) 监造过程中设备改进

①碎石罐调运系统中,碎石罐提升系统(图 2-1-6)的油缸行程太短(油缸行程只有 70cm),导致碎石罐的提升行程只有 1.4m,不能将碎石罐放到电瓶车上。

②位于设备桥上方的主机皮带机,在此处的油管容易被磨损,见图 2-1-7。当主机皮带机来回伸缩时,会不断地磨损此处的油管,最后导致油管破损漏油,因此要采取相应的保护措施。

图 2-1-6　碎石罐提升系统

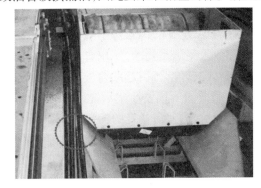

图 2-1-7　主皮带机落渣口

③位于 1 号拖车的砂浆泵进口处的插板没有安装控制开关或控制阀,见图 2-1-8,需进

行整改。

④皮带机接渣口易损耗,需加尼龙板加固,见图2-1-9。空压机配放在台车左侧,方便操作及检查维保,见图2-1-10。

⑤车上碎石罐托架没有防倾斜的结构,需进行改进,如图2-1-11所示。

图2-1-8　砂浆泵

图2-1-9　皮带机接渣口

图2-1-10　空压机配放位置图

图2-1-11　碎石罐托架

位于盾体内主机皮带机上方的除尘管道,法兰连接处与皮带机之间的距离太小,这样会导致较大的渣土被挡在此处,因此建议去掉此处的法兰。图2-1-12所示为法兰所在位置。

⑥位于7号拖车右侧的变压器处,由于为接渣斗所在位置,渣土较多,所以要将变压器进行保护,见图2-1-13。

图2-1-12　除尘风筒法兰连接位置

图2-1-13　变压器和接渣斗所在位置图

位于设备桥顶部1号皮带机右侧的电缆线槽支持架不牢固,在TBM施工过程中不可避免会有工作人员在支架上进行踩踏,因此建议对支撑部位进行加固。图 2-1-14 所示为电缆线槽的位置。

位于主机皮带机下面的伸缩油缸由于在工作状态时始终处于伸出状态,此油缸又以工作状态为主,所以建议对于油缸伸出状态进行相应保护,以免其受到不必要的损坏而引起安全事故。图 2-1-15 所示为油缸所在位置。

图 2-1-14　电缆支架

图 2-1-15　油缸所在位置

⑦4 号拖车上的斗砾石罐(实体图如图 2-1-16 所示)。第一处问题:插板过长,这样会影响插板的强度,容易产生安全隐患。因此建议将油缸直接做到料斗上,减短油缸长度,增加稳定性。第二处问题:由于油缸和料斗不是一体的,如果有卡孔等问题出现,将会导致插板弯曲或料斗被推出固定架,发生安全事故。因此,建议使用独立的油泵来专项服务于此油缸,然后将油管做成快速插头,方便拆装,减少油料污染。

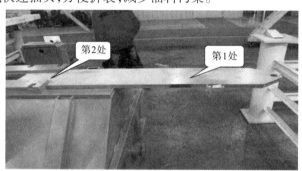
图 2-1-16　斗砾石罐实体图

⑧位于 1 号拖车上,行走阶梯位于接线箱正下方,这样不便于工作人员的工作行走,因此需要调整二者的相对位置,以便工作人员工作行走。

⑨位于 3 号拖车上,如图 2-1-17 所示为滚筒所在位置。此处发现的问题为皮带机下面滚筒端部密封圈容易损坏,此处损坏会使得尘土很容易进入滚筒,减少滚筒的使用寿命,所以建议更换新的密封圈。

⑩位于 1 号拖车上,如图 2-1-18 所示为注浆泵和砂浆罐连接处实体图。在图中第 1 处的问题是由于阀门使用机械式的,丝牙容易被浆液附着,故此建议最好用油缸控制;第 2 处的问题为螺栓连接处会拆卸频繁,螺栓太多,较为不便,建议使用抱箍式锁固方式;第 3 处问题为下浆管到法兰处太长,容易导致浆液堵塞;第 4 处问题为闸阀全部打开后,阀柄太长容

易挂到过往操作工人;第 5 处问题为第二台注浆泵的注浆口朝前面安放,这样不便于实际工作中注浆,建议将注浆泵的注浆口朝向后面安放。

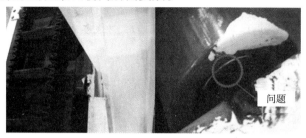

图 2-1-17　滚筒端部密封圈易损

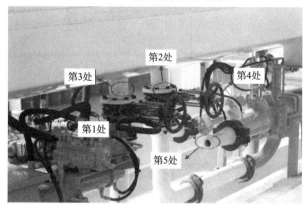

图 2-1-18　注浆泵和砂浆罐连接处实体图

4)后期应用的功能优化

(1)在作业过程中已改进的情况

①重庆 TBM 项目采用下降 1 号台车阶梯的措施,见图 2-1-19a)。原有阶梯位置妨碍了双轨梁的下降,在原有情况下双轨梁吊机无法下降到一定位置吊取管片车最底部管片。重庆某项目采用改变双轨梁(图 2-1-19b),同样解决了吊运材料受限制的问题。

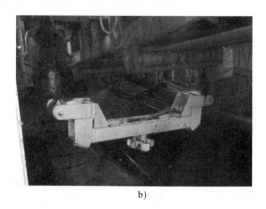

a)　　　　　　　　　　　　　　　　　b)

图 2-1-19　1 号台车阶梯

②在 1 号台车最前端底部位置焊接防撞梁,见图 2-1-20,方便摘掉管片车和浆车,避免管片车溜至盾尾造成安全事故,且能增加掘进工效。重庆某项目采用相应的方式,提高了安全性。

a)　　　　　　　　　　　　　　　　　b)

图 2-1-20　防撞梁

③改进碎石泵机与碎石皮带机的控制器,使两者在同一位置,方便操作人员作业,提高操作安全性。

④对变频柜、配电柜等非防水电器,采取一定的防水措施(图 2-1-21),防止设备损坏,保证作业安全。

⑤台车周边焊接防护栏,见图 2-1-22,防止电瓶车在台车部位行进过程中与作业人员发生剐碰,造成安全事故。

⑥把刀盘×仓处的除尘风管改接到接渣口位置,除尘效果更好。

图 2-1-21　变频柜防水措施　　　　　　　图 2-1-22　防护栏

⑦拆除喂片机,延长双轨梁行走轨道,见图 2-1-23,直接用双轨梁将管片吊运至盾尾处,减少工序,增大工效。

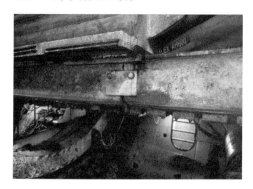

图 2-1-23　双轨梁轨道加长

(2)设计缺陷

①1号皮带机需进行改进,在掘进过程中当推进速度过大、出渣量过多时,渣土落在1号皮带机上,会加大1号皮带机与皮带转轮的摩擦,缩短皮带的使用时间,影响掘进速度。

②国产碎石机故障率过高,增加成本且影响工效,建议碎石机采用进口设备。

③刀盘喷雾系统,易堵塞,应改进喷雾装置。

④刀盘喷雾流量控制,需采用自动系统,即操作手可在操作室进行流量控制。

⑤水循环过滤器采用双配置,一用一备,当过滤网堵塞时,可打开另一个过滤器,以便不影响正常施工。

⑥8号台车尾部位置增加防撞梁,防止溜车事故,在左侧增加一个便携式走道板,方便与走道板连接。

⑦在操作室配置话筒一个,在8号台车和连接桥等地方配置扩音器若干,方便管理人员作业。

2.1.2 单护盾TBM简介

1) 概述

单护盾TBM是一种集开挖、出渣、支护等为一体的新型、先进的隧道施工机械。该机械使用电子、信息、遥测、遥控等高新技术,对全部作业进行制导和监控,利用回转刀具开挖,同时破碎洞内围岩进行掘进,形成整个隧道断面。

单护盾TBM(图2-1-24)由刀盘、前盾、中盾、尾盾、管片拼装机、皮带机、设备桥及1~8号拖车组成,包含液压、润滑、注浆、碎石吹填、水循环、通风、超前注浆、除尘等系统,设备总长约104m,总质量约620t。

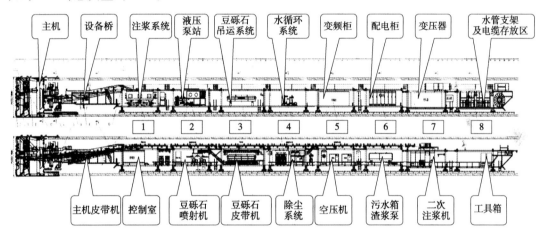

图2-1-24 单护盾TBM整机总装图

2) 刀盘

(1) 刀盘概述

根据重庆地铁指定标段地质资料,对刀盘做了针对性的设计。本方案设计为双向旋转出渣功能的TBM刀盘。刀盘主要由刀盘体钢结构、刀具、回转接头等组成。刀盘主要特点如下:

①刀盘设计为双向旋转、双向出渣;②为适应该工程的地质条件,对刀具进行了有针对性的加强设计,可实现滚刀、齿刀进行互换;③所有可拆式刀具可以从刀盘背面进行更换;④刀盘面板和刀盘外缘焊有耐磨复合钢板,提高了刀盘的整体耐磨性能;⑤6路喷水口,可以实现对刀具的降温,同时起到除尘的效果。

(2) 刀盘钢结构及耐磨保护

刀盘钢结构采用经过质量检验的合格的Q345C材料制作,刀盘整体刚度满足本项目要求,具体特点如下:

①刀盘边缘采用圆弧过渡,以防止渣土堆积;②刀盘面板和后锥圆环上焊有耐磨复合钢

板;③刀盘外缘焊有镶嵌合金的耐磨块;④其余部分堆焊高性能耐磨材料。

（3）刀具

根据工程的地质条件要求,对刀具进行了特殊的加强设计,以延长刀具的使用寿命。刀具布置如下:

①中心双联滚刀:4 把,17in,刀间距 100mm,刀高 170mm;②正面滚刀:24 把,17in,刀间距 90mm,刀高 170m;③边缘滚刀:8 把,17in。

刀盘共装有 42 把滚刀:4 把中心双联滚刀,24 把正滚刀,在刀盘边缘区域布置有 10 把边缘滚刀,以保证对掌子面边缘的顺利开挖,从而减少对刮渣板的非正常磨损。滚刀的设计包括:

①滚刀的刀毂和刀刃由特殊的优质工具钢加工而成,增加了整个滚刀的耐磨性能;②滚刀内部特殊的密封设计可以适应隧道掌子面的工作压力。

（4）回转接头

回转接头设计为双通道进水形式。

3）盾体

盾体由前盾、中盾、盾尾三部分组成,呈前大后小的锥形直筒结构,有利于防止卡盾。

推进油缸型号 230/180 - 2200mm 共 10 组单缸和 10 组双缸,分顶部(A 组)、右部(B 组)、底部(C 组)、左部(D 组)四个组。在推进时,推进油缸伸出,撑靴作用到管片上提供 TBM 前进的反力。四组油缸的压力可以独立调节,推进速度由一个流量控制阀调节。

前盾与中盾之间采用螺栓连接,中盾与盾尾之间通过油缸铰接。铰接油缸规格为 200/100 - 150mm,共 14 根。TBM 需要转弯时,通过每组推进油缸的行程差来调节中盾与盾尾之间的夹角,此时铰接油缸进出油相互连通,行程可自行调整,从而实现转弯。TBM 直线掘进时,进出油口锁紧。当铰接油缸行程超限时(行程小于 10mm 或者大于 140mm),可手动调节球阀,给铰接油缸供油,防止油缸损坏。

为防止盾体扭转,前盾设置 4 个液压稳定器,中盾设置 2 个液压稳定器。

盾体内设计的接口以及安装的设备如下:

①1 套主驱动减速机冷却器;②1 套主驱动齿轮油泵系统;③1 套气动隔膜泵;④1 个 DN600 的人仓孔;⑤前盾设有 4 套液压稳定器系统;⑥中盾设有 2 套液压稳定器系统;⑦1 个水气接盒(DN180,可通入压缩空气、氧气、工业水、切割气等,并设置有一路预留水气通道);⑧1 个电气接盒(DN180,可通入两路液压油,并设置有 5 路电缆通道);⑨16 个 EP2 径向润滑孔(前盾 8 处,中盾 8 处,注入膨润土等以减小盾壳与岩层的摩擦或临时止水);⑩5 个 DN80 预留口(安装刀闸阀);⑪6 处 DN125 预留接口(配有刀闸阀)。

4）刀盘驱动

（1）概述

主驱动系统结构,主要包括变速箱、主轴承、变频电机、减速机、小齿轮、内外唇形密封、法兰等。其中,主轴承采用整体内齿圈式大直径三排圆柱滚子轴承,具有良好的轴向推力、反推力、径向力及倾覆力矩的承载能力;小齿轮与主轴承内齿圈啮合,改善了主轴承承载能力。

（2）密封系统

主驱动有内、外两套密封系统:外密封用于主轴承与刀盘挖掘仓室之间的密封;内密封用于变速箱与刀盘挖掘仓室之间的密封。密封支撑直接通过螺栓和主轴承连接在一起,并且作为主轴承结构的一部分。

内、外密封分别由三道唇形密封、密封环、隔离环、压紧环组成。内、外密封阻止外界的砂石、污水进入回转支承滚道,同时阻止变速箱体齿轮油溢出。密封油脂对唇形密封进行润滑,以降低磨损。密封唇口采用橡胶材料,弹性好、磨损小,内外密封环进行表面淬火处理,可有效减缓密封环磨损,且可通过螺栓调整密封环与密封唇口接触位置,有效提高密封系统使用寿命。

(3)润滑系统

变速箱齿轮油采用循环冷却方式对小齿轮、小轴承进行润滑。主轴承径向滚道、主推力滚道、反推力滚道,也由变速箱齿轮油强制循环润滑。

油脂通过变速箱体、主轴承、环件中径向分布的注脂孔连续注入内、外唇形密封空腔及与相对旋转支承轴表面。油脂,既能润滑唇形密封唇口,同时也阻止土仓杂物与唇形密封接触。

(4)电机过载保护

电机扭矩通过液压扭矩限制器传递给减速机。扭矩限制器通过剪切销轴实现过载保护,避免损坏电机。

(5)安全设置

①减速机油温超过80℃,报警并自动停机;②变频电机温度超过90℃,报警;③变频电机温度超过110℃,报警并自动停机;④变速箱油温高于55℃,报警;⑤变速箱油温高于65℃,报警并自动停机;⑥变速箱齿轮油液位高于最高液位,报警;⑦变速箱齿轮油液位低于最低液位,自动停机;⑧电机脱困时间超过3s,自动停机。

5)管片拼装与吊运系统

(1)管片拼装机

管片拼装机,由一对举升油缸、回转机构、管片抓持机构、平移机构和支撑梁等组成,如图2-1-25所示。管片安装机共有6个自由度,管片拼装机的控制方式有遥控和线控两种方式。

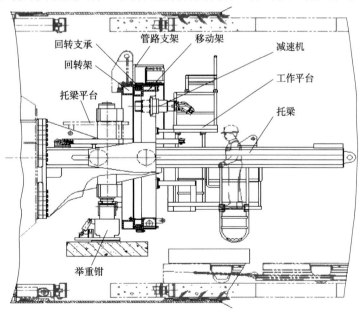

图2-1-25 管片拼装机结构简图

(2)安全保护

管片拼装机与液压、电控系统配合,可实现以下安全保护:①管片拼装机旋转角度不超限;②液压系统超压保护;③管片拼装机旋转、平移等动作制动可靠;④管片抓持压紧状态采用压力检测;⑤两个回转马达均带制动器;⑥可实现无线遥控。

(3)管片吊运系统

管片吊运系统,主要由双梁式管片吊机与管片小车组成(图2-1-26):

①管片被管片吊机运送到管片小车上,再被管片小车送到管片拼装机能够抓到的位置。管片转运小车一次可以存放3块管片。②管片吊机也可以不通过管片小车,直接将管片运送至管片拼装机工作区域。③管片吊机的行走驱动方式采用链轮链条式,行走制动可靠,维护保养方便。

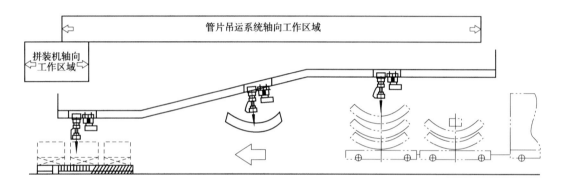

图2-1-26 管片吊运系统简图

6)皮带输送机

设备皮带机分为两套,1号皮带机从刀盘进渣到转接皮带机尾部卸渣,水平长13.2m,带宽$B=800mm$,液压马达驱动。由于刀具需要维修及更换,1号皮带机可以整体伸缩、自由伸入或退出刀盘及护盾,能容人进出。

2号皮带机从1号皮带机头部进渣到连续皮带机尾部卸渣,水平长约76m,带宽$B=800mm$,采用变频电机驱动。

7)碎石喷射系统

管片衬砌后需要及时回填碎石以保证成型管片的稳定性。碎石由电瓶车上的碎石罐车运进隧道,碎石量应满足每环1.5m掘进的需要。碎石皮带机将碎石从碎石存储罐卸入碎石泵的进料口。

后配套台车上布置有两台风动碎石泵,通过压缩空气将碎石吹入管片与开挖洞壁间的空腔。碎石充填能力与最高掘进速度相匹配,并有一定富余量。碎石泵的使用寿命能满足本工程施工的需要。碎石喷射系统参数如下:

碎石泵数量: 2台

碎石泵能力: $2 \times 7 m^3/h$

最大粒径: 15mm

空气压力： 0.2~0.4MPa
压缩空气消耗量： 10m³/min

8) 通风系统

隧洞通风系统的终端位于后配套末端的通风管储存器。储存器后面是带有进风管和消声器的后配套风机,即二次通风系统。储存器和后配套风机之间的间距,使未被后配套风机抽吸的新鲜空气可以通过隧洞返回。掘进机后配套上的二次通风机,将掘进机尾部的一次通风系统送进的新鲜风压入掘进机的前方靠近护盾的地方(可逆转)。部分空气由于除尘系统的抽吸作用被送至刀盘,剩余空气由此处返回。掘进机及后配套的通风能力满足规范要求,考虑潜在的瓦斯气体,满足断面回风速度1m/s。

9) 除尘系统

洞内除尘方式,除了掌子面、皮带机上喷水降尘外,设备上还配置了干式除尘系统。

带消声器的除尘风机,将掘进机前端的空气通过风管抽到除尘器,排放到后配套后方。这种结构紧凑型的除尘设备可过滤掉可致癌的粉尘,经过除尘后的粉尘含量小于$0.1mg/m^3$,滤布定期清理。

尘器参数如下：

数量： 1
类型： 干式
能力： 400m³/h
除尘管路： 600mm
过滤装置精度： 0.5μm
除尘效率： 99.9%

10) 水系统

(1) 冷却回路和工业用水

工业用水由用户通过管路在隧道中供应到后配套台车清水箱里,隧道里水管与挠性软管卷筒上的软管相连。需要冷却的装置设备均采用内循环闭式系统,节约水资源。

工业供水系统满足:每节后配套台车上配置的带控制阀的供水分水点,各种装置的冷却循环装置,刀盘喷水装置,需要水冷却循环的装置,空压机,液压油箱,主驱动电机、减速机水冷却,齿轮油冷却,配电柜,变频器。

供水系统设置过滤装置,清水箱设置1个。所有的水泵集中采用PLC控制,能在主机操作室内远程操作控制。外部供应清水,供水压力0.5~0.8MPa,流量不小于50m³/h,温度低于28℃,无外循环回路。如果一级水箱温度过高,热水由污水系统排出洞外。

(2) 排污系统

盾体内配置1台50m³/h隔膜泵,后配套尾部配置1台20m³/h排污泵、1个5m³污水箱。

掘进机开挖带来的渗透水及隧道消耗用水(除尘、清洁洗设备等),经污水箱沉淀后,最后由后配套排污泵排出。

11) 压缩空气系统

在后配套台车上布置压缩空气系统,它主要由空压机、过滤器、储气罐、三联件、控制阀门及管路等组成。空压机吸入外界空气压缩成高压气体,通过2个高效过滤器进入储气罐,流经管路分配到各个台车处给所有气动工具、碎石喷射设备、除尘系统集尘器、油脂循环系统使用。

压缩空气系统,包括1个$2m^3$存气罐和2台螺杆泵空压机(系统噪声控制在70dB以下)。气罐上装有安全阀、止回阀和压力表,送气管路经两级过滤。空压机采用低噪声螺杆泵空压机,采用水冷式冷却方式。压缩空气系统参数如下:

容量:　　　　　　　$2\times15m^3/min$
额定压力:　　　　　0.8MPa
储气罐容量:　　　　$2m^3$
安装功率:　　　　　$2\times90kW,400V,50Hz$

12)注油脂系统

注油脂系统包括三大部分:主轴承密封系统、盾尾密封系统和主机润滑系统。三部分都以压缩空气为动力源,靠油脂泵油缸的往复运动将油脂输送到各个部位。主轴承密封系统与主机润滑系统共用一个油脂泵。

主轴承密封可以通过控制系统设定油脂的注入量,并可以从外面检查密封系统是否正常。盾尾密封可以通过PLC系统,按照压力模式或行程模式进行自动控制和手动控制,对盾尾密封的注油脂次数及注油脂压力均可以在控制面板上进行监控。

当油脂泵站的油脂用完后,油脂控制系统可以向操作室发出指示信号,并锁定操作系统,直到重新换上油脂。这样可以充分保证油脂系统的正常工作。

13)自动导向系统

TBM安装了一套自动导向系统。本系统能够对TBM在掘进中的各种姿态,以及TBM的线路和位置关系进行精确的测量和显示。操作人员可以及时地根据导向系统提供的信息,快速、实时地对TBM的掘进方向及姿态进行调整。

自动导向系统特点总结如下。

①无线缆作业模式:采用专业设计的R型控制箱进行全站仪的通信和电源管理,实现真正的无线缆作业。

②先进的设计理念:科学的数学建模方法,模块化软件设计理念;基于Geocom指令的人机对话,以及数据库的数据管理模式,进行人性化的界面设计。

③先进的硬件基础:系统采用由瑞士徕卡公司生产的TS15-A型全站仪,具备更稳定的自动功能,更宽阔的工作温度。

④全面的信息显示:TBM的位置和偏差,以数字和图形的形式,实时显示在工业电脑上,并且TBM司机可以实时了解系统运行的工作状态。基于数据库的管理模式,对所有测量和计算数据都进行备份,便于后继数据查询和分析。

14)后配套系统

后配套系统,包括连接桥和拖车,其上装有保证TBM正常工作的各系统装置和管线。其主要包括冷却水系统、压缩空气系统、液压泵站、注浆系统、润滑系统及供配电系统,还包括皮带输送机出渣系统及管片吊运系统等。拖车通过连接桥与托架梁连接,随TBM主机前进。拖车在铺设的轨道上前行,在连接桥下部留有空间,用来铺设拖车前行所需轨道。拖车为开放式结构,中间可供编组列车通过,列车编组将管片、砂浆、油脂、轨道等运入,同时将渣土运出。

15)液压系统

液压系统是为各主要执行元件提供动力的关键系统,主要包括推进系统、铰接系统、管片拼装系统、辅助系统、冷却循环过滤系统等。各液压系统共用一个泵站,系统均采用成熟的进口液压元件,其性能稳定、配件通用。

除刀盘驱动之外,所有主机的辅助功能部件均为液压操作。所有功能部件所需的液压动力装置都设置在后配套拖车上。动力装置,包括液压泵、电动机、滤清器、冷却器、油箱,并带有所有监视设备。连接动力装置与相应的设备采用刚性管道或软管。考虑到隧洞掌子面的温度,冷却器的尺寸设计都有较大富余量。

液压泵站有压力、温度等参数的显示仪表,所有系统的参数在主控室显示。液压油箱设有循环过滤和冷却回路,油液清洁度不低于 $10\mu m$,液压系统设有便于测量压力的快速接头。所有软管都要安装得很结实,以承受恶劣的地下工作条件。一般工作压力都较低,以便延长液压元件的使用寿命。所有的滤清器的尺寸也是按保守设计的。所有的液压部件,如液压泵、阀组、油缸、传感器及过滤器等均是全新的,采用国际著名品牌。液压系统的设计考虑在某一关键设备损坏的情况下,备用设施仍能维持现场掘进施工。

16)电气系统

(1)变压器

配置:干式变压器两台,封闭在一个箱体中;

初次电压:10kV(±10%);

二次电压:400V;

频率:50Hz;

容量:2200kV·A+800kV·A;

变压器箱体防护等级:IP55;

其他功能:温度监控、全功能电能表。

(2)无功补偿

配备无功补偿设备,以保证功率因数大于或等于 0.9,补偿方式为电容分组自动投切。

(3)变频驱动系统

变频电机的组成:变频器为单轴传动形式,一台变频器驱动一台电机,变频器之间采用现场总线通信,所有变频器同步运行。变频器由变频柜内的分 PLC 控制。

所有变频器要求速度同步,转矩均衡。一台变频器故障后,能够从系统中隔离,剩余变频器正常运行,并能够驱动额定负载。

(4)控制系统

设备采用 PLC 作为整机的核心控制设备,主站选用西门子 S7-400 系列 PLC,变频电机控制采用 AB 公司 1769 系列 PLC 作为从站控制,主站与从站之间采用 Profibus-DP 进行通信。

现场层设备与主站采用 ProfiNet 协议进行通信。

(5)数据采集、监控、通信系统

主控室配置 3 台 17in 工业级液晶监视器,一台作为 TBM 各部分工作情况监控画面显示,两台用于 TBM 实时运行信息显示、参数的设置以及进行相关的操作。另外还有一台导向系统用工控机。

主控室工控机通过光纤通信向地面实时传输地下 TBM 运行信息,并与之同步。

(6)安全

配有独立于 PLC 系统之外的安全回路,每个系统都设有安全继电器,在每节拖车、变压器、主控室、变频控制柜上,均设置紧急停止按钮,可迅速切断整车电源,确保人员以及设备的安全。

(7)照明

设备的每个部分都配有多个防水型荧光灯,以保证 TBM 操作人员以及施工维护人员的正常工作。重要区域的照明均配置了应急电源。

(8)电压

隧道供电:10kV,3 相,50Hz;

动力配电:400V AC,3 相,50Hz;

控制供电:230VAC/24V DC,单相,50Hz;

照明供电:230V AC,单相,50Hz。

(9)接地

设备的钢结构通过地线连成一体,使整个设备成为一个等势体。

17)超前加固系统

在盾壳圆周上设有 14 个预留管道,供超前钻机钻孔及注浆用,根据地质情况和实际需要,可在管片拼装机抓持机构部位安装超前钻机,对 TBM 前方进行钻孔和注浆作业,加固地层。超前注浆系统如图 2-1-27 所示。

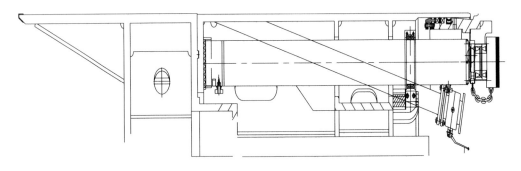

图 2-1-27　超前注浆系统示意图

18)注浆系统

采用两台液压驱动的施维英注浆泵进行碎石回填注浆,将砂浆注入开挖直径和管片外径之间的环形间隙中。注浆压力可以根据地质条件调节,注浆泵泵送频率在可调范围内实现连续调整,并通过注浆同步监测系统监测其压力变化。单个注浆点的注入量和注浆压力信息可以在主控室看到。随时可以储存和检索砂浆注入的操作数据。

另外,还配置一套双液注浆系统和一套水泥搅拌罐,专门用于双液注浆止水或者二次补浆。

更多技术参数详见表 2-1-4。

重庆 TBM 项目采用的单护盾 TBM 技术参数

表 2-1-4

主部件名称	细目部件名称	参数	备注
综述	设备类型	单护盾 TBM	
	设备型号	ZTT6830	
	管片外径	6600mm	
	管片内径	5900mm	
	管片宽度	1500mm	
	分布	3+2+1	
	管片纵向连接螺栓数量	10 个	
	整机主要部件设计寿命	不小于 10km	
	开挖直径	初装刀时:6880mm	
	前盾直径	6830mm	
	主机长度	9m	含刀盘
	整机长度	约 92m	
	主机及后配套总质重	约 580t	
	最小平曲线半径	300m	
	最小竖曲线半径	1000m	
	最大线路坡度(爬坡能力)	50‰	
刀盘	刀盘结构及刀具	面板式	
	最大开挖直径	6880mm	
	中心滚刀数量	4 把	双联滚刀
	刀间距	100mm	
	正滚刀	24 把	单刃滚刀
	刀间距	90mm	
	边缘滚刀数量	10 把	单刃滚刀
	刮渣铲斗	12 个	
	喷水口	6 个	
	各种刀具高差设置	滚刀高出面板 170mm,刮渣铲斗高出面板 125mm	
	人孔	1 个	
	回转接头	2 路进水管路	
主驱动	驱动形式	变频电机驱动	
	减速机厂家	德国卓仑	
	驱动电机数量	7 个	
	转速	0~5.34r/min	
	标称扭矩	5510kN·m	理论
	脱困扭矩	6060kN·m	理论
	主驱动功率	7×220kW	

续上表

主部件名称	细目部件名称	参　　数	备　　注
主驱动	主轴承形式	3排圆柱滚子轴承	
	主轴承直径	3600mm	
	主轴承设计使用寿命	不小于10000h	
	主轴承密封形式	外3道唇形密封+内3道唇形密封	
	主轴承密封润滑方式	内外密封自动集中润滑	
盾体	形式	被动铰接式	
	前盾直径、钢板厚度	6830mm、40mm	Q345B,底部贴10mm耐磨条
	中盾直径、钢板厚度	6820mm、40mm	Q345B,底部贴5mm耐磨条
	盾尾直径、钢板厚度	6810mm、40mm	Q345B
	中盾与前盾连接方式	螺栓连接	
	铰接密封	手动定期润滑	
	铰接密封工作压力	0.3MPa	
	盾尾刷密封数量	3道	
	盾尾密封工作压力	0.3MPa	
	盾尾间隙	30mm	
	前盾质量(约)	约100t(含设备)	
	中盾质量(约)	约105t(含设备)	
	盾尾质量(约)	约35t(含设备)	
稳定器	油缸规格	220/180-100mm	
	油缸数量	6个	前盾4个,中盾2个
	油缸推力	760kN@20MPa	
推进系统	额定推力	37373kN	
	最大总推力	43603kN	
	油缸数量	30个	油缸规格230/180-2200mm
	油缸行程	2200mm	
	理论最大推进速度	120mm/min	软岩
	管片安装模式下最大外伸速度	1500mm/min(单对油缸)	
	管片安装模式下最大回缩速度	5000mm/min(单对油缸)	
	位移传感器数量	4个	内置式
	推进油缸分区数量	4区(上、下、左、右)	
铰接系统	类型	被动式铰接	
	最大设计总收缩力	12000kN	
	油缸数量	14个	

续上表

主部件名称	细目部件名称	参　　数	备　注
铰接系统	油缸行程	150mm	
	位移传感器数量	4个	
	铰接油缸规格	200/100－150mm	
	铰接转向角度(垂直/水平)	1.2°	
铰接密封	密封形式	1道橡胶密封＋1道紧急气囊密封	
	润滑方式	手动定期润滑	
盾尾密封油脂系统	泵站形式	气动式	
	管路数量	2×4线路(每个注脂腔4个)	
	压力传感器数量	2×4个	
	注入点分布	4处	
油脂集中润滑系统	泵站形式	气动补油＋电动注入	
	供脂距离	约35m	
	供脂压力	26MPa	
1号皮带机	驱动类型	液压马达驱动	
	数量	1个	
	皮带宽度	800mm	
	输送能力	500m³/h	
2号皮带机	驱动类型	变频电机驱动	
	数量	1个	
	皮带宽度	800mm	
	输送能力	500m³/h	
碎石系统	喷射机能力	2×7m³/h	
	罐体吊机质量	20t	
	碎石皮带机	1套	
	碎石罐容积	5.4m³	
双液注浆	注浆泵	5m³/h	
	砂浆罐容量	0.5m³	
碎石回填注浆	单台注浆泵能力	10m³/h	施维英
	注浆泵数量	2个	
	砂浆罐容量	7m³	
刀盘喷雾除尘系统	加水泵功率	7.5kW	
	泵流量	10m³/h	
	压力	1MPa	
	管路	2×3	2根管路分成6个口

续上表

主部件名称	细目部件名称	参 数	备 注
管片拼装机	额定抓举能力	150kN	
	转动扭矩	300kN·m	
	静扭矩	510kN·m	
	类型	6自由度,齿圈式,机械抓取	
	驱动方式	液压驱动	
	移动行程(隧道轴向)	2000mm(满足更换前两道盾尾刷)	
	提升行程(隧道径向)	1600mm	
	旋转角度	±200°	
	旋转速度	0~1.3r/min(速度可调)	
	控制方式	无线+有线(预留接口)	
管片吊机	形式	双梁式	
	数量	2个	
	行走驱动	链条驱动	
	起吊能力	2×5t	
	行走速度	10m/min	高速挡
	控制方式	遥控+线控	
	管片小车	存放3块管片	(冗余设计)
导向系统	形式	激光靶导向系统DDJ	
	测量精度	2s	
	自动全站仪	Leica TS15-A	
监视系统	摄像头数量	4台	1套视频采集系统,1套数据监控系统,满足地面监控所需,预留远程监控系统接口
	显示屏数量	1个	
后配套	拖车数量	1节设备桥+8节拖车	
	连接桥长度	12.5m	
	允许列车宽度	1500mm	
	后配套拖车行走方式	轨行式	
水循环系统	水管规格	DN80mm	
	水管卷筒有效延伸长度	30m	
	延伸水管数量	3路	污水管配挂架
排污系统	形式	隔膜泵	
	能力	50m³/h	
	污水泵	20m³/h	
	排污管规格	DN80mm	

续上表

主部件名称	细目部件名称	参 数	备 注
压缩空气系统	空压机数量	2	
	每台空压机排量	15m³/min	
	额定压力	0.8MPa	
	储气罐	1m³+2m³	
通风、除尘系统	主通风方式	压入式通风	
	二次通风管径	800mm	
	干式除尘器	400m³/min	
	除尘风管	600mm	
有害气体检测系统	便携式和固定式各一套	检测氧气、一氧化碳、甲烷、硫化氢气体	
液压系统	油箱容量	4.5m³	
	液压油	矿物油 VG46	
	过滤功率	15kW	
电力系统	初次电压	10kV(-10%~+10%)/50Hz	
	二次电压	690V/400V	
	变压器数量	箱式变压器1台	
	变压器	1000+1000+800kV·A	
	电气系统防护等级	IP55	
	功率因素(配备功率因素补偿器)	cosϕ=0.9	
	高压电缆存放区	1个(不含电缆)	可存放500m电缆
消防	灭火器数量	18个	
控制和通信	可编程控制器PLC	西门子S7-400	
	显示器	2个	
	语音通信	6部电话	
	远程通信方式	光纤传输	
数据采集系统	操作系统	Win7	
	存储介质	250GB	
	处理器	酷睿i3-330E	
功率配置	刀盘驱动系统	1540kW	
	推进系统	90kW	
	管片拼装机	55kW	
	辅助系统	0	推进系统串联
	注浆系统	0	管片拼装串联
	液压油过滤系统	15kW	
	刀盘喷雾除尘系统	7.5kW	
	主驱动润滑系统	15kW	

— 29 —

续上表

主部件名称	细目部件名称	参　　数	备　注
功率配置	渣浆泵	11kW	
	内循环水泵	22kW	
	电动油脂泵	0.37kW	
	管片吊机	7.5×2=15kW	
	碎石吊机	5.5×2=11kW	
	碎石泵	7.5×2=15kW	
	1号皮带机	30kW	
	2号皮带机	55kW	
	二次通风	22kW	
	除尘风机	2×22kW	
	空压机	2×90kW	
	电源插座及工地用电	75kW	
	其他	60kW	
	合计	约2260kW	

2.1.3　龙门吊选型及布置

1）概述

单护盾 TBM 施工是一个需要全方位配合才能完成的工作，尤其是施工设备，不仅需要单台设备运行正常，而且需要其相互协调配合，才能确保盾构施工的顺利进行。所以，无论哪一种设备的选用，其选型的正确与否，不管是对盾构机的顺利施工，还是对施工的成本和效益，均起着极其重要的作用，既要考虑其设计性能特点，又要考虑其造价成本，只有这样，才能选出既高效又经济的配套设备，为盾构施工发挥出最大效益。TBM 选型确定后，龙门吊作为材料、管片以及出渣的枢纽，对施工进展能否顺利，效益能否充分发挥，选型正确与否至关重要。

2）选型原则及要求

龙门吊的选择是保障重庆地铁工程项目顺利实施的前提条件之一，龙门吊在盾构施工工序中起着至关重要的作用，所以在选择上必须要慎重考虑，以免给后续施工造成不必要的损失，龙门吊的选择应该从以下几个方面考虑。

（1）场地布置需求

根据施工场地及施工要求的不同，龙门吊的选择也不尽相同，如不同的始发方式所用龙门吊的跨距、行走长度、取电方式等都根据场地的不同而有不同的选择。龙门吊轨道的铺设基础要求有足够的承载能力，应根据实际地基的承载能力来进行验算。在进行基础施工时，要事先考虑到预埋件的位置和场地的平整程度，同时要在基础外围设计好排水渠道，使雨季施工时雨水能顺利排出。龙门场地如图 2-1-28 所示。

根据该项目 A 站明挖车站的类型以及结构尺寸和始发井井口的大小,拟定龙门吊的跨度为 25m,行走长度为 120m,采用端头取电的方式取电。

图 2-1-28　龙门吊场地

A 车站由于场地沿马路建设,场地狭长,所以龙门的布置方式为"一"字形,两台龙门吊中的一台用于吊运管片以及各类材料,另一台专门用于出渣,渣坑位于 2 号龙门吊出渣井左右侧,方便出渣。

（2）结构类型的选择

龙门吊的结构是决定龙门类型的主要因素,不论是吨位选择、行走情况,还是运行效率,都受到结构形式的影响。结构类型的选择,应根据场地的大小和起升材料的重量等多方面因素进行决定。由于 A 车站跨度较大,行走距离较短,起重吨位较大等,现龙门吊采用双主梁形式,主梁为箱梁结构,保证梁体拥有足够的承载能力。其中,门架上部的桥架由两根主梁、两根端梁组成封闭的水平框架结构,支腿为 A 形结构。各梁及支腿全部采用焊接箱形结构,主梁的挠度应符合标准要求。单边悬臂,悬臂侧的长度要保证可以吊运停靠在外侧的管片车上的管片,设计有效悬臂长度 3.5m。龙门吊结构形式如图 2-1-29 所示。

图 2-1-29　龙门吊结构形式

（3）吨位选择

龙门吊在施工时出渣、下材料或者周转材料等都有其质量极限,一般为出渣时质量最大。根据渣斗满载时的质量,龙门吊的吨位选择也是决定龙门吊类型的关键,吨位应该与起重的最大吨位相匹配,过小无法满足施工要求,过大则造成无意义的经济浪费。

根据计算,重载土箱的质量最大:土箱12t,20m³渣土按1.5t/m³。总计约12+1.5×20=42t。设计时选择45t龙门吊计算不够准确,考虑节省成本,且龙门吊设计时存在一定的安全系数即$K=1.5$,所以45t龙门吊应该可以满足吊运要求。

但根据实际情况总结可以得到,45t龙门吊的吊运能力勉强达到要求,存在相当大的缺陷。

(4)行走速度

为保证设备运行期间能高效有序地进行,对龙门吊大车、小车的运行速度均应有一定的要求,无论是出渣还是吊运管片或材料,一个相匹配的速度都是发挥施工最大效率的关键。小车一个工作循环包括:大车移动至井口(空载)→下吊钩(空载)→脱钩→挂钩→起钩(重载)→大车移动(重载)→材料脱钩。龙门吊布置如图2-1-30所示。

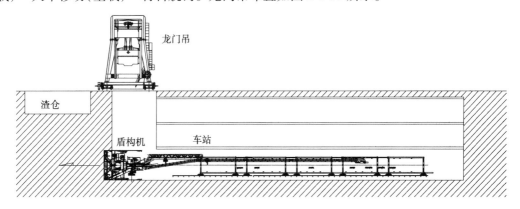

图2-1-30 龙门吊布置示意图

现要求每个工作循环时间(按正常运行区间为轨上9m、轨下35m计算)为不大于9min。

(5)安全装置

起升机构制动器应是常闭式,同时必须安装起吊重量限位器以及起升高度限位装置(图2-1-31)。龙门吊和小车的运行机构均应有行程开关、止挡、扫轨板和缓冲器。大、小车运行机构限位开关节点串入变频器控制线路,可设置预限位,当设备接近极限位置时,设备便从高速降至设定的低速运行,以保证设备的平稳停车与设备的运行操作安全。同一轨道上的两台龙门吊之间应设置防撞装置。图2-1-32所示为重庆某项目安全装置。

a)

b)

图2-1-31 限位装置

图 2-1-32　重庆某项目安全装置

注：龙门吊位置行走轮采用走道板围挡，防止与其他器材碰撞，占据走行轨道发生不安全事故；其次是安全卡控线比较醒目，对龙门吊行走轨道有一定的安全区域的保护，加强了安全保证。

（6）小车设计

小车架主要由两根端梁和数根横梁等组成；各梁全部采用焊接箱形结构。小车架上面装有起重机的主副起升机构、翻渣机构、小车运行机构及小车运行安全尺等，如图2-1-33所示。

图 2-1-33　龙门吊的小车

小车的设计，必须能满足空中翻渣；小车设计为上下层结构，可通过其上下层的不同装配方式，实现空中正向翻渣和空中侧向翻渣，优先考虑的是小车正向翻渣装配方式。

对于小车的起升机构，应为变频调速，起制动平稳，可做到零速制动停车，加减速平滑过渡，可实现无级调速，对机械传动装置冲击小，延长了机械传动装置的寿命，以满足各种吊装工艺要求。同时，小车架应平面布置合理，用以方便机械检修。

（7）翻渣机构

目前，翻渣机构（图2-1-34）主要采用两大类型，即液压推杆式和机械传动式。相比较而言，液压推杆式具有柔软的机械特性，虽然伸缩比较平缓，但是易出现两端翻渣钩不同步的情况。同时，液压推杆式的工作效率相对较低，经常出现漏油等现象，零件更换频繁，检修麻烦，故最终决定采用机械传动式翻渣机构。

（8）起升高度

龙门吊在地面上行走吊运时，其提升高度应满足要求，保证调运材料时有足够的空间进行行走。出渣时要求最小翻渣高度，即土箱翻转之后，土箱最下沿至渣坑最上沿平面的高度大于3m，下吊材料时应保证钢丝绳有足够的长度到达井底。

a)　　　　　　　　　　　　　　　　　b)

图 2-1-34　龙门吊翻渣机构

注：图 b)为重庆某项目采用的龙门吊吊钩，其主要特点是可以任意吊运渣斗，不受渣斗的形式限制。

由于最小翻渣高度为 3m，翻渣机构自身高度 4.5m，所以设定起升高度轨上为 9m，而 A 车站的开挖深度最大为 29m，考虑到钢丝绳在下降过程中的磨损等因素，设定轨下起升高度为 35m，以充分满足施工时的各种操作要求。

(9)其他要求

由于龙门吊是露天使用，所以龙门吊必须设置避雷装置，同时应设置声光报警器，在龙门吊运行时用以提醒在场地内施工作业的人员注意安全。龙门吊的噪声应控制在合理范围内，做到不扰民。主梁上外围焊接栏杆可作平台及检修通道，方便检修。

配置足够的照明，以满足夜间施工时场地的亮度。龙门吊防撞装置如图 2-1-35 所示。

a)　　　　　　　　　　　　　　　　　b)

图 2-1-35　龙门吊防撞装置

注：图 b)为重庆某项目所采用的紧急止停装置，在发生紧急情况下可以及时止停，保证安全。

3）方案比选

重庆 TBM 项目龙门吊选型是根据现场施工提出的,对其相关要求进行招标,有多家单位进行投标,依据现场实际情况以及对各家单位方案进行比选,最终决定选用由重庆起重所提供的设备,其他单位的方案这里不一一列举。龙门吊最终选用方案的各类参数如表 2-1-5 所示。

龙门吊配置表　　　　表2-1-5

序号	项目	技术规格/内容	说明
1	起重量	主钩45t、副钩16t;主钩配翻渣机构	
2	跨度	跨度24m(可调整为25m);有效单悬3.5m	
3	主/副钩最大起升高度	轨上9m;轨下45m	
4	工作级别	A6	
5	小车运行速度	重载运行2.5～25.0m/min 空斗运行2.5～37.5m/min	
6	起升机构—主钩起升	重载运行1.2～12m/min 空斗运行1.2～19m/min	
7	起升机构—副钩起升	重载运行1.2～12m/min 空斗运行1.2～19m/min	
8	大车运行速度	重载运行2.7～26.7m/min 空斗运行2.7～37.3m/min	
9	卸料高度	3m	
10	操作方式	司机室	
11	供电方式	力矩式电缆卷筒(包含120m电缆)	
12	颜色	橘红	
13	轨道	P43	
14	电源	三相交流　50Hz　380V	
15	主要结构件	材质:Q345-B	
16	车轮	材质:ZG340-640	
17	吊钩	材质:DG20(副钩),主钩为Q345-B	
18	供电方式	门吊采用电缆卷筒供电,三相四线制	
19	电缆卷筒采用力矩式电缆卷筒	电缆长度120m(暂定)	
20	电气	采用全数字交流调速控制方式	
21	起升机构、大、小车行走采用变频调速,能实现空载高速、重载低速运行平稳,辅以PLC进行控制		
22	电气控制室配专用空调		
23	起升机构双制动,同时先电气制动,再机械制动		
24	吊具为挂梁,长度与渣斗相符合(渣斗图由甲方提供)		
25	机械翻渣钩方式翻渣(门吊司机独立操作完成卸渣)		
26	45t门吊小车可以换向,适应正翻与侧翻		
27	大车运行机构安装在下横梁上,减小下横梁的横向尺寸		
28	风速监控、显示及大风(7级风以上)自动断电保护装置		

续上表

序号	项目	技术规格/内容	说明
29	手动防风装置(地锚或夹轨器)		
30	起重机终端止挡和缓冲装置		
31	起重机大车防脱轨保护装置		
32	大车行走限位保护		
33	轨道排除异物装置		
34	大车行走声光报警		
35	防雷保护装置		
36	小车终端止挡和缓冲装置		
37	小车防脱轨保护装置		
38	小车行走限位保护		
39	小车轨道排除异物装置		
40	门联锁保护功能		
41	超载报警、显示及断电功能		
42	带触摸屏显示(起升高度显示、预警、限位保护功能)		
43	起升下极限保护功能		
44	零位保护功能		
45	电机的过流、缺相、欠压、发热的保护功能		
46	配备防振动作业照明灯	4盏各1000W、220V	
47	配备随小车移动照明灯2盏	1000W、220V	
48	小车防雨罩内220V电源插座		
49	司机室配备1.5P冷暖空调		
50	起重机总重量:117.2t		
51	起重机最大轮压:338kN		
52	总功率:186kW		
53	起重机整机颜色为橘红色(绿化橡胶并喷涂甲方提供的字样),根据乙方要求在门吊上可以设置标示牌		

以上为厂家所提供的龙门吊生产的具体参数,根据在施工中所遇到的具体情况以及问题,进行改进和优化。

4)现有龙门吊使用过程中存在问题及优化

(1)对龙门吊存在问题进行优化

①改造扫轨器。龙门吊轮子上自身携带的扫轨装置存在一定的缺陷,清扫轨道不彻底。为了增强对轨道以及龙门吊的保护,延长使用寿命,对扫轨器进行改造,使用2cm厚钢板进行焊接,焊接在龙门吊轨道行进正前方,经改造,效果明显得到改善,如图2-1-36所示。

②加强翻渣钩辅钩。龙门吊最原始设计的翻渣钩辅钩材质刚性差,而且为了降低自重,辅钩内部设置为空心,这严重影响了翻渣钩辅钩的刚度和强度,导致吊渣过程中辅钩与土箱连接不牢固,吊渣过程中土箱经常掉落,以致辅钩变形甚至直接断裂。

所以要求对辅钩进行改造加固,去掉空心辅钩,改用实心辅钩;更换辅钩材料;采用整块钢板切割的方式,中间不存在焊接的情况,避免出现断裂;辅钩起升装置也改用电动葫芦起升,提高了效率。这样改造增加钩子的强度和刚度,保证吊渣作业的顺利进行。改造后的辅钩见图2-1-37。

图2-1-36 改造后的扫轨器　　　　　　图2-1-37 改造后的辅钩

③变更小车翻渣机构方向。由于龙门吊设计为单侧悬臂,未设计悬臂侧主钩受到翻渣机构的影响,1号龙门吊在下材料时,无悬臂侧小车行程不够,左线最外侧无法吊装最外侧的材料,所以必须对小车进行改造。

这主要是设计时考虑不周全所致,是设计缺陷。为了达到能够在始发井,下管片的目的,而翻转小车方向,即小车旋转180°,将小钩的位置朝向无悬臂一侧,这样就可以保证在小车最大行程时,小钩能够在左线始发井位置下管片,但无悬臂一侧仍有较大区域不能够覆盖吊装,而主钩对左线的始发井几乎起不到作用。所以,在今后的选型中,一定应考虑吊具实际的吊装范围。

④焊接辅钩挂钩扶手。更换实心辅钩后,增加了辅钩的自重,在井口司索进行挂钩时,由于钩子重量变大,司索在摘挂辅钩的时候存在一定困难,因此在翻渣钩上用钢筋焊接扶手,扶手上焊接延长支撑,从而保证摘挂钩过程的顺利进行。

⑤加装安全装置。安全配置中,每个大车行走位置缺少急停装置以及行进时的声光报警器,主梁平台位置未设置安全门,存在安全隐患,小车行走也未设置缓冲限位。

每个大车行走轮位置均增加一个急停装置,轮子正上方设置声光报警器,主梁平台位置设置安全门(图2-1-38),增加小车缓冲限位。

图2-1-38 安全门

(2)龙门吊还需改造之处

①场地规划。场地的规划是龙门吊最重要的影响因素之一,影响到龙门吊的选型运行

方式、布置方式等。现采用的为两台龙门吊"一"字形布置,共用轨道,1 号龙门吊用于吊管片以及吊运各类材料,2 号龙门吊专门用于出渣,如图 2-1-39 和图 2-1-40 所示。根据目前使用情况可以得出,场地布置存在一定问题。

图 2-1-39　龙门"一"字形布置　　　　　　图 2-1-40　钢轮和轨道

单侧悬臂设计存在缺陷,无悬臂侧小车运行到终点主钩行程不够,最外侧材料无法吊运,虽然采用翻转主钩方向的方式进行改进,但改善情况不是非常理想,所以最好设计为双悬臂行驶,既可以满足小车运行要求,又可以多出周转的场地。

②重载行走距离过大。2 号龙门吊专门吊用于出渣,但弃渣坑位于左右两侧,龙门吊重载运行距离较长,所以对龙门吊的钢轮和轨道磨损较大,需要长期维护轨道。

今后设计可以将弃渣坑位置选在龙门吊的单悬臂侧(图 2-1-41)或者调整龙门吊的布局方式(图 2-1-42),这样减小龙门吊的重载行走距离,既减小对龙门吊钢轮的磨损,又减小对龙门吊的损伤。

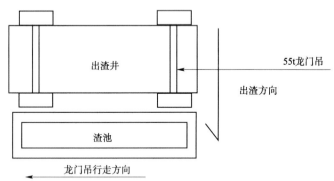

图 2-1-41　单边悬臂　　　　　　图 2-1-42　重庆某项目龙门吊布置情况

注:此龙门吊布置在出渣时间上有所节省,减少了重荷载长距离的运输,降低了轨道的清理工作量;同时,选用的龙门吊吊吨位较大且采用白色喷绘,整体效果较为良好。

③起重吨位较小。设计时计算的不够精准,导致出渣龙门吊的吨位选择较小。根据现场实际经验,由于土箱做了加高设计,所以土箱重载时其总质量在 43 ~ 45t 之间,龙门吊的工作时间又是 24h 循环作业,龙门吊在出渣时基本为超负荷工作,所以选择 45t 的吨位偏小,安全系数较低。

今后在选择吨位时,应精确地计算好龙门吊的最大起质量,取一个保守的安全系数,这样才能保证龙门吊安全稳定的工作。

④弃渣坑位置。弃渣坑的位置应设计合理,现渣坑设置于龙门吊的两条行走轨道之间,每次出渣时,渣土都将出渣口处的轨道覆盖,然后再进行人工清理,不仅费时费力,而且对轨道以及龙门吊钢轮产生磨损。

⑤轨道和基础。龙门吊的轨道是龙门运行的基础,重庆TBM项目采用的轨道压板方式为螺栓加固,这样的方式存在一定的弊端,随着龙门在轨道上的不断运行,螺栓会不断地松动,如果轨道养护不及时就会导致龙门脱轨,应采用焊接式轨道压板,牢固稳定。压板的距离应符合规范,现采用的压板太过密集,采用焊接式压板可采用1m间距,太过密集对材料造成不必要的浪费,当然间距也不能过大,否则轨道不能保证足够的稳定。

轨道的基础不够平整,这也是轨道压板松动的主要原因,所以在轨道基础的施工时,应严格控制基础的平整程度。

⑥其他。小车的减速机、电缆滑槽位置设置不合理,二者位置难以到达,所以检修维护难度大。在设计时,应提前对减速机和电缆滑槽的位置提出要求,电缆滑槽的位置可以设置在主梁的护栏上,这样既方便又安全。

2.1.4 龙门吊工作能力计算

TBM隧道掘进井口设置于A车站,车站设置有两个井口,井口配置龙门吊进行起重作业,现对井口设置的龙门吊的工作能力进行计算和总结。

1) 设备理论参数

(1) 龙门吊

龙门吊大车水平速度:空载为37.3m/min、重载为26.6m/min;

龙门吊小车水平速度:空载为37.5m/min、重载为25m/min;

龙门吊小车提升速度:空载为19m/min、重载为11.9m/min(主钩);

空载为19m/min、重载为11.7m/min(副钩)。

(2) 单护盾TBM正常掘进速度

5cm/min = 0.05m/min

(3) 机车与编组

机车速度:空载为200m/min、重载为133.3m/min。

一列编组组成:55t机车 + 5台20m^3渣车 + 6m^3碎石车 + 8m^3砂浆车 + 2台15t管片车

(4) 单护盾TBM门吊施工边界条件

始发井深:18m;始发井到渣坑距离:100m;管片环宽:1.5m。

2) 设备实际参数

由于受到施工现场各方因素的影响及制约,设备实际参数与理论参数有所不同。现根据现场实际测量数据,得出实际参数,与理论数值进行对比,如表2-1-6和表2-1-7所示。

电瓶车、TBM参数对比　　　　　表2-1-6

项目		理论	实际
TBM掘进速度(cm/min)		5	3.8
电瓶车	空载(m/min)	200	120
	重载(m/min)	133.3	100

龙门吊运行速度对比　　　　　　　　　表2-1-7

项　　目		理论(m/min)	实际(m/min)	
			1号龙门吊	2号龙门吊
大车水平	空载	37.3	19.5	27
	重载	26.6		
主(副)钩	空载	19	16	15.6
	重载	11.9	13.9	11.4

根据对比情况可以得知,龙门吊以及电瓶车均没有达到理论设计值,没有发挥出设备的最大效率,主要是受到场地、轨道以及司机的操作情况所影响,通过不断地改进,设备的运行效率应还可以进一步提升。

3)参数理论分析

(1)假设只有一台龙门吊,服务于一条隧道

①掘进一环电瓶车进洞到出洞时间。

单护盾 TBM 启动:1min;单护盾 TBM 停止:1min;

正常掘进时间 = 环宽尺寸/掘进速度 = 1.5m ÷ 0.05m/min = 30min

电瓶车进出洞时间 = 路程/时间,由于随着掘进距离的增加,路程也不断增加,则进出洞的时间也随之变化,取最大值2500m 计算。

$$2500m ÷ 200m/min + 2500m ÷ 133.3m/min = 31.3min$$

因单护盾 TBM 开始掘进和结束时速度低于0.05m/min,故正常掘进一环需要35min。

电瓶车从进洞到出洞所用时间为:

电瓶车进洞时间 + 正常掘进时间 + 电瓶车出洞时间 = 35min + 31.3min = 66.3min

②龙门吊完成一环吊装工作的时间:龙门吊翻渣一列编组渣。

龙门吊出一斗渣时间计算如下:

a. 挂钩时间:0.5min;　　b. 摘钩时间:0.5min;　　c. 翻渣时间:1min;

d. 预留时间:1min;　　e. 移动车时间:0.5min;

f. 龙门吊小车重载提升时间:

门吊提升高度/门吊小车重载提升速度 = 18m ÷ 11.9m/min = 1.51min

g. 龙门吊小车水平行走重载时间:

门吊跨距/门吊小车水平行走重载速度 = 24m ÷ 25m/min = 0.96min

h. 龙门吊小车水平行走空载时间:

门吊跨距/门吊小车水平行走空载速度 = 24m ÷ 37.5m/min = 0.64min

i. 龙门吊小车空载下降时间:

门吊提升高度/门吊小车空载下降速度 = 18m ÷ 19m/min = 0.95min

龙门吊出一斗渣时间 = a + b + c + d + e + f + g + h + i = 7.56min

结论:因为一列编组5节渣车,因此完成一列编组翻渣时间为:5 × 7.56min = 37.8min。

③龙门吊下一环管片时间。

a. 井上挂管片钩时间:0.5min;　　b. 井下摘钩时间:0.5min;

c. 大车向始井行走时间:0.5min;　　d. 空载到井上管片堆放区时间:0.5min;

e. 小车副钩重载下降时间：

门吊提升高度/门吊小车副钩重载下降速度 = 18m ÷ 11.7m/min = 1.54min

f. 小车副钩重载下降时间：

门吊提升高度/门吊小车副钩空载下降速度 = 18m ÷ 19m/min = 0.95min

门吊吊一次管片时间 = a + b + c + d + e + f = 4.49min

结论：一环管片需要吊二次，因此吊一环管片时间是：2 × 4.49min = 8.98min。

④放碎石车和砂浆车时间共为10min。

备注：这个时候可以同时下管线材料和油脂材料。

编组时间：2min。

结果：洞外完成一列编组需要时间：① + ② + ③ + ④ = 37.8min + 8.98min + 10min + 2min = 58.78min。

通过工序工作时间和流程，当龙门吊完成一环工作到开始下一环吊装工作开始，编组在外面停留时间是：66.3min - 53.78min = 12.52min。

⑤当掘进距离较短时，电瓶车进出洞时间较短，则龙门吊工作一环时间会大于电瓶车进洞到出洞的时间，即第二列电瓶车到达洞口，而第一列电瓶车的吊装工作还没有完成，则电瓶车会出现一台等待另一台的现象。

总结：根据计算，一台龙门吊服务于一条隧道工作量基本饱和，所以需要设置两台龙门吊同时工作。

(2)假设两台龙门吊同时工作，一台龙门吊专门负责一条隧道

根据前面计算，一台龙门吊服务于一条隧道时，工作量基本饱和，但由于受到场地的限制，两台龙门吊呈"一"字形布置，无法同时在一个井口工作。当两条隧道同时有电瓶车到达井口，同时需要出渣或者下材料时，两台龙门吊都会产生冲突，这样就大大地降低了效率，浪费了时间。

(3)假设两台龙门吊同时工作，每台龙门吊只负责一个井口

假设每台龙门吊只负责一个井口，一台位于始发井专门负责下材料，一台位于轨排井专门出渣。而且假设电瓶车出洞后在始发井处断开车节，则两台龙门吊可以同时进行工作。

①只有一列电瓶车在洞外作业时。洞外只有一台电瓶车的作业时，要求在始发井处将车节断开，管片车等留在始发井位置，车头拉着渣斗到达轨排井位置，此时一台龙门吊在始发井下管片等材料，另一台龙门吊在轨排井出渣，这样两台龙门吊同时作业，时间将得到很大的节省。

前面计算可知：一环的出渣时间为37.8min，一环的下管片及材料时间为21min，当二者可以同时作业时，时间将节省为一道工序的时间，即37.8min就可以完成一环的工作。

②两列电瓶车同时在洞外作业时。当两列电瓶车同时到达洞外时，则将工作进行分配，一列车位于始发井下材料，另一列车位于轨排井进行出渣。当分别完成自己所在位置的工作后，两列电瓶车互换位置。此时完成两列电瓶车在洞外的全部作业需要时间为58.8min，大大地提升了掘进效率，提高了龙门吊的利用率，所以此方法为最佳方案。

4)结论与建议

根据以上的计算和分析结果，可以得到相关结论，获得最佳的龙门吊布置方案，最终的

结论和建议如下:

①加强龙门吊日常检查与保养工作。

②保证井上、井下联系畅通。

③加强现场协调,统筹安排。

④龙门吊配合方案:每列编组出洞后,在始发井位置将编组由第5节渣车后面断开,5节渣车前行到轨排井进行翻渣,始发井位置进行下管片、下碎石以及放浆等作业。两台龙门吊同时作业,每台专门负责一个井口,此方案效果最佳。

⑤最终结论:2台龙门吊利用效率高,可以满足生产需求。

2.1.5 电瓶车编组选型

1)工程说明

在盾构施工中,盾构机、龙门吊以及电瓶车形成一组施工流水线,任何一个环节上的设备出现问题都会影响整体施工。龙门吊与电瓶车的存在,直接关系出渣以及材料运转的效率,而电瓶车是保证出渣以及材料运输的直接部位。在具体的施工中,在确定盾构机类型之后,电瓶车的选择至关重要,选择一套合适的电瓶车与盾构机相匹配,是保证施工正常、有序、高效进行的关键。

2)选型设计

(1)总体选用原则

按照电瓶车编组(图2-1-43)应一次性运输完每环的出渣的原则,同时考虑到每环可能超挖以及渣土箱内会黏留少部分渣土,所以渣土车的容量必须略大于每环出渣的理论容量。同时电瓶车应配备管片车、浆车以及碎石车,并根据盾构机设备的要求,确定电瓶车的轨距以及车辆宽度。整列电瓶车的长度,应小于水平皮带机的限定长度,保证最后一节渣土车能到达出渣口下。

图2-1-43 电瓶车编组示意图

(2)渣土车

渣土车底座与渣斗,应是两个独立的部分,但二者连接应容易对接并连接牢靠,如图2-1-44所示。渣斗必须具备一定的强度与刚度,保证在龙门吊起吊过程中不发生变形或断裂,同时应控制渣斗的质量,使其不能超出龙门吊的极限。

图2-1-44 渣土车厢

第2章 设备选型与施工筹划

(3) 管片车

管片车(图 2-1-45)是管片输送的唯一载体,也是输送各种材料的平台。考虑到盾构机内部尺寸的要求以及管片尺寸的大小,应配置两节管片车,每节车放置三片管片;管片车设计高度不能过低,以保证双轨梁可以顺利吊运管片;管片车上应考虑到管片的弧形,设计成"凹"形结构,车与管片的接触部位应设置为柔性接触以减小管片受力,防止运输途中管片的损坏。

(4) 浆车、碎石车

图 2-1-45 管片车

浆车主要是将浆液从洞外运到盾构机内砂浆罐内,满足管片后注浆的要求,浆罐的容量应与盾构机砂浆罐容量相一致,同时浆车内应设置防止浆液沉淀的搅拌机构,且搅拌驱动机构噪声要低。

碎石车负责输送碎石,碎石车尺寸应满足盾构机自带碎石罐的尺寸,见图 2-1-46。

a)

b)

图 2-1-46 碎石车和碎石罐

(5) 电瓶车机头

电瓶车机头(图 2-1-47)是整列车的动力牵引工具,选用是否得当直接关系洞内运输是否正常运行。要求每辆电瓶车机头必须具备牵引全部渣土车、碎石车、浆车以及管片车全部重载时的能力,并且保证在最大坡道上安全启动并牵引整列车正常行驶。同时,电瓶车应具有变频装置,以适应不同的工况条件。

图 2-1-47 电瓶车机头

(6)充电池

充电房作为电瓶车动能的补给站,应设置在始发井口的边缘,充电池应长期保持活水的畅通用以冷却充电时产生的热量,使电池温度保持在合理的范围内。充电池采用混凝土浇筑,尺寸应提前设计好,场地提前规划,如图2-1-48所示。

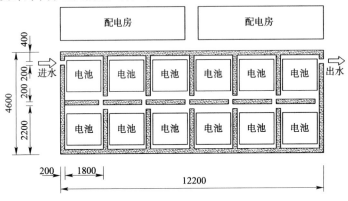

图2-1-48 充电池平面示意图(尺寸单位:mm)

电池的更换,应快速、方便,因电池的数量较多,图2-1-48所示更换方法,电池一节一节更换效率太低,所以应设计一种可以一次性更换全部电池的装置,用来提高施工效率。

3)机车编组技术方案

根据图纸可知,区间最大线路纵坡35‰或者50‰(初步考虑、重载上坡)。盾构机刀盘开挖直径6880mm;管片外径6600mm,管片内径5900mm,环宽1500mm。

(1)每循环渣土量估算

每环渣土量:

$$Q = \pi R^2 BK = 3.14 \times 3.44^2 \times 1.5 \times 1.7 = 94.7 (m^3)$$

其中,R为开挖半径;B为循环长度;K为松方系数,取1.7(实测1.6)。

(2)运输能力计算

渣车容量的大小成为制约运输能力的因素。渣车容量越大则运输能力越大,渣车容量越小则运输能力越小。因此推荐采用容量为$20m^3$的渣车。

根据每循环渣量估算,考虑部分富余量,则一列车应保证每循环渣量全部运出;一列编组运5辆渣车,运载能力达$100m^3$渣土,大于$94.7m^3$,满足要求。

(3)假设最大坡度50‰

①实际所需的机车黏重计算。

每循环渣质量:94.7×2 = 189.4(t)　　　　　　　(渣土密度取$2t/m^3$)

运输车辆质量:5辆$20m^3$渣车——5×12 = 60(t)　(驶出时为重车)

　　　　　　　1砂浆车——6t　　　　　　　　　　(驶出时为空车)

　　　　　　　2辆管片车——6t　　　　　　　　　(驶出时为空车)

　　　　　　　1材料车——3t　　　　　　　　　　(驶出时为空车)

重载列车牵引总质量:

$$G_2 = 189.4 + 60 + 6 + 6 + 3 = 261.4(t)$$

由公式:机车黏着牵引力≥坡道阻力+列车综合运行阻力+加速惯性力

$$G_1\mu \geqslant (G_1+G_2)(\mu_1+\mu_2+a/g)$$
$$G_1 \geqslant G_2(\mu_1+\mu_2+a/g)/[\mu-(\mu_1+\mu_2+a/g)]$$

得： $=261.4\times(0.05+0.005+0.05/9.8)/[0.26-(0.05+0.005+0.05/9.8)]$
$=261.4\times 0.06/(0.26-0.06)=78.4(\text{t})$

a：加速度取 0.05m/s^2　　　G_2：重载列车牵引总质量为 261.4t
μ_1：隧道坡度为 50‰　　　μ_2：隧道坡道综合阻力系数为 0.005~0.008

根据以上计算结果得，在 50‰坡度下，至少需 78t 机车可牵引，考虑适量冗余，可以选用两台 45t 机车，在坡度小于 50‰时，可以适应。

②单台 45t 机车实际牵引力：
$$F=9549Ni\times 0.96/n/R=112\text{kN}$$

③单台机车实际牵引质量（50‰坡度）：
$$G_{单}=F/(\mu_1+\mu_2)-45\text{t}=158.6\text{t}$$

两台机车实际牵引质量为：
$$G_{总}=2G_{单}=317.2\text{t}$$

由以上结果可知，满足重载时牵引力要求，在 50‰坡度上实际牵引质量 317.2t，大于负载牵引质量 261.4t。

④机车实际黏着系数：
$$\mu=F/G_1=11.2/45=0.25$$

一般机车运行，μ 取 0.25~0.33 均为安全值，黏着系数越小，机车运行越安全。

(4) 假设最大坡度 35‰

①实际所需的机车黏重计算。

每循环渣质量：$94.6\times 2=189.4(\text{t})$　　　（渣土密度取 2t/m^3）
运输车辆质量：5 辆 20m^3 渣车——$5\times 12=60(\text{t})$　　（驶出时为重车）
　　　　　　　1 砂浆车——6t　　　　　　　　　（驶出时为空车）
　　　　　　　2 辆管片车——6t　　　　　　　　（驶出时为空车）
　　　　　　　1 材料车——3t　　　　　　　　　（驶出时为空车）

重载列车牵引质量：$G_2=189.2+60+6+6+3=261.4(\text{t})$

由公式：机车黏着牵引力≥坡道阻力+列车综合运行阻力+加速惯性力
$$G_1\mu \geqslant (G_1+G_2)(\mu_1+\mu_2+a/g)$$

得： $G_1 \geqslant G_2(\mu_1+\mu_2+a/g)/[\mu-(\mu_1+\mu_2+a/g)]$
$=261.4\times(0.035+0.005+0.05/9.8)/[0.26-(0.05+0.005+0.05/9.8)$
$=261.4\times 0.045/(0.26-0.045)=54.7(\text{t})$

a：加速度取 0.05m/s^2　　　G_2：重载列车牵引总质量为 261.4t
μ_1：隧道坡度为 35‰　　　μ_2：隧道坡道综合阻力系数为 0.005~0.008

根据以上计算结果，在 35‰坡度下，至少需 54.7t 机车可牵引，考虑适量冗余，可以选用机车 55t，在坡度小于 35‰时，可以适应。

②55t 机车实际牵引力：
$$F=9549Ni\times 0.96/n/R=130\text{kN}$$

③实际牵引质量:(35‰坡度)

$$G = F/(\mu_1 + \mu_2) - 55t = 270t$$

由以上结果可知,满足重载时牵引力要求,在30‰坡度上实际牵引质量270t,大于负载牵引质量261.2t。

④机车实际黏着系数:

$$\mu = F/G_1 = 13/55 = 0.24$$

一般机车运行,μ 取 0.25~0.33 均为安全值,黏着系数越小,机车运行越安全。

(5)砂浆车方量确定

根据开挖直径6880mm,循环长度1500mm,管片外径6600mm。

则砂浆量为:

$$G = \pi R_1^2 B - \pi R_2^2 B = 3.14 \times 3.44^2 \times 1.5 - 3.14 \times 3.3^2 \times 1.5 = 4.5(m^3)$$

式中,R_1 为开挖半径;R_2 为管片外径;B 为循环长度。

考虑到隧道坡度、砂浆泵送过程中泄漏等情况,选择 $8m^3$ 砂浆车(图2-1-49)满足使用要求。

图 2-1-49 砂浆车

(6)机车配置情况

①当隧道轨线坡度为50‰时,分两列编组,其中一列编组:1台45t机车 + 3辆$20m^3$渣车;另外一列编组:1台45t机车 + 2辆$20m^3$渣车 + 1辆15t材料车 + 1辆$8m^3$砂浆车 + 2辆15t管片车。

②当隧道轨道坡度为35‰时,一列编组:1台55t机车 + 5辆$20m^3$渣车 + 1辆15t材料车 + 1辆$8m^3$砂浆车 + 2辆15t管片车。

4)已改进的设备存在问题

根据中隧股份有限公司所提供出的设备进行施工,随着施工的不断进行,电瓶车编组存在的缺点也不断地显现出来。为了提高生产的效率以及增加安全保障,针对在施工过程中遇到的问题以及出现的缺陷,不断地对设备进行改进和优化。

(1)加固连接板

电瓶车编组每节车之间连接板过于薄弱(图2-1-50),经常在行进途中断裂,导致车厢前后分开,后面车厢后溜,对施工产生极大危害。

为了加强安全性能,使用4cm厚钢板重新加工制作连接板,增强连接板的抗拉、抗扭能力,同时应设置钢丝绳作为保险设置,作为二次保险,保证连接板断裂后列车不脱节,防止溜车,如图 2-1-51 所示。

图 2-1-50　薄弱的连接板

图 2-1-51　加固后的连接板及楔子

(2)增加吊耳

管片车在没有装运管片时,可作为材料运输车使用,但是管片车上没有专用的吊装吊耳,在管片车运出泥袋时只能使用吊带吊装,既不安全也加大吊带磨损,施工成本增加。

为了使用方便,使管片车能够整体吊装,在管片车四角分别加装一个吊耳,采用 2cm 厚钢板制作,焊接完成,如图 2-1-52 所示。这样,吊运泥袋时可以连同管片车一起起吊,至渣坑上倾倒泥袋。

(3)增加配重

渣车、浆车以及管片车的重量过大,而电瓶车机头的重量过轻,从而导致运行时机头摩擦力不够而致使车轮打滑,不能前行。所以必须对机头进行配重,加大机头车轮与轨道的摩擦力,从而使机头安全稳定地牵引后面各节车。

(4)溜车警报

在施工下管片过程中,管片车要从列车上摘挂出以提高生产效率、节省时间,操作频繁

图 2-1-52　管片车吊耳

就会存在管片车溜车的现象。由于隧道内属于下坡,溜车后管片车会直接抵达盾构机内,不仅对洞内施工人员造成巨大的危险,对盾构设备也会产生碰撞损坏。所以,洞口处应加设溜车报警系统,以便溜车后提醒隧道内施工人员及时躲避,避免出现安全事故。

5)还需改进的设备存在缺点

①渣斗在使用一段时间后,由于泥浆在渣斗内沉淀和泥浆黏性,会在渣斗底部黏留一部分淤泥,随着时间的推移,淤泥不断积累最后导致渣斗内容量大大减小,最后电瓶车编组不能将一环渣土全部运出,从而影响施工效率。

同样,电瓶车砂浆车内由于长时间地运送水泥浆,浆罐侧壁上会黏留下浆液,随着时间的推移会积累下厚厚的一层水泥块,如图 2-1-53 所示。

现采用每隔半月,即倒班时间,可对浆罐以及渣斗进行清理的方法,保证渣斗容量能充

分容下掘进一环的出渣量,从而保证掘进的效率。但此方法十分麻烦,费时费力,不适用。建议渣斗和浆罐设计防黏措施,可选用相关的防粘涂料或者使用定制的防粘材料,避免渣土或水泥浆沉淀黏着的现象。

②由于隧道内只有一条行驶轨道,两列电瓶车之间的沟通尤为重要,一旦沟通不及时将发生电瓶车碰撞事件,但两列电瓶车内没有沟通设备,只能使用对讲机进行联络。在电瓶车下材料以及放浆过程中,管片车的摘车也需要沟通,沟通不到位就会产生管片车溜车,对隧道内作业人员产生极大的危险。

因此,在机车选型设计时,应要求厂家设计专用于电瓶车之间联络用的沟通设备。

③机车空压机放置位置,存在极大缺陷,每次检查、维护设备或更换空压机油脂、三角带时,都需将电瓶吊起后才能进行,操作不方便,同时也极大地降低了效率。机车空压机在设计时,应考虑维修保养的便捷性,将空压机后盖设计成便于拆卸的形式,方便维保时进行拆卸。

机车电池的更换,应考虑施工的效率,一节一节更换非常耽误时间,应设计可一次完成三块电池一起更换的装置,缩短电池更换时间,提高效率。图 2-1-54 所示为充电池。

图 2-1-53　浆罐内水泥结块情况

图 2-1-54　充电池一角

④无线摄像头对整个列车编组安全使用及生产情况都起着关键的作用,但是在使用过程中无线摄像头很容易受到其他信号的干扰,图像成像模糊不清甚至没有,因此,此系统存在一定的缺陷。

无线摄像头应设置防干扰系统或采用单独的信号频道,增强信号传输能力,增强抗振动能力,使摄像头起到实质性作用。

⑤浆车的维修、保养十分麻烦。黄油在浆车上即起到润滑的作用,也起到密封的作用,消耗很大,所以经常需要人工注射,这就会产生黄油注不满等问题,保养的质量就会大大下降。

浆车保养应要求设计时在浆车上安装自动黄油泵,当缺少黄油时机器自动加注,既解决了黄油注射质量问题,也提高了维保的效率。

2.1.6　电力选型

1)电线电缆的分类

电线电缆类别如表 2-1-8 所示。

电 线 电 缆 类 别　　　　表2-1-8

序号	分类	类 别 表 示	备注
1	类别	H—市内通信电缆;HP—配线电缆;HJ—局用电缆	
2	绝缘	Y—实心聚烯烃绝缘;YF—泡沫聚烯烃绝缘;YP—泡沫/实心皮聚烯烃绝缘	
3	内护层	A—涂塑铝带黏接屏蔽聚乙烯护套;S—铝钢双层金属带屏蔽聚乙烯护套;V—聚氯乙烯护套	
4	特征	T—石油膏填充;G—高频隔离;C—自承式	
5	外护层	23—双层防腐钢带绕包销装聚乙烯外被层;33—单层细钢丝铠装聚乙烯被层;43—单层粗钢丝铠装聚乙烯被层;53—单层钢带皱纹纵包铠装聚乙烯外被层;553—双层钢带皱纹纵包铠装聚乙烯外被层	
6	其他	BV—铜芯聚氯乙烯绝缘电线；BLV—铝芯聚氯乙烯绝缘电线 BVV—铜芯聚氯乙烯绝缘聚氯乙烯护套电线 BLVV—铝芯聚氯乙烯绝缘聚氯乙烯护套电线 BVR—铜芯聚氯乙烯绝缘软线；RV—铜芯聚氯乙烯绝缘安装软线 RVB—铜芯聚氯乙烯绝缘平型连接线软线；BVS—铜芯聚氯乙烯绝缘绞型软线 RVV—铜芯聚氯乙烯绝缘聚氯乙烯护套软线；BYR—聚乙烯绝缘软电线 BYVR—聚乙烯绝缘聚氯乙烯护套软线；RY—聚乙烯绝缘软线；RYV—聚乙烯绝缘聚氯乙烯护套软线	

2) 电线与电缆的区分

其实"电线"和"电缆"并没有严格的界限。通常将芯数少、产品直径小、结构简单的产品称为电线,没有绝缘的称为裸电线,其他的称为电缆;导体截面积较大的(大于$6mm^2$)称为大电线,较小的(小于或等于$6mm^2$)称为小电线,绝缘电线又称为布电线。

3) 电线电缆产品分类

电线电缆的应用主要分为三大类:

①电力系统:电力系统采用的电线电缆产品主要有架空裸电线、汇流排(母线)、电力电缆[塑料线缆、油纸力缆(基本被塑料电力电缆代替)、橡套线缆、架空绝缘电缆]、分支电缆(取代部分母线)、电磁线以及电力设备用电气装备电线电缆等。

②信息传输系统:用于信息传输系统的电线电缆,主要有市话电缆、电视电缆、电子线缆、射频电缆、光纤缆、数据电缆、电磁线、电力通信或其他复合电缆等。

③机械设备、仪器仪表系统:此部分除架空裸电线外,几乎其他所有产品均有应用,但主要是电力电缆、电磁线、数据电缆、仪器仪表线缆等。

4) 变压器常识

(1) 变压器的分类

变压器类型如表2-1-9所示。

变 压 器 类 型　　　　表2-1-9

序号	分类	类 别 表 示	备注
1	冷却方式	自然冷式、风冷式、水冷式、强迫油循环风(水)冷方式、水内冷式等	
2	防潮方式	开放式变压器、灌封式变压器、密封式变压器	
3	铁芯或线圈结构	芯式变压器(插片铁芯、C形铁芯、铁氧体铁芯)、壳式变压器(插片铁芯、C形铁芯、铁氧体铁芯)、环形变压器、金属箔变压器、辐射式变压器等	

续上表

序号	分类	类别表示	备注
4	电源相数	单相变压器、三相变压器、多相变压器	
5	用途	电力变压器、特种变压器(电炉变、整流变、工频试验变压器、调压器、矿用变、音频变压器、中频变压器、高频变压器、冲击变压器、仪用变压器、电子变压器、电抗器、互感器等)	
6	冷却介质	干式变压器、液(油)浸变压器及充气变压器等	
7	线圈数量	自耦变压器、双绕组、三绕组、多绕组变压器等	
8	导电材质	铜线变压器、铝线变压器及半铜半铝、超导等变压器	
9	调压方式	无励磁调压变压器、有载调压变压器	
10	中性点绝缘水平	全绝缘变压器、半绝缘(分级绝缘)变压器	

(2)变压器的型号及规格

①变压器的型号组成。变压器的型号由:变压器绕组数+相数+冷却方式+是否强迫油循环+有载或无载调压+设计序号+"-"+容量+高压侧额定电压组成。

如:SFPZ9-120000/110 指的是三相(双绕组变压器省略绕组数,如果是三绕,则前面还有个S)双绕组强迫油循环风冷有载调压,设计序号为9,容量为120000kV·A,高压侧额定电压为110kV 的变压器。

②变压器的容量。国家标准容量(单位:kV·A)为:30,50,63,80,100,125,160,200,250,315,400,500,630,800,1000,1250,1600,2000…

(3)选用变压器的一般原则

变压器容量的选择是一个全面、综合性的技术问题,没有一个简单的公式可以表示。变压器容量的选择与负荷种类和特性、负荷率、需要率、功率因数、变压器有功损耗和无功损耗、电价(包括基本电价)、基建投资(包括变压器价格及安装土建费用和供电贴费)、使用年限、变压器折旧、维护费,以及将来的计划等因数有关。

变压器容量的基本估算。变压器容量的基本估算主要有以下三种方面。

a.利用计算负荷法估算:先求出变压器所要供电的总计算负荷,然后按下式估算。

变压器总容量=总计算负荷+考虑将来的增容裕量

b.利用最经济运行效果法估算:所选择的变压器,其最佳经济负荷和实际使用负荷相等或接近,即:变压器容量约等于S/贝塔m,式中S为实际使用负荷,kV·A;贝塔m为所选择变压器最高效率时的负荷率。按此式选择的变压器容量往往偏大,按最高效率相应的负荷率贝塔m所选择的变压器在最高效率的工况下运行,不一定会使企业得到最好的经济效益。这是由于没有综合考虑影响经济选择企业变压器的各种因数的缘故。

c.按年电能损耗最小法选择变压器:该方法适用于不同的企业性质和生产班制及负荷曲线的场合,它是根据年电能损耗最小为原则来选择变压器容量的,因此,从节能角度看较合理。计算结果表明,变压器容量应在使用负荷和最高经济负荷之间进行选择。一班制企业,可按使用负荷选择变压器容量,也可略留富余量;二班间断和三班间断的企业,可分别按比例使用负荷高一级和二级左右的容量选择变压器;三班连续制企业,可按最经济负荷选择变压器。然而该方法只考虑年电能损耗最小这一点,还未考虑其他因数,因此,还是不全面的。按变压器年电能损耗最小和运行费用最低,并综合考虑变压器装设的投资来确定变压器安装容量,才是经济合理的。

5)配电柜(箱)

(1)配电柜分类

①按电压分:可分为高压和低压柜。

②按功能分:进线柜、馈线柜、计量柜、电容柜、母联柜、隔离柜等。

(2)配电柜(箱)的作用

一般配电柜(箱)的作用就是电能分配,功能配电柜(箱)作其功能之用,如进线柜、馈线柜、计量柜、电容柜、母联柜、隔离柜、动力柜、照明柜等。

高压配电箱就是分配电能的一次设备。

(3)低压配电柜(箱)布置的一般原则

低压配电柜(箱)布置原则如表2-1-10所示。

低压配电柜(箱)布置的一般原则　　　表2-1-10

序号	原则	内容	备注
1	低压配电柜(箱)的分级	对于一般用电单位低压配电柜(箱)的分级没有严格的要求,一般按照用电区域进行分配,级数越多用电设备相互影响越少,异常停电范围越小,用电设备安全用电的可靠性越高,以合理为原则;同时线缆规格使用更节约。 低压配电柜(箱)常分为四级,即: a. 变电所低压配电柜; b. 用电区域配电柜(箱)(如大楼、厂房等); c. 二级用电区域配电柜(箱)(如楼层、车间等); d. 设备用配电柜(箱)	
2	低压配电柜(箱)的布置位置	对于低压配电柜(箱)的布置位置要求: a. 安全要求:安装可靠,防护设施等,参考"电力安全规程"; b. 环境要求:干燥通风,散热除湿,防尘防鼠、鸟等; c. 距离要求:一般位置设置应尽可能靠近用电区域或设备,便于母线敷设,配电柜落地,配电箱距地面不小于1.3m高; d. 操作要求:操作方便,专人管理,严格按照"安全规程"作业	
3	低压配电柜(箱)的一般配置	a. 隔离开关; b. 负荷总开关(带自动跳闸机构); c. 保护系统:熔断器、漏电继电器、过流继电器、欠压保护等; d. 计量装置:电压表、电流表、电度表、功率表、功率因数表等; e. 分开关:空气开关; f. 接地装置; g. 接零装置	

6)用电设备常识

(1)常用用电设备种类(电机、照明等)

电动机的分类如图2-1-55所示。

按相数又分单相和三相电动机,所以平时使用的三相电动机的全称为三相交流鼠笼式异步电动机。

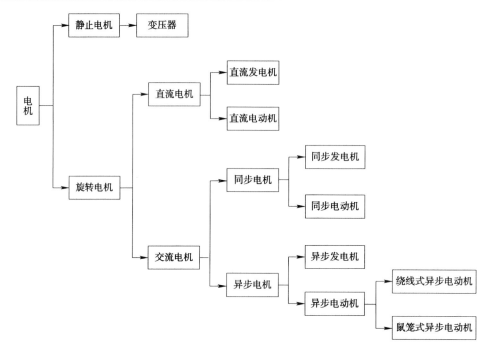

图 2-1-55　电动机类别

(2)单台用电设备(电机)实际功率利用率

①电动机名牌标注的功率＝电动机轴的输出功率。

②电动机的电功率＝电动机轴的输出功率×电动机效率和电动机功率因数。

③常用电机——三相交流鼠笼式异步电动机。

④变频电机——交流异步电动机均可进行变频控制。

7)各类用电情况

(1)用电设备输出功率一定,远距离供电电缆选择。

一台 70kW 风机,变压器离风机距离 500m,供电电缆选择计算如下。

假设前提条件:供电变压器功率 630kV·A,额定电压等级为 400V/10kV。假设前提条件成立。

分析及考虑:

变压器的额定有功功率为 P_e 和额定电流 I_e:

$$P_e = S \times 效率 \times 电动机功率因数 = 630 \times 0.95 \times 0.85 = 509(kW)$$

额定电压为 400V 时:

$$I_e = P_e/(1.732 \times V) = 509 \times 1000/(1.732 \times 400) = 735(A)$$

额定电压为 420V 时:

$$I_e = P_e/(1.732 \times V) = 509 \times 1000/(1.732 \times 420) = 700(A)$$

当电动机功率/变压器功率＝70/509＝13.75%,小于 15%,可以直接启动。但是接近 15%,加上该变压器还有其他设备用电,以及对风机进行较远距离控制,固采用降压启动。

变压器调高空载输出电压 5% 为 420V。变压器内阻抗压降为 5%～10%,取 5%,固变压器额定负载时的输出电压为 $V = 420 - 420 \times 5\% = 400(V)$。

70kW 风机电机功率较大,采用降压启动(或变频调速调压启动),现按照星三角降压启动进行测算。

参数计算:

①电动机额定电流 $I_e = 2 \times 70 = 140(A)$

②星三角降压后电流 $I_y = I_e/3 = 47(A)$

③启动电流 $I_{yq} = 5 \times I_y = 5 \times 47 = 235(A)$(启动时间较长,固按启动电流值选择电缆)

④安全电流密度为 $3.5A/mm^2$。

详细系数取值见表2-1-11。

参 数 取 值   表2-1-11

245IEC53(YZ)、245IEC57(YZW)、245IEC(YCW)YC 通用橡套软电缆在空气中使用长期连续负荷允许载流量							245IEC81(YH)及245IEC82(YHF)综合数据				BX、BLX、铜、铝芯橡皮线尺寸及质量			
主线芯截面面积(mm²)	长期连续负荷允许载流量 A						截面面积(mm²)	平均外径上限(mm)	导体电阻≤(Ω/km) 20℃	参考质量(kg/km)	截面面积(mm²)	平均外径上限(mm)	参考质量(kg/km)	
	YZ、YZW			YC、YCW									铜芯	铝芯
	二芯	三芯	四芯	一芯	二芯	三芯	四芯							
0.3								10	9.7	1.91	151.6	0.75	4.2	21.3	—
0.5	12	12	10					16	11.5	1.16	224.0	1	4.4	23.4	—
0.75	14	14	12					25	13.0	0.758	326.0	1.5	4.6	30.0	—
1	17	17	14					35	14.5	0.538	430.0	2.5	5.0	40.2	25.2
1.5	21	21	18					50	17.0	0.379	600.0	4	5.5	56.6	32.4
2.5	26	26	22	37	30	26	27	70	19.5	0.268	818.1	6	6.2	77.4	41.0
4	30	30	25	47	39	34	34	95	22.0	0.198	1082.7	10	7.8	131.4	69.5
6	41	41	35	52	51	43	44	—	—	—	—	16	8.8	196.0	97.0
10	53	53	45	75	74	63	63					25	10.6	297.0	143.0
16	—	—	—	112	98	84	84					35	11.8	396.0	182.0
25				148	135	115	116					50	13.8	570.0	249.0
35				183	167	142	143					70	16.0	742.0	311.1
50				226	208	176	177					95	18.3	21.3	430.0
70			—	289	259	224	224					120	20.0	1236.3	509.3
95				363	319	273	273					150	22.0	1547.3	633.8
120				415	371	316	316					185	24.2	1917.0	782.0

⑤线缆截面面积 $A = I_{yq}/3.5 = 235/3.5 = 67(mm^2)$,选择 $70mm^2$ 即可。

验算:

由于变压器离风机距离500m,负载端电压损失可能严重,即线缆电压降大,配电低压总计电压损失不大于6%,固可损失总压降为 U,即:

$$U = 420 - (420 \times 5\% \times 235)/700 - 380 \times (1 - 6\%) = 56(V)$$

查得 TJ-70 铜线千米电阻为 0.28Ω;

TJ-95 铜线千米电阻为 0.20Ω；

TJ-120 铜线千米电阻为 0.158Ω；

TJ-150 铜线千米电阻为 0.123Ω；

TJ-185 铜线千米电阻为 0.103Ω。

验算 70 线缆压降：

启动电流 I_{yq} = 235A，TJ-70 铜线千米电阻为 0.28Ω。

$U_{70} = 235 \times 0.28 = 65.8(V)$　　大于 $U = 56V$；

$U_{95} = 235 \times 0.20 = 47(V)$　　小于 $U = 56V$。

固线缆截面面积选择 90mm²。

如果不调整 630 变压器输出电压，即为 400V，

$$U = 400 - (400 \times 5\% \times 235)/735 - 380 \times (1 - 6\%) = 37(V)$$

$U_{95} = 235 \times 0.20 = 47(V)$　　大于 $U = 39V$；

$U_{120} = 235 \times 0.158 = 37(V)$　　等于 $U = 37V$。

固线缆截面面积选择 120mm²。

注：该计算是在 630 变压器仅为 70kW 风机供电条件下。

（2）高压电缆及容量选择。

单护盾 TBM 总功率 2260kW，装机容量 3000kV·A，最长距离 2.5km，选择高压电缆规格型号。

变压器容量为 3000kV·A 时，变压器的额定输出有功功率为 P_e：

$$P_e = S \times 效率 \times 电动机功率因数 = 3000 \times 0.95 \times 0.85 = 2422.5(kW)$$

$P_e = 2422.5kW >$ 单护盾 TBM 总功率 2260kW，满足条件。

高压电缆规格选择：

整台设备几乎都是变频启动或软启动，所以整台设备的最大电流可按额定电流计算，TBM 所用电机的额定电压及额定电流如表 2-1-12 所示。

TBM 用电功率统计表　　表 2-1-12

名　　称	数量	额定电压(V)	额定功率(kW)	总功率(kW)	额定电流(A)	总电流(A)
空压机	2	380	90	180	196	392
除尘风机	2	380	22	44	40	80
二次通风电机	1	380	22	22	40	40
冷却水泵电机	1	380	22	22	39	39
齿轮油泵电机	1	380	15	15	28.9	28.9
推进泵电机	1	380	90	90	159	159
拼装、注浆泵电机	1	380	55	55	101	101
1号皮带机泵电机	1	380	30	30	58	58
2号皮带机电机	1	380	55	55	107	107
10kW 以下小电机	1	380	207	207	414	414
刀盘驱动电机	7	690	220	1540	228	1596
总计				2260		3014.9

第2章 设备选型与施工筹划

由表可知：

①额定电压690V的主驱动电机：

$$I_{主驱动} = 228 \times 7 = 1596(A)$$

②额定电压380V的其他电机：

$$I_{其他} = 3014.9 - 1596 = 1418.9(A)$$

③10kV高压侧最大电流：

$$I_{最大} = 1596 \times 690/10000 + 1418.9 \times 380/10000 = 110.124 + 53.922 = 164.046(A)$$

电缆参数见表2-1-13。

8.7/10（8.7/15）kV交联聚乙烯绝缘聚氯乙烯护套电力电缆和钢带铠装电力电缆 表2-1-13

标称截面面积（mm²）	导体外径（mm）	绝缘标称厚度（mm）	非铠装电力电缆				铠装电力电缆				电缆载流量			
			护套标称厚度（mm）	电缆近似外径（mm）	电缆近似质量（kg/km）		护套标称厚度（mm）	电缆近似外径（mm）	电缆近似质量（kg/km）		在空气中		在土壤中	
					CU	AL			CU	AL	CU	AL	CU	AL
1×95	11.5	4.5	1.9	29	1597	1008	2.0	32	1832	1261	420	325	445	345
1×120	13.0	4.5	1.9	30	1830	1086	2.0	34	2114	1394	480	370	505	395
1×150	14.4	4.5	2.0	32	2132	1202	2.1	36	2789	1899	550	425	575	445
1×185	16.1	4.5	2.0	34	2526	1379	2.2	38	3220	2108	635	490	650	500
1×240	18.3	4.5	2.1	36	3112	1624	2.3	40	3873	2410	745	580	760	590
1×300	20.6	4.5	2.2	39	3742	1882	2.3	43	4545	2708	860	665	870	670
1×400	23.3	4.5	2.3	42	4613	2133	2.4	46	5457	3122	1000	780	980	760
1×500	26.7	4.5	2.4	45	5724	2624	—	—	—	—	1160	900	1120	870
3×25	6.0	4.5	2.4	47	2326	2891	2.5	52	3322	2866	140	110	140	110
3×35	7.0	4.5	2.5	49	2762	2111	2.6	54	4067	3416	170	130	165	130
3×50	8.1	4.5	2.6	52	3312	2382	2.7	58	4721	3826	200	155	195	150
3×70	9.9	4.5	2.7	56	4126	2824	2.8	62	5672	4364	250	190	240	180
3×95	11.5	4.5	2.8	59	5037	3270	3.0	66	6640	4864	300	235	290	210
3×120	13.0	4.5	2.9	62	5952	3721	3.1	69	7638	5400	350	275	330	250
3×150	14.4	4.5	3.1	66	6923	4133	3.2	72	8782	5975	390	310	365	280
3×185	16.1	4.5	3.2	70	8200	4759	3.3	76	10120	6660	450	355	415	320
3×240	18.3	4.5	3.3	75	10026	5542	3.5	82	12140	7652	505	395	465	375
3×300	20.6	4.5	3.4	80	12165	6585	3.7	88	15816	9612	580	455	545	440
3×400	23.3	4.5	3.7	87	15112	7672	4.0	95	18624	11146	—	—	—	—

从电力电缆标准中查的3×35在空气中电缆载流量为170A，比较接近TBM高压侧最大电流，但是为了保险起见，增大安全性，把安全电流增大20%的载流量，所以高压侧载流量为：

$$I = 164.046 \times 1.2 = 196.9(A)$$

由表查的规格3×50电缆，在空气中的载流量为200A。电压损失见表2-1-14。

10kV 交联聚乙烯绝缘电力电缆的电压损失　　　　表 2-1-14

	截面 (mm²)	电阻 θ=80℃ (Ω/km)	感抗 (Ω/km)	埋地25℃ 时的允许 负荷 (MV·A)	明敷35℃ 时的允许 负荷 (MV·A)	电压损失[%/(MW·km)] cosφ			电压损失[%/(A·km)] cosφ		
						0.8	0.85	0.9	0.8	0.85	0.9
铝	16	2.230	0.133			2.330	2.312	2.294	0.032	0.034	0.036
	25	1.426	0.120	1.819	1.749	1.516	1.500	1.484	0.021	0.022	0.023
	35	1.019	0.113	2.165	2.078	1.104	1.089	1.074	0.015	0.016	0.017
	50	0.713	0.107	2.511	2.581	0.793	0.779	0.765	0.011	0.012	0.012
	70	0.510	0.101	3.118	3.152	0.586	0.573	0.559	0.008	0.008	0.009
	95	0.376	0.096	3.724	3.828	0.448	0.436	0.423	0.006	0.006	0.007
	120	0.297	0.095	4.244	4.486	0.368	0.356	0.343	0.005	0.005	0.005
	150	0.238	0.093	4.763	5.075	0.308	0.296	0.283	0.004	0.004	0.004
	185	0.192	0.090	5.369	5.906	0.260	0.248	0.236	0.004	0.004	0.004
	240	0.148	0.087	6.235	6.894	0.213	0.202	0.190	0.003	0.003	0.003
铜	16	1.359	0.133	—	—	1.459	1.441	1.423	0.020	0.021	0.022
	25	0.870	0.120	2.338	2.165	0.960	0.944	0.928	0.013	0.014	0.015
	35	0.622	0.113	2.771	2.737	0.707	0.692	0.677	0.010	0.010	0.011
	50	0.435	0.107	3.291	3.326	0.515	0.501	0.487	0.007	0.007	0.008
	70	0.310	0.101	3.984	4.070	0.386	0.373	0.359	0.005	0.006	0.006
	95	0.299	0.096	4.763	4.902	0.301	0.289	0.276	0.004	0.004	0.004
	120	0.181	0.095	5.369	5.733	0.252	0.240	0.277	0.004	0.004	0.004
	150	0.145	0.093	6.062	6.564	0.215	0.203	0.190	0.003	0.003	0.003

由表 2-1-13 可知:10kV 高压电缆每千米压降只有 0.7%,电缆压降允许范围在 7% 左右,所以 10km 以内不用考虑电缆压降,所以选择规格 3×50 的电缆符合要求。

(3)TBM 用电容量选择。

单台 TBM 额定功率 $P = 3V_e I_e \cos\varphi$。

额定视在功率:
$$S_e = 1.732 \times (690 \times 1596 + 380 \times 1418.9)/1000 = 2841(kV \cdot A)$$

实际功率:主驱动电机每台额定功率为 220kW,额定电流为 228A,但是实际工作过程中每台电机电流最大不超过 100A,所以主驱动电机的实际总电流为:
$$I_1 = 100 \times 7 = 700(A)$$

假设其他电机都是以额定功率运转,所以单台 TBM 实际视在功率为:
$$S_S = 1.732 \times (690 \times 700 + 380 \times 1418.9)/1000 = 1770(kV \cdot A)$$

所以选取 2000kV·A 容量是可行的。

(4)隧道照明电缆选择。

隧道照明采用 20WLED 照明灯,每 9m 按照一个,隧道总长 2.5km,除了照明以外平时还要接 2 台 15kW 三相电焊机同时在末端使用,选择隧道照明电缆。

计算照明灯的总功率:在 2500m 隧道共设置 279 盏灯,总功率为 20×279 = 5580(W)

电焊机一、二次最大电流为 30A/400A,控制电焊机二次最大电流不大于 200A,所以一次最大电流被控制在 15A 以内。考虑两台同时使用,则一次计算电流为 30A。

采用三相四线制供电的电缆选择:

计算照明每相电流 $5580/3 \times 220 = 7(A)$,三相电焊机每相电流为 30A,总的三相每相电流为 $I = 7 + 30 = 37(A)$。

2500m 末端容许线损为额定电压的 10%,即为 $220 \times 10\% = 22(V)$(对地电压)。

注:线路上电压损失一般以不超过 7% ~ 8% 为原则。较严格的说法是:电压损失以用电设备的额定电压为准(如 380/220V),允许低于这额定电压的 5%(照明为 2.5%)。但是配电变压器低压母线端的电压规定又比额定电压高 5%(400/230V),因此从变压器开始至用电设备的整个线路中,理论上共可损失 5% + 5% = 10%,但通常却只允许 7% ~ 8%(这是因为还要扣除变压器内部的电压损失以及变压器功率低的影响的缘故)。不过这 7% ~ 8% 是指从配电变压器低压侧开始至计算的那个用电设备为止的全部线路。它通常包括户外架空线、户内干线、支线等线段即各段结果相加,全部 7% ~ 8%。

每相导线电阻为 $R = 22/37 = 0.595(\Omega)$。

因此每 1000m 电阻为 $0.595/2.5 = 0.238(\Omega)$。

参数取值见表 2-1-15。

电缆导体及流量参数 表 2-1-15

矿用电缆及通用橡套电缆导体结构、导体电阻及允许流量						
导体截面面积 (mm^2)	导体结构与单丝直径 (根数/mm)	20℃时导体电阻(Ω/km)≤		允许连续载流量(A)		
		不镀锡	镀锡	单芯	二芯	三芯
0.751	24/0.20	26.0	26.7	—	14	12
	32/0.20	19.5	20.0	—	17	14
1.5	30/0.25	13.3	13.7	—	21	18
2.5	49/0.25	7.98	8.21	37	30	26
4	56/0.30	4.95	5.09	47	39	34
6	84/0.30	3.30	3.39	52	51	43
10	84/0.40	1.191	19.5	75	74	63
16	126/0.40	1.21	1.24	112	96	84
25	196/0.40	0.780	0.795	148	135	115
35	276/0.40	0.554	0.565	183	167	142
50	396/0.40	0.386	0.393	226	208	176
70	360/0.50	0.272	0.277	289	259	224
95	475/0.50	0.206	0.210	353	318	273
120	608/0.50	0.161	0.164	415	371	316
150	756/0.50	0.129	0.132	460		
185	925/0.50	0.106	0.108	529		
240	1221/0.50	0.0801	0.0817	636		
300	1525/0.50	0.0641	0.0654	732		
400	2013/0.50	0.0486	0.0495	877		
不同环境温度时载流量换算系数						
环境温度(℃)	15	20	25	30	35	40
换算系数	1.12	1.06	1.00	0.94	0.87	0.79

查得铜导体截面面积 $70mm^2$ 时,20℃ 为 $0.272\Omega/km$,大于 0.238Ω;但比较接近,加之参

与计算值是上限,只要两台电焊机不是同时在末端工作,70mm² 电缆也可以用,当然 95mm² 也没问题,因为铜导体截面面积 95mm² 时,20^{0}C 为 0.206Ω/km,小于 0.238Ω/km。

(5)变压器选择。

以下为项目地面用电设备,用电设备统计如表 2-1-16 所示。

TBM 地面设备及车站结构工区用电统计   表 2-1-16

序号	工区	设备名称	功率(kW)	数量	共计(kW)	负荷系数	同时系数	实际功率(kW)	功率因数	视在功率(kV·A)
1		龙门吊	178	2	356	0.6	1	213.6	0.85	251.29
2		充电房	30	12	360	0.8	0.5	144	1	144.00
3		刀具厂家	254	1	254	0.3	0.4	30.48	0.9	33.87
4		拌和站	68	1	68	0.8	0.6	32.64	0.85	38.40
5		风机	55×1 75×1		130	0.8	1	104	0.85	122.35
6		大门口水泵	5.5	2	11	0.8	0.6	5.28	0.85	6.21
7		井口水泵	5.5×3 22×5		126.5	0.8	0.3	30.36	0.85	35.72
8		循环水电机	37	2	74	0.8	1	59.2	0.85	69.65
9	TBM 工区	B 水泵	22	3	66	0.8	0.6	31.68	0.85	37.27
10		机修房	45	1	45	0.6	0.3	8.1	0.9	9.00
11		监控室	4	1	4	0.8	1	3.2	1	3.20
12		办公室	2	8	16	0.8	0.5	6.4	0.98	6.53
13		会议室	4	1	4	0.8	0.3	0.96	0.98	0.98
14		门卫值班室	2	1	2	0.8	0.8	1.28	0.98	1.31
15		劳务值班室	2	1	2	0.8	0.8	1.28	0.98	1.31
16		龙门吊照明	1	12	12	1	0.3	3.6	1	3.60
17		隧道照明	5	2	10	1	1	10	1	10.00
18		场地照明	36		36	1	0.3	10.8	1	10.80
19		宿舍	2	30	60	0.8	0.6	28.8	1	28.80
20		永昂实业食堂	25		25	0.7	0.8	14	0.95	14.74
21		食堂	40	1	40	0.6	0.8	19.2	0.95	20.21
22		钢筋弯曲机	5	3	15	0.6	0.8	7.2	0.85	8.47
23		钢筋调直机	5	2	10	0.7	0.8	5.6	0.85	6.59
24		钢筋切断机	5	2	10	0.6	0.7	4.2	0.85	4.94
25		电焊机	15	6	90	0.5	0.8	36	0.85	42.35
26	结构工区	空压机	3	90	270	0.7	0.8	151.2	0.85	177.88
27		锚杆转机	3	4	12	0.6	0.9	6.48	0.85	7.62
28		塔吊	35	2	70	0.8	0.7	39.2	0.85	46.12
29		其他电动工具	30	1	30	0.7	0.6	12.6	0.85	14.82
30		照明	20	1	20	1	0.3	6	1	6.00
共计					2228.5					1164.03

以上用电功率统计设备包含了车站施工及 TBM 施工所有用电设备,所有设备总功率约为 2228.5kW,视在总功率为 1164kV·A,视在功率即为供电所需容量。考虑到车站结构有

可能和 TBM 区间同时施工,所以变压器的选择两台 630kV·A,如果不考虑车站施工,视在总功率为 849kV·A,可以选择 1000kV·A 的变压器一台。

注:变压器大小的选择主要根据现场设备视在功率的大小,但是关键还是负载系数与同时利用系数的选定,以上数据的选择都是经验值,所以存在一定的误差。

(6)易燃易爆工况下高压电缆和照明,应采用阻燃电缆和防爆设备。掘进过程如果遇到易燃易爆气体,不是如何选择电缆的问题,而是停止一切作业,特别是电器开关的"开"和"关"的作业。在操作中都可能产生火花,而引起燃烧或爆炸。所有设备不是防爆设备,供电系统也大为不同。

2.1.7 循环水管

1)总体设计

TBM 机在正常掘进时,机内液压系统、主驱动部分及配电柜内电器等部件往往会产生大量的热量,使电机、泵等设备及隧道内的环境温度升高,一旦温度过高,会造成设备损坏和人员危险。所以,必须采取措施使其及时冷却。在此重庆 TBM 项目中采用冷却水循环系统,解决散热问题。

TBM 掘进时,刀盘破岩后的除尘降温、注浆罐冲洗、关键设备冷却等施工用水是必不可少的。TBM 施工一般会产生两类废水:①掘进过程产生的废水,如刀盘喷水、注浆罐清洗排水等,称之为施工废水;②伴随掘进过程中的隧洞涌水和围岩渗水,称之为施工涌渗水。这些污水、废水需要及时排出隧道,所以设置污水管及时处理污水。

现设计于 A 车站隧道洞口设置循环水泵、水箱及冷却塔,左、右线各一组,中间采用蝶阀连接互通。

2)材料、设备的选择

(1)循环水泵

外循环水为工业用水,根据《单护盾 TBM 使用维护手册》中对外循环水的要求,进水温度需低于 25℃,流量不小于 47m³/h,压力 500~1000kPa,水质应符合国家《工业循环冷却水处理规范》(GB 50050—2007),主要用来冷却液压油,冲洗用水和设备用水等。

①流量。根据《建筑给水排水设计规范》(GB 50015—2003)水泵流量经验公式可得,水泵最小流量值为:

$$Q = \frac{24 Q_{max}}{20} = \frac{24 \times 40}{20} = 48 (m^3/h)$$

②管径。循环水管与盾构机接入水管的直径为 80mm,同时循环水管的直径应满足水泵的流量、压力以及水流速度的要求。根据《工业金属管道设计规范》(GB 50316—2000)中管径计算公式可得最小管道内径:

$$D = 0.0188 \sqrt{\frac{W}{V\rho}} = 00188 \times \sqrt{\frac{48 \times 1000}{1.5 \times 1000}} = 106 (mm)$$

式中:Q——水泵的流量(m³/h),已知值 48m³/h;

V——水管断面的水流流速(m/s),根据经验值经济流速为 1.5~2.0m/s,取 1.5m/s;

ρ——水的密度(m/s),取 1000kg/m³。

③扬程。水泵的扬程应大于整个循环水管线路对压力的要求,循环水垂直高差根据各个车站的高程差计算。A 至 B 为下坡,无需考虑扬程情况,水泵位于 A 车站,A 车站与 C 车站垂直高程差最大为 3m,最大总长度为 2500m,盾构机所需接入压力值为 500~1000kPa,取每 100kPa 按 10m 水柱计算。根据《建筑给水排水设计规范》(GB 50015—2003)中计算要求可得:

压力所需水头:50m,高差所需水头:3m。

管道损失水头:

$$h_f = \lambda \frac{l}{d} \frac{v^2}{2g} = 0.037 \times \frac{2500}{0.106} \times \frac{1.5^2}{2 \times 10} = 98(m)$$

式中:λ——沿程阻力系数,取值见规范表格(表 2-1-17),内插法求取;

l——水泵给水沿程长度(m);

d——水管内直径(m);

v——水流速度(m/s),经济流速 1.5~2.0m/s,取值 1.5m/s。

沿程阻力损失系数表   表 2-1-17

管子内径(mm)	50	75	100	125	150	175	200	225
λ	0.0455	0.0418	0.038	0.0352	0.0332	0.0316	0.0304	0.0293
管子内径 mm	250	275	300	325	350	400	450	500
λ	0.0284	0.0276	0.027	0.0263	0.0258	0.025	0.0241	0.0234

所以所需水头为 50 + 3 + 98 = 151(m)。

④水泵型号选择。水泵和水泵动力装置的选择可以参考《给排水设计手册》第 11 册常用设备。根据循环水采用自来水的特性,循环水泵采用卧式离心清水泵。离心泵结构紧凑占地小,流量和扬程范围较宽,流量均匀、运转平稳、振动小,不需要特别建造减震基础,可以选择多种控制方式,设备安装、维护检修费用低;清水泵高效、低噪声,水路部位采用特殊处理不易生锈,而且耐磨性能好,与其他类型对比价格经济,节能效果好。又根据以上计算所得流量 48m³/h、扬程 152m 的计算结果,最终选择离心式清水泵,参数为:型号:D46-30×6,流量 55m³/h,扬程 162m,配套功率 37kW,转速 2900r/min。符合要求。

图 2-1-56 为重庆 TBM 项目选用的水泵,图 2-1-57 为重庆某项目选择的 45kW 多级泵,流量 46m³/h,扬程 210m。与重庆 TBM 项目相比,水泵扬程更大、功率更高,但水流量小,供水能力强,水泵噪声小;重庆某项目采用封闭式冷却塔,循环水泵参数为流量 93.5m³/h、扬程 70m。

图 2-1-56　离心式清水泵

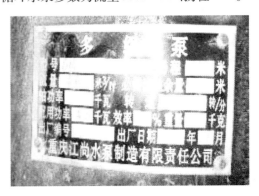

图 2-1-57　多级泵

（2）冷却塔

冷却塔（图2-1-58）的选择应符合《工业循环水冷却设计规范》（GB/T 50102—2014）中的要求和标准，冷却塔要求最小冷却水量大于循环水泵的总流量，左、右线两台水泵总输出流量为80m³/h，其冷却后出水温应不大于25℃。

图2-1-58 冷却塔

注：右图为重庆某项目的循环水冷却，主要特点是没有采用冷却塔，而是利用其始发井深度大的特点，在梯笼下设置一个深度大的水池，利用自然落差大的方式进行冷却。由于掘进盾构机为土压平衡类型，对水的消耗很大，对自来水的需求也很大，所以自然冷却即可。

现选择圆形逆流敞开式工业用水冷却塔，BLJ-100T型系列，通风方式为机械通风，最大冷却水量100m³/h，最大冷却温差为20℃，考虑到重庆地区夏季高温天气严重，最不利工况情况参数设定为进水温度45℃，出水温度25℃，满足要求。

（3）水泵电机

循环水泵动力装置电机的选择根据循环水泵的功率，选择与之相匹配的电机。水泵功率为37kW，同时水泵随着管线距离的增加功率会有所改变，所以电机采用变频式电机，用以适应水泵的变化以及延长使用寿命。电机选择变频三相异步电机，型号为TPY-200L2-2，恒转矩频率范围30～50Hz，功率37kW。

图2-1-59a）为重庆TBM项目选用的变频三相异步电机，图2-1-59b）为重庆某项目选择的水泵动力装置，采用匹配的三相异步电机45kW。

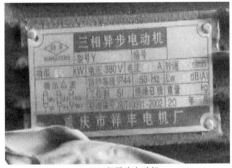

a)变频三相异步电机　　　　b)三相异步电动机

图2-1-59 异步电机

（4）循环水管

①水管材质。根据经验，水管材质多采用不锈钢管或者碳钢钢管，根据外循环水采用自

来水的情况考虑,自来水呈碱性,pH 值位于 7～9 之间,其对于不锈钢的腐蚀性大于碳钢钢管,同时不锈钢水管价格昂贵,综合考虑选择碳钢材质的镀锌钢管(图 2-1-60)。

图 2-1-60 热镀锌钢管

注:图 b)为重庆某项目采用的循环冷却水管,内直径为 100mm 的镀锌钢管,壁厚为 4mm;图 a)为重庆 TBM 项目采用的镀锌管,在壁厚方面小于图 b)重庆某项目,在抗压方面小于图 b)热镀锌钢管,但在经济方面图 a)镀锌钢管较优;图 c)为重庆某项目所采用的循环水管,采用的是法兰连接方式,在连接方面相对比较复杂,材质与重庆 TBM 项目相同。

②水管直径。循环水管与盾构机接入水管的直径为 80mm,上述计算中水管直径不得小于 106mm,根据国家镀锌标准《金属覆盖层 钢铁制件热浸镀锌层 技术要求及试验方法》(GB/T 13912—2002)规定,镀锌管规格、最小壁厚如表 2-1-18 所示。

钢管最小壁厚和沟槽深度　　　　　　表 2-1-18

公称直径 DN(mm)	钢管外径 D_c(mm)	最小壁厚 δ(mm)	管端至沟槽边尺寸 A(+0.0/-0.5)	沟槽宽度(mm) B(+0.5/-0.0)	沟槽深度(mm) C(+0.5、-0.0)	沟槽外径 D_1(mm)
80	89	4	14.5	9.5	2.2	84.6
100	114	4	16			109.6
150	165	4.5				160.6
200	219	6	19	13	2.5	214

③综合以上因素考虑,最后选择的水管类型为 DN100 镀锌管,材质碳钢。

(5) 循环水管的连接

① 水管连接。为了操作方便,同时提高工作效率,经试验证明,循环水管的连接采用沟槽式消防抱箍连接,其效果远好于法兰连接,这样循环水管需要自行压槽。

压槽机 1 台,功率:1.1kW,型号:YC-111,如图 2-1-61 所示。

a)　　　　　　　　　　　b)

图 2-1-61　压槽机及压槽后的镀锌钢管

压槽深度和宽度必须符合镀锌管连接国家标准,数值应符合表 2-1-17 中钢管最小壁厚和沟槽深度要求。

管道沟槽式连接(图 2-1-62)优点如下:

a. 快捷:不需焊接和二次镀锌,安装紧固螺栓无方向要求,管道安装速度比传统的焊接、丝扣连接及法兰连接快 3 倍以上。

b. 简便:它比法兰轻,只有两条紧固螺栓,不需要对孔对锁,安装时无特殊要求。

c. 可靠:选用高强度的球墨铸铁,使用寿命长。卡箍、垫圈与管端沟槽是全圆周压紧,管端拉力强度大,试验压力达 4.2MPa,温度 -30~100℃,真空度可达 0.08MPa。

d. 安全:沟槽式管接头施工时无需气焊接,不会因焊渣四溅,引起火灾。

e. 经济:比法兰连接节约总工程费用的 20% 左右。

f. 隔振:沟槽管件中的密封垫圈可隔断噪声及振动的传播。

g. 无污染:沟槽管件安装不存在焊渣或破坏镀锌层的问题,故可确保管道畅通。

h. 维护方便:拆卸维修只需松开螺栓、拆下卡箍即可,便于管路延伸、更换、转动方向。

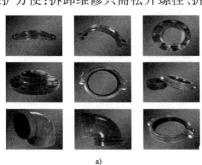
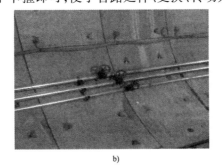

a)　　　　　　　　　　　b)

图 2-1-62　消防抱箍、弯头及沟槽式连接法兰

注:图 b)为重庆某项目在循环水管上的阀门采用蝶阀,阀门采用球阀,安全性好,但安装不方便,综合而言蝶阀可以满足要求;

② 注意事项。对镀锌钢管进行外观检查,所有加工的钢管口应平整,无毛刺。

检查沟槽的深度和宽度,压槽过浅,沟槽接头的橡胶密封圈无法充分卡进槽内,容易松动;压槽过深,管子容易破裂。所以要求操作人员必须熟练掌握压槽技巧。

3)技术要求

①循环水管和污水管路安装完成后要区分标记,以免使用时安装错误导致污染 TBM 循环用水管路。

②循环水管和污水管路安装原则,不影响其他施工场地,尽量靠围挡和井口边缘布置安装。

③抱箍连接应连接牢固,保证循环水管及污水管不漏水。

④施工废水必须经过沉淀处理,避免直接排放污染环境。

4)循环水施工工艺

(1)循环水源

为了保证盾构设备冷却循环用水,应保证水质符合规定,不能含有杂物,循环水源采用城市供水;在接头地方应安装水表,如图 2-1-63 所示。

图 2-1-63 城市供水接口

(2)循环水管安装布置

盾构机采用封闭式循环冷却系统,以水作为媒介对刀盘驱动电机、变速箱、液压系统、润滑系统、变频器等设备实施冷却。为保证操作和设计方便,同时为了规划的美观,TBM 冷却循环水布置如图 2-1-64 所示。

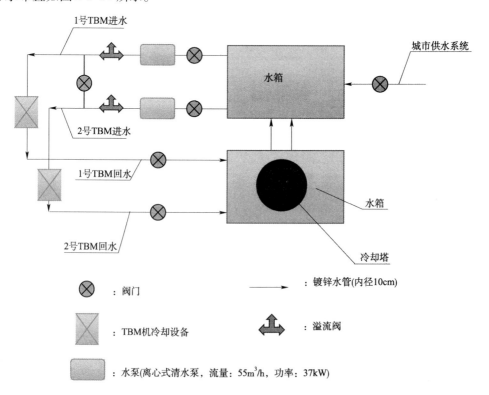

图 2-1-64 TBM 机冷却循环水布置示意图

第2章 设备选型与施工筹划

（3）水箱及冷却塔安装

循环水箱尺寸为 3m×3m×3m 规格，两个水箱中间用 DN100 镀锌管和法兰连接，如图 2-1-65 所示。为保证散热效果，两个水箱放置具体位置在底板 4-5 轴之间，此处地势空旷，通风效果好，有利于完成散热。冷却塔放置在回水的水箱上面，回水在冷却塔的作用下，完成冷却。

a) b)

图 2-1-65 水箱

注：图 b）为重庆某项目设置的循环水箱，尺寸为 7m×5m×3m，目前没有设置冷却塔，外接水源直接从井口引入自来水；重庆 TBM 项目采用两个 3m×3m×3m 的循环水箱，如图 a）。比较而言，图 b）的布局更有利于循环水的散热，但由于水箱没有保护措施，容易污染循环水的水质。

（4）离心式清水泵安装

①离心式清水泵安装时，应在机器底座和混凝土地面打入膨胀螺栓，连接牢固。水泵下放置橡胶垫以减小水泵运行时振动产生的噪声，如图 2-1-66 所示。

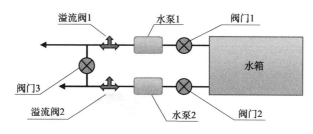

图 2-1-66 离心式清水泵安装示意图

②TBM 循环水进水阀门控制：正常时，阀门 3 关闭，阀门 1、2 和水泵 1、2 分别控制左右线 TBM；若水泵 1 出现问题，为了不导致掘进停止，可以关闭阀门 1，打开阀门 2 和 3，启动水泵 2，此时水泵 2 同时带动左右线 TBM 正常水循环。若水泵 2 出现问题，可以关闭阀门 2，打开阀门 1 和 3，启动水泵 1，此时水泵 1 同时带动左右线 TBM 正常水循环。

③阀门及用水管：在循环水管延伸的过程中，每隔 50m 安装一组蝶阀用以方便控制水流的开关，在水泵起始位置安装溢流阀，主要起调节压力作用。随着水管的不断延伸，根据隧道坡度以及水管对压力的要求，必要时可以灵活地安装溢流阀进行调节。

（5）镀锌钢管及抱箍安装连接

图 2-1-67 镀锌钢管及抱箍链接图

水管系统尽力避开电力系统,特别是配电柜,密封抱箍要紧固到位。管路要安装稳固,垂直安装状态的管路要用膨胀螺栓和抱箍连接固定,如图 2-1-67 所示。循环水管安装时,不影响其他施工场地,尽量靠围挡和井口边缘布置安装。

5)污水处理施工工艺

TBM 掘进时产生的施工废水、施工涌渗水和生活污水必须经过沉淀后,才能排入城市排污系统,否则会污染环境,导致排污管道堵塞。

TBM 机污水处理流程:区间台车污水管—洞口蓄水槽—底板三级沉淀池—地面二级沉淀池—城市排污管道,如图 2-1-68 所示。

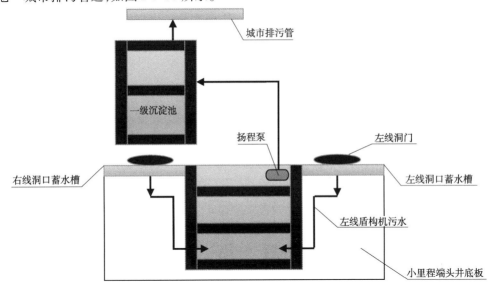

图 2-1-68 污水管及沉淀池示意图

(1)三级沉淀池

三级沉淀池采用现浇素混凝土结构,如图 2-1-69 所示。

(2)二级沉淀池

二级沉淀池位于大门处,此处沉淀后的清水一部分经抽出后,可用于清洗进出的车辆,达到节能减排的作用,让废水得到有效的利用。

由于大门处每日经过车辆较多,且有时载重较大,故必须确保笆子牢固可靠,每隔一段时间都应检查笆子的牢固性,保证安全,如图 2-1-70 所示。

图 2-1-71 为重庆某项目设置的地面二级沉淀池,体积较小,未设置水笆子。相对而言,在清

图 2-1-69 三级沉淀池实际图

洗方面较为便捷,但地处角落,机械清理较为困难;重庆 TBM 项目将其设置在大门口存在一个弊端,就是清理沉淀池时通车行人等受限制,需要择期进行。

图 2-1-70　大门处筢子

图 2-1-71　二级沉淀池

(3)沉淀池清理及问题

沉淀池位置的选择应选择开阔地段,与城市排污管道相邻,污水可以及时排出到城市污水系统中,同时应考虑今后清理的便捷性,沉淀池尽量放在地面,方便机械清理。沉淀池的尺寸尽量选择大尺寸,以保证污水的正常排出和满足沉淀泥沙的要求。

随着污水的不断排出,沉淀池中的淤泥会随着时间的增加而不断积累,如果不及时清理,不仅会堵塞水泵,堵塞管道,严重时会烧掉水泵,所以必须对沉淀池进行定期的清理。规定每半个月安排工人对沉淀池进行一次人工清理,对水泵进行维护保养,以保证水泵长期稳定地运行。

对于二级沉淀池的水筢子应设置吊耳,方便将其吊运,然后清理沉淀池。

(4)污水扬程泵

考虑到 A 站小里程端头井深度为21m,污水水泵扬程为30m,符合要求。图 2-1-72 所示为污水泵。

图 2-1-72　污水泵

2.2　场地临建概述

场地临建设施建设应以人为本,满足安全、环保、实用的要求,统筹规划、合理布局、因地制宜、节约资源;确保施工质量、安全,降低成本,提高工作效率,提升项目管理水平,展现自身企业文明施工形象;并按国家及地方有关规定办理审批手续,工程完工后应按规定复垦,并验收合格。

根据以往经验来看,各单位所建驻地设施共同特点均展现自身企业文化,严格按照安全文明施工规范进行布置。

2.3 办公区和生活区驻地设施

2.3.1 基本要求

1）选址

项目驻地经理部应远离地质自然灾害区域，周围无塌方、滑坡、落石、泥石流、洪涝等自然灾害隐患，无高频、高压电源及油、气、化工等其他污染源；满足安全、环保、水保的要求，交通、通信便利，水、电易于获取，系统成本最低。项目部驻地位置应靠近工程现场，且距离施工现场不宜超过 2km。

2）轨道交通工程施工

结合轨道交通施工特点，轨道交通施工大部分处于闹市街区，征地拆迁难度大，施工场地面积狭小，因此在项目经理部选址方面应重点结合工程情况考虑，尽量将项目经理部办公区、生活区与施工现场结合布置。目前大多项目经理部驻地建设采取租用现有房屋略加改造或自建等方式，应结合轨道交通施工特点分析，对现场实际进行必要的经济比较后，再确定项目经理部建设方式。

3）房屋布置方式及结构尺寸

项目驻地经理部办公区、生活区宜为院落式，采用封闭式管理，四周设有围栏，有固定出入口；活动板房选址安全，基础周边排水畅通；办公区、生活区等布局应科学合理、分区管理，尽量减少不同区域间的相互干扰；根据相关规定，临建房屋分组建设和管理，栋与栋之间的距离不小于 4m，房间净高不高于 2.6m；在结构尺寸方面，根据《拆装式轻钢结构活动房》（GB/T 29740—2013）相关规定，一层活动房高度不应超过 5.5m，二层活动板房高度不应超过 6.5m，进深不超过 9.1m，活动板房的立柱轴线间距不宜超过 1820mm；钢构件、维护板材和楼面板等无变形或损坏；附着设施与承重骨架连接牢固。

4）房屋材料及布置形式

根据项目统筹规划及临建设施总体布置，确定办公区、生活区的位置后，按临建设施设置要求进行建设，目前施工现场临时办公室设施广泛采用活动板房，是一种以轻钢为骨架，以夹芯板为围护材料，符合现行国家标准《建筑模数协调标准》（GB/T 50002—2013）进行空间组合，构件采用螺栓连接组成的环保经济型活动板房屋。活动板房可以设置单层、双层、三层；重庆 TBM 项目现场驻地经理部办公室设置为双层，采用彩钢板活动板房类型；第一层地面铺设 60cm×60cm 面砖，第二层地面采用塑胶地板铺设，施工方便、自重轻、整体性好；房间顶部采用龙骨石膏模板吊顶。

5）防排水、给水设置

（1）防排水

办公区、住宿区所采用的房屋均是活动板房，在房屋顶部及周边设施需要设置防排水，保证排水通畅；办公楼、住宿楼、生活用房等房屋顶部应施作防排水处理，防止雨水出现线流现象，将楼顶设置为双坡排水，并汇集在角落，采用 20mmPVC 管引流至地面排水沟；楼梯踏板底部应有封闭措施，防止雨水、杂物掉落，楼梯布置与排水如图 2-3-1 ~ 图 2-3-3 所示。

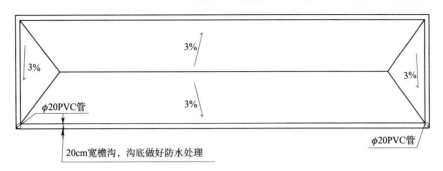

图 2-3-1　屋顶排水示意图

图 2-3-2　重庆某项目活动板房形式

注：活动板房屋顶所采用的形式排水效果较好，防止出现滴漏现象。

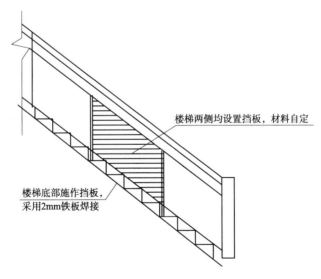

图 2-3-3　楼梯示意图

（2）给水

根据前期布置规划，办公楼与住宿楼均设置为二层楼房，二楼需要设置给水设施，满足二楼基本的用水要求；给水管不得穿过配电箱，注意保护措施。

防排水及给水设置具体要求参考《建筑给水排水设计规范》（2009年版）（GB 50015—2003）。

6）消防安全与使用管理

《施工现场临时建筑物技术规程》（JGJ/T 188—2009）与《建设工程施工现场消防安全技

术规范》(GB 50720—2011)消防安全规定,活动用房地应设置宽度不小于 4m 消防通道,且保持畅通;活动用房与易燃易爆、危险物品等危险源的距离应大于 16m;用电线路应穿阻燃管,灯具与板墙保持安全距离;灭火器配置应满足活动用房每 $100m^2$ 至少配置两具灭火级别不低于 3A 的灭火器的要求;活动用房墙板和门等装饰材料,应采用非易燃或阻燃材料,且符合防火、防雷要求。

人员密集和荷载较大的场所(如会议室)应设置在底层;避免使用大功率电器;活动板房室内不长期堆放易燃易爆物品,不存在私拉乱接线路等违规现象;食堂内挂设卫生管理责任制度标识,炊事员应持有健康证,工作时必须佩戴帽子、口罩,穿工作服。

7)办公区面积标准

办公区用房应实用、美观、隔热、通风、防潮,房屋面积满足驻地项目部部门办公需求;办公用房面积不得超过相关规定,见表 2-3-1 所示标准。

办公用房面积标准　　　　表 2-3-1

各室名称	配备标准	各室名称	配备标准
项目经理办公室	$40m^2/(间·人)$	机电部	$6m^2/人$
项目书记	$20m^2/(间·人)$	试验室	$6m^2/人$
工程部	$6m^2/人$	人事、财务(财务总监)	$6m^2/人$
副职办公室	$20m^2/(间·人)$	安全监督部	$6m^2/人$
综合办	$6m^2/人$	质检部	$6m^2/人$
经营部	$6m^2/人$	现场驻地监理办公室	$6m^2/人$
材料部	$6m^2/人$	现场业主代表办公室	$6m^2/人$
测量组	$6m^2/人$	会议室	$60m^2$(或业主相关要求)

8)生活区面积标准

生活区用房建设应体现以人为本的理念,实用、美观、隔热、通风、防潮,生活用房面积不得超过公司规定,见表 2-3-2 所列标准。

生活用房面积标准　　　　表 2-3-2

名　称	配备标准(m^2)	备　注
宿舍	8	人均面积
临时招待所	60	偏远地区可适当增加
文娱活动室	40	—
食堂	1.5	人均面积(含操作间、小餐厅)
浴室	0.3	人均面积,总面积不小于 $20m^2$,按职工总数的 10:1 设置淋浴器
厕所	0.3	人均面积,总面积不小于 $20m^2$,按职工总数的 10:1 设置

2.3.2 位置关系

根据办公区与生活区的功能布置位置关系,要求分区管理,避免交叉流动;满足消防要求,转弯半径 9m,消防车道宽 4.5m,基本满足一般消防车的通行需求;其次,针对生活区需要一定的隔音要求,将生活区布置在办公区后面,生活区由食堂、浴室、厕所、洗漱池、晾衣处、娱乐室等重要功能区组成,其中功能区位置关系与生活习惯及场地大小结合布置。生活区与办公区相对位置关系如图 2-3-4 所示。

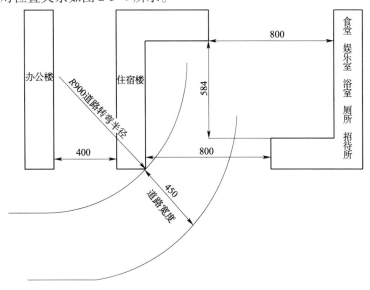

图 2-3-4　办公区与生活区位置关系示意图(尺寸单位:cm)

2.3.3　办公区

(1)办公区部门位置关系

根据部门工作关系,合理布置相关部门的位置,保证相关部门之间工作沟通无障碍。其主要分为成本核算、现场施工管控两个类型。

①经济的成本核算部门布置在二楼,着重安全的考虑。

②现场施工管控的管理部门布置在一楼,结合现场管理特点考虑,便于及时方便了解现场施工情况,便于加强与监理单位、业主单位的沟通。

以重庆 TBM 项目为例,综合部分部门之间的工作关系,如将安全监督部与质检部结合为安质部,对应的分管办公室布置在一起。具体各部门位置关系如图 2-3-5 所示。

图 2-3-5　各部门办公室位置关系示意图

(2)各部门人员配置及布置示意图

根据表 2-3-1 所列办公室人均面积标准,依据重庆 TBM 项目为例,结合轨道交通施工及部门人员配置考虑,各部门配置人员情况见表 2-3-3,办公室平面布置及实际面积图例如图 2-3-6 所示。

部门配置情况　　　　　　　　　　表 2-3-3

各室名称	配置人数(人)	办公室标准面积(m²/间)	图例
项目经理办公室	1	40	a)图例 1
项目书记	1	20	b)图例 2
技术部	7	42	c)图例 3
机电部	6	36	
副职办公室	5	20	d)图例 4
综合办	3	18	e)图例 5
经营部	4	24	
材料部	3	18	
试验室	4	24	
人事、财务(财务总监)	5	30	
安质部	5	30	
测量组	7	42	f)图例 6
现场驻地监理办公室	3	18	g)图例 7
现场业主代表办公室	2	12	
会议室(TBM 监控室)	1	80	h)图例 8

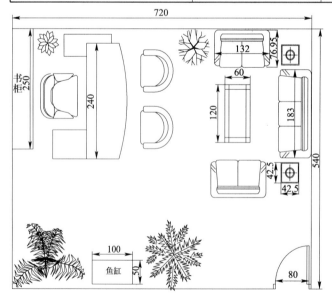

a)图例 1(38.88m²)　　　　　　b)图例 2(19.44m²)

图 2-3-6

第 2 章 设备选型与施工筹划

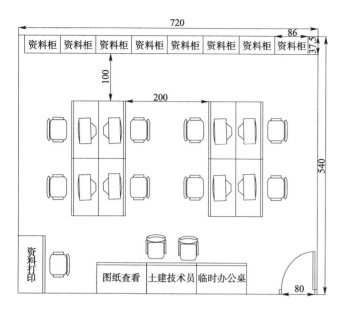

c) 图例 3(38.88m²)

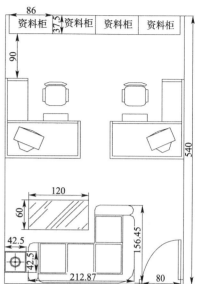

d) 图例 4(19.44m²)

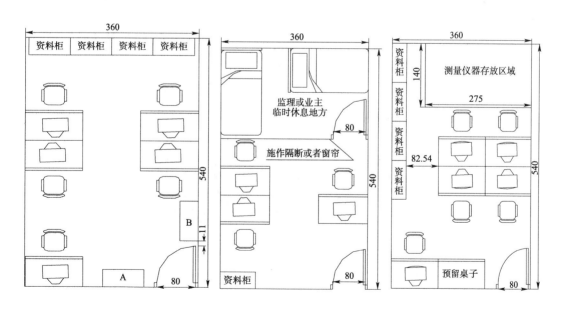

e) 图例 5(19.44m²)　　　　f) 图例 6(19.44m²)　　　　g) 图例 7(19.44m²)

图 2-3-6

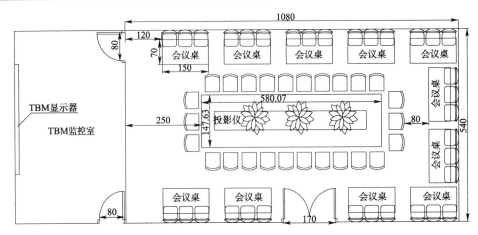

h) 图例 8(77.76m²)

图 2-3-6 办公室平面布置及实际面积图例(尺寸单位:cm)

根据以上图例布置,主要综合分析以下特点:

①经济方面:各部门办公桌尺寸统一为 120cm×65cm,便于采购;会议室(图 2-3-6)使用的会议桌统一为 150cm×70cm。

②施工方面:各办公室尺寸统一为 360cm×540cm,经理办公室、书记办公室等大办公室在基本模数办公室上进行扩大,便于施工修建。

③管理方面:不同的部门所涉及的人员配置不同,办公室的使用会存在不同的富余或者紧凑,根据各自部门及人员分工进行合理布置。例如测量组配备 7 人,但涉及白夜班工作模式,则办公室布置的座椅等基本满足要求。

图 2-3-7 重庆某项目现场会议室

注:重庆某项目现场驻地会议室,其中关键布置有清晰的监控室以及投影设备等,主要特点是能在任何会议上针对现场的问题进行讨论和布置任务,促进工作的开展。

2.3.4 生活区

(1)住宿用房布置

生活区用房采用的材料及布置要求与办公区相同,并按照消防、使用管理等相关要求进行整体布置;宿舍主要分施工管理人员和施工作业人员,这样满足集中管理要求。

①施工管理人员布置在二楼,双职工宿舍与领导宿舍布置在侧面,着重考虑分区管理;

②机修维保人员布置在一楼,因为机修维保工作班组有白夜班之分,所以重点考虑布置在一楼,降低相互之间的休息影响;

③宿舍应布置一定的设施,如衣柜、洗漱用品存放及晾衣设施,根据地区环境情况可以布置相应的制冷制热设施,如重庆地区在宿舍布置空调,并按照消防要求设置相应的安全出口和一定数量楼梯,并在固定位置放置消防器材。

以重庆TBM项目为例,布置示意如图2-3-8所示。

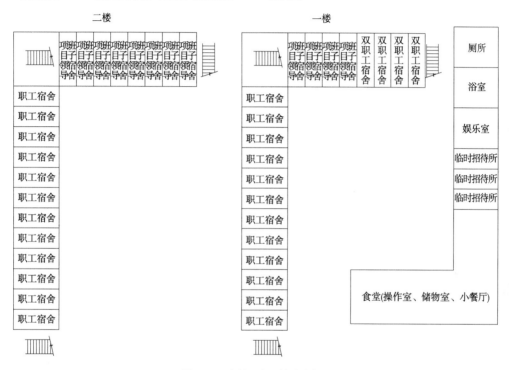

图2-3-8 生活区布置关系示意图

(2)各生活功能区面积及布置示意图

根据表2-3-2相关生活区面积标准与项目组织机构人员配置情况进行合理布置,以重庆TBM项目为例,机修维保配备35~45人,项目人员配备80~90人,初步按照4人一间的配置(《施工现场临时建筑物技术规程》(JGJ/T 188—2009),生活用房规定单间宿舍不得超过16人,人均面积不小于$2.5m^2$),临时招待所按照3人一间的配置,生活区具体布置情况见表2-3-4,生活区布置图例如图2-3-9~图2-3-11所示。

生活区布置情况　　　　　表2-3-4

名　　称	布 置 人 数	标准面积(m^2)	图　　例
宿舍	4	32	图2-3-9
临时招待所	—	60	
文娱活动室	—	40	随机布置
食堂	150(最大容量)	225	图2-3-10
浴室	135	40.5(17个喷淋)	图2-3-11
厕所	135	40.5(24个蹲位)	

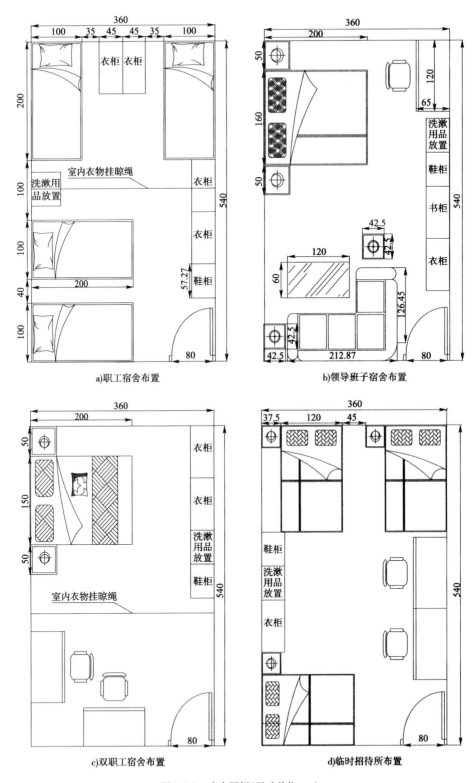

图 2-3-9 宿舍图例(尺寸单位:cm)

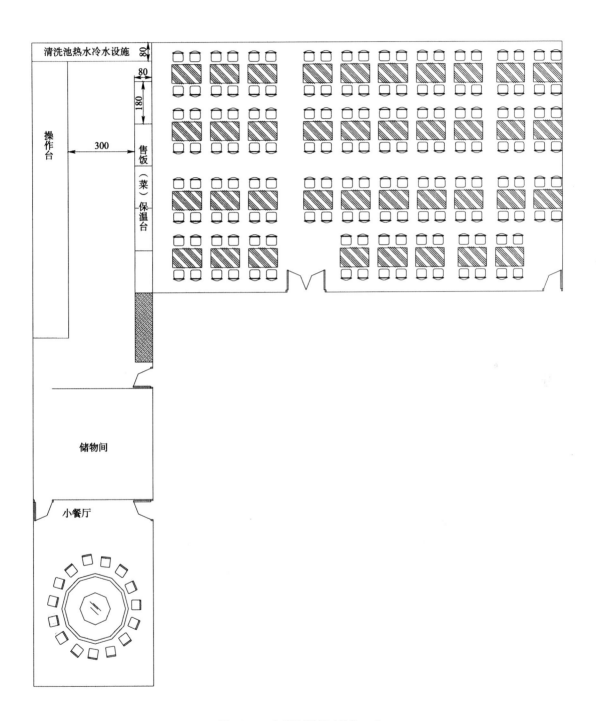

图 2-3-10 食堂图例(尺寸单位:cm)

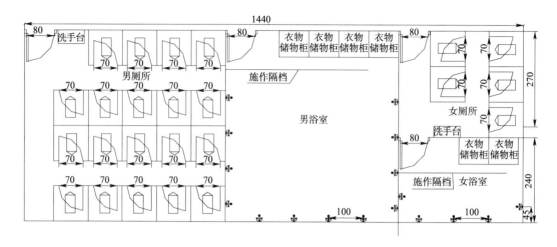

图 2-3-11 浴室和厕所图例(尺寸单位:cm)

根据相关行业规范《施工现场临时建筑物技术规程》(JGJ/T 188—2009)及人的生活习惯,布置生活区所有房屋布局,考虑使用面积及设施;

①容纳人数:正常情况 TBM 施工采用白夜班倒班模式,食堂需考虑特殊情况下最大容纳人数(项目全体人员 150 人左右)用餐,正常上班时用餐人数相对较小,厕所和浴室考虑最大容纳量时相对较少。

②设施布置:食堂需要单独设置一间储物间、操作间、燃气罐存放间等必要设施,操作间设置冲洗池和消防池等设施,地面需要硬化和防滑处理并设置排水沟;浴室设置衣物储物柜和换衣区间,地面需要做硬化及防滑处理;厕所应设置为自动冲水式或者安装冲水设施。

重庆 TBM 项目按照重庆地区及临建规范要求,会同参建各方对办公区、生活区临建设施进行验收(图 2-3-12)。

a)

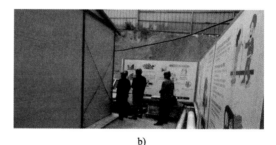
b)

图 2-3-12 临建验收

2.4 其他临建设施施工要求

施工场地临建设施在施工前期重点考虑,可以从展现自身企业文化、参与修建工程特点、人性化标准化等方面布置。

2.4.1 场地硬化

①场地地面施工时必须硬化,并保证有一定的排水坡度,表面必须做光面处理,有利于场地清洗和排水。

②在场地硬化时,加强管道的预埋,包括电线电缆管道、给水管、地下排水管等,尽量多预埋管道,便于后期工作。

③满足特殊施工要求:在承重方面,着重考虑满足TBM吊装时吊车承重要求;在尺寸方面,吊装TBM时满足吊车的站位要求,比如双车抬吊设备、设备翻身等;在位置方面,有TBM始发井或吊出井时,考虑靠近始发井或吊出井。

④场地尺寸以重庆TBM项目为例,针对吊装场地进行划分,主要依据吊装形式,双机抬吊、单机下井、盾体翻身等相关吊装工作,因此需要对吊装场地进行尺寸分析及承重考虑。将涉及最大400t吊车站位区域划分为Ⅰ类,其他吨位站位区域划分为Ⅱ类,吊装时在支腿加设分力板,布置具体见图2-4-1。场地范围及设备吊装现场见表2-4-1和图2-4-2。

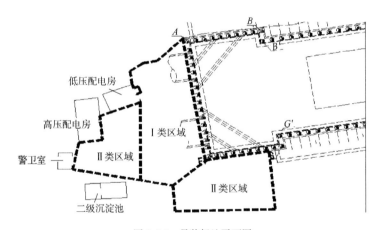

图 2-4-1 吊装场地平面图

场 地 范 围　　　　　表2-4-1

序号	场地名称	要　　求	备　　注
1	吊装场地	Ⅰ类场地≥12m×12m Ⅱ类场地≥10m×10m	400t吊车支腿间距纵向10.46m,横向10.0m; 300t吊车支腿间距纵向8.44m,横向8.2m
2	一般场地	1%~1.5%坡度,光面处理	排水要求

2.4.2 高压电房

①高压房在位置方面,着重考虑高压电从电力公司接入的便捷性,减少高压电缆长距离的铺设,降低高压电的风险。重庆TBM项目着重结合电力公司要求及场地条件布置,将高压房设置在场地入口,与电力公司高压分线近距离连接。

图 2-4-2 设备现场吊装

②高压房尺寸,首先根据《3~110kV 高压配电装置设计规范》(GB 50060—2008)进行施工,重庆 TBM 项目根据采用的大型设备两台单护盾 TBM、两台龙门吊、施工用电、生活用电等最大用电量进行设置 10kV 高压房,采用长×宽×高约 10m×5m×4m 的砖混结构。

③高压电缆预埋及场地用电,在场地硬化时对电缆的走向进行了预埋管道,尺寸及材料如表 2-4-2 所示。

管道尺寸及材料　　　　　表 2-4-2

管道名称	管道直径	材料及用途	位　　置
电线管道	160mm	PVC-C 管,用于高压电缆	高压电缆/一般电缆走线按规范设计要求施工,施工现场尽量靠近场地周边,且便于维修
	110mm	PVC 双壁波纹管,预埋场地内地下用于穿电缆	
	16/20/25/32mm	照明用线,PVC 管	办公区、生活区室内用电以及临时照明

2.4.3　场地给水与排水

①施工场地用水均来自市政自来水管,考虑场地用水量及特殊情况,可以在施工场地内设置蓄水池,在位置方面考虑与临时用电相同,在尺寸方面考虑满足临时用水量、场地清洗、基本生活用水等。

②自来水管道在场地硬化时,同理预埋一定数量的管道,尽量覆盖场地范围,减少外接管道的长度和数量。

③施工场地临建施工应考虑给排水设施,排水沟的尺寸应满足基本的排水,可以根据地区季候情况、雨季降雨量、场地地处位置等方面考虑。盖板形式采用钢格板雨水箅子,由扁钢及扭绞方钢或扁钢和扁钢焊接而成,根据排水沟尺寸及水箅子规格尺寸进行综合考虑,采用长×宽×高约 600mm×400mm×50mm 特重型(承重≥40t)(图 2-4-3),排水沟尺寸必须满足水箅子,则排水沟宽度施作 30cm,深度施作 40cm,满足日常排水量及清淤工作。

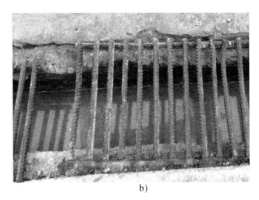

图 2-4-3 现场图

注：重庆 TBM 项目采用图 a)所示排水沟盖板水篦子,具有路面平整、稳固等优势,在尺寸方面依据现场实际情况进行调整;图 b)钢筋焊接盖板存在平整度不够、不牢固等缺点。

④洗车槽位置的设置应考虑靠近渣坑,在运渣车装好渣土清洗干净后再运出场地,位置方面减少渣车运渣土时对场地的污染(图 2-4-4 ~ 图 2-4-6)。排污方面根据有关规定必须处理后排入城市排污水管,可以施作为二级沉淀池,采用规格约 6m×3m×3m;场地进出大门位置设置洗车槽,但相比渣坑附近使用频率较小。

图 2-4-4　现场图 1　　　　　　　　　图 2-4-5　现场图 2

2.4.4　隧道入口临时设施

①加强现场安全管理,对进入隧道的门禁系统进行细化,强化门禁系统的安全性。为了控制人员的随意进出,可以设置门卫房、改进门禁系统的形式,可以对进入隧道人员的姓名、班组、工种、人数、工期、进度进行显示屏公示(图 2-4-7)。

②在项目临建场地内,应设置靠近隧道入口的班前讲台,并做好相关的安全警示标语以及讲解相关安全防护用品穿戴标准,保证在上班前做到班班教育、安全警示等安全教育的作用(图 2-4-8、图 2-4-9)。

a) b)

图 2-4-6 重庆某项目洗车池

注：如图 2-4-4 重庆 TBM 项目渣车清洗槽设置在大门，没有设置在渣坑旁边，致使渣土外运对场地的安全文明影响严重，尘土控制难度较大（图 2-4-5），增加了场地清洗工作量。图 2-4-6 所示为重庆某项目渣车清洗池设置在装渣处，渣车装满渣土后进行清洗，减少对临建场地的污染，降低一定的额外工作量。

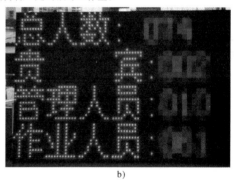

a) b)

图 2-4-7 现场图

注：门禁系统显示内容要齐全，如图 a）所示，内容较为齐全；图 b）内容显示较少，可以增加工期、进度等内容。

图 2-4-8 现场图 1　　　　图 2-4-9 现场图 2

注：在隧道入口处设置班前讲台，并对作业人员安全着装进行检查。

③临边防护施作护栏所选材料从成本和安全等方面考虑,尽量保证护栏能重复利用。可以选用成本较低的护栏。

2.4.5 钢筋加工场地及修车间

(1)钢筋场地加工场地

①钢筋加工场选址应根据项目的主要构造物分布、运输条件、钢筋加工量等特点综合选址,做到运输便利、经济合理,满足钢筋进行集中加工与运输管理的要求。

②应采用封闭式管理。场地内应按原材料堆放区、钢筋下料区、加工制作区、半成品堆放区、成品待检区、合格成品区、废料处理区等科学合理设置,功能明确,标识清晰。

③钢筋加工机械设备应满足工程质量和进度需要,优先选用数控设备。

(2)修车间

结合现场钢筋加工场地,可以在钢筋加工场地附近布置修车间,位置尽量隐蔽,满足安全文明施工要求。利用彩钢棚作顶棚用于遮阳避雨,同时可以将工具间布置在一起,具体尺寸布置设计见2.4.7及2.4.8章节地面维修间设计及刀具维修间设计。

2.4.6 材料堆放场地

(1)地磅

材料存放地附近设置地磅,地磅的吨位应设置大吨位,长度应满足部分散装水泥罐车、回收材料板车、钢筋运输板车等大型车辆尺寸,并靠近材料堆放场地及材料管理办公室,初步考虑采用长度9m、宽度3.5m、最大承重吨位100t。

(2)管片存放场地

管片存放场地大小要满足日常进度施工,按设备正常工效分析,一台设备24h施工15环,两台设备施工50环需要两天。其次,管片堆放间距不得小于50cm,满足管片防水材料粘贴的要求。

(3)零星配件存放场地

TBM施工所涉及的零星配件包括连接螺栓、管片防水材料、螺栓盖等材料存放场地满足TBM施工进度要求,并进行分类堆放、标识清楚,需要防晒防雨的进行加盖钢棚。具体的材料堆放位置及布置见仓库设计图材料统计(表2-4-3)。

材料统计　　　　　　　　　　　　　　　　　　表2-4-3

材料名称	规格型号	储存量	适用图纸
盾构大型材料		按150环/半月	
周转材料			
管卡	φ114	76个	
循环水管	φ114	76根	龙门吊下
轨道	43轨6m	152根	龙门吊下
轨道夹板		152个	材料库房
轨枕		912	龙门吊下
轨道	43轨3m	150根	龙门吊下

续上表

材料名称	规格型号	储存量	适用图纸
走道板支架			龙门吊下
走道板	3000×500×50	150块	龙门吊下
高压电缆	3×120+2×70	450米	敞开式顶棚区域
照明电缆	70mm²3根,25mm²2根	5根450m	9
LED灯	20W×220V		9
电缆支架		42个	材料工具库房
高压电缆挂钩		300个	推进材料库房
牛腿		192个	材料工具库房
拼装头螺栓		常备10个	
消耗材料			
豆粒石管	95×76×3	50m	龙门吊下
注浆管	80×64×3	常备30m	龙门吊下
关卡	95	常备10套	材料工具库房
关卡	80	常备10套	材料工具库房
密封皮套	95	常备50个	敞开式顶棚区域
密封皮套	80	常备50个	敞开式顶棚区域
吊装头	86	常备10个	材料工具库房
注浆头螺栓	86	常备10套	材料工具库房
卡扣	86	常备10个	材料工具库房
专用材料			
管片密封垫专用胶		300桶	推进材料库房
管片螺栓	27×629.4	6600套	推进材料库房
螺孔密封圈	φ42×30×10	300环	推进材料库房
丁基腻子片A	50×1.5×150	300环	推进材料库房
丁基腻子片B	50×1.5×75	300环	推进材料库房
遇水膨胀止水条	20×3mm	300环	推进材料库房
大型机具			
水泵	750W	1	
水泵	φ10×1.1kW	10	
水泵	1.5kW	9	
污水泵	双叶/QD10-45/2-1	1	
污水泵	D46-30X6	6	
污水泵	0WQ30-30-5	6	
污水泵	50WQ15-30-3	2	
污水泵	00WQ100-30-1	2	
污水泵	0WQ30-60-1	2	
污水泵	0UHB-50-30-1	2	

续上表

材料名称	规格型号	储存量	适用图纸
污水泵	KW.WQ30-26-1	1	
污水泵	WQ30-30-5.5	4	
污水泵	65WG25-28-4	2	
污水泵	100WG100-30-15	2	
小型机具			
打磨机	GWS-100	1	8
电钻	200W		8
电锤	200W		8
电镐	300W		8
充气钻			8
电镐	300W		8
充气钻			8
五金类杂项			
套筒扳手	32mm		6
链带扳手	12/97-106-2		6
开口扳手	6/93-608-2		6
压线钳	84-845-22		6
断丝取出器	94-171-22		6
割炬	75-100J/不锈钢		6
剥线钳	7in		6
起钉器	1000		6
棘轮扳手	16901		6
梅花扳手	双头/14件套		6
乙炔割咀	C01-100-2		6.1
继电器基座	RXZ2AB2P7		7
乙炔割咀	C01-100-3		6.1
卡箍	304/38		6.1
消音器	10-04		6.1
内六角扳手	10件套公制		6
机械阀	HV-02		7.1
单开	10A/明装		7.1
开关盒	明装		7
浮球阀	×50/不锈钢带焊管		8
空开	47SLE-2/23		7
镀锌螺栓	M8×20		6
螺栓	M20×300		7
开关	-FJZB2-BE1		7
丝攻	M10×1		6
镀锌螺栓	M16×50		7

续上表

材料名称	规格型号	储存量	适用图纸
接头	19K型		6
三通	内丝		6
双头管丝	镀锌 32×10		6
接头	304/1/2/内丝		6.1
直接	304/1/1/2/内丝		6.1
快速接头	PC-10-04/不锈钢		6.1
不锈钢弯头	11/2/内丝		6.1
不锈钢弯头	2/内丝		6.1
三通	304/1/2/内丝		6.1
三通	304/1/内丝		6.1
三通	304/11/2/内丝		6.1
三通	304/2/内丝		6.1
三通	304/2-11/2/内丝		6.1
三通	304/11/2-1/内丝		6.1
三通	304/1-1/2/内丝		6.1
三通	PE×16		6.1
直接	PE×16		6.1
黄油枪	手动		7
绳卡	12		6.1
压力表	YTN60		7
三通	镀锌内丝/3in		7.1
直接	304/1/内丝		7.1
直接	304/2/内丝		7.1
三通	304/2/内丝		7.1
变头	304/2-11/2/内丝		7.1
变头	304/11/2-1/内丝		7.1
黄油枪软管	×12		6
黄油枪管子			8
黄油枪扣头			7
电焊钳	800A		8
内六角扳手	M17		6
快速接头	PU16		7
快速接头	PC16-04/不锈钢		7
油桶扣			7.1
法兰盘	$\phi 80$		7
球阀	$\phi 20$		7.1

续上表

材料名称	规格型号	储存量	适用图纸
压力表	592-30015		7
电池	9V		7
吊带	15t×10m/护套		8
黄油枪嘴	×8/直		6
黄油枪嘴	×10/直		6
黄油枪嘴	×8/45°/弯		6
黄油枪嘴	×10/45°/弯		6
玻璃胶			
配电箱	100A		8
钢丝管	×50		
单轨滑车	2t		8
钢丝管	ϕ100/透明加厚		
铜鼻子开口	250A		7
铜鼻子开口	100A		6
绳卡扎头	ϕ25		6
润滑油	15kg		8
灯泡	100W		7
空开	63A×30MA		7
电缆剪	72501		8
剪刀			7
镀锌螺栓	16×100		7
注浆头紧缩螺帽			8
砂浆泵叶轮			7
吊带	1t 2m		7
合页	125		6
吊环	ϕ18		7
螺栓	M6×200		7
螺栓	M24×200		8
液压接头	2BD-16-30		7
液压接头	1D-30		7
链条	28A-1×34L		8
乙炔割咀	G01-300		6
球阀	不锈钢80×2P		6
机油壶			8
消防水带接头	ϕ80		8
钠灯泡	1000W		7

续上表

材料名称	规格型号	储存量	适用图纸
断路器	DZ47-60		7
软连接	76×16kg		7
内丝三通	φ76		8
球阀	不锈钢 N76-2P		6
黏钩			6
强力管卡	31/2		7
铸钢单向阀	2in		7
铜直接	GT-35		6
铜直接	GT-70		6
铜直接	GT-95		6
铜鼻子不开口	DT-70		6
铜鼻子不开口	DT-95		6
焊条	507×3.2		8
液压接头	2BD-16-30		7
液压接头	1D-30		7
转换法兰	100		8
双头管丝	50×20		8
法兰盘	80		8
法兰盘	100		8
透明胶带			6
刷子	钢丝		6
镝灯灯泡	2000W		8
吊环	φ20		6
双头管丝	镀锌 25×100		7
焊接钢管	102×2m		7
焊炬			7
手电筒	LED		7
电路清洗剂			8
5t 吊钩			7
高压油管扣头	95		8
高压油管	95×76×3		8
气管	PU16		8
元丝	12×3		8
蝶阀	100		8
铜鼻子不开口	DT-120		6
铜鼻子不开口	150m^2		7

续上表

材料名称	规格型号	储存量	适用图纸
尖嘴钳			8
应急灯	双头		8
铜鼻子开口	500A		7
渣车快速接头	1×4		8
渣车快速接头	3×8		8
高压油管接头	95		8
高压油管	95×75×3		8
高压油管扣头	ϕ95		8
空开	60A		7
空开 2P	40A		6
日光灯	40W		6
断路器	DZ47-60		8
水泵联轴器柱销			8
配电柜弹簧插销			7
不锈钢合页			6
不锈钢锁扣			6
导气筒	500A 铜		8
重型套筒			8
铜鼻子开口	150A		6
铜鼻子开口	300A		7
铜鼻子开口	400A		7
铜鼻子开口	500A		8
焊嘴防堵膏			
按钮	XB2-BJ25		6
铜鼻子开口	200A		6
铜鼻子开口	250A		6
冷缩终端接	NLY-10/3.2		7
豆粒石管防护套	304/125		8
工业温度计	100°		6
铜直接	95		8
电液比重计			
螺栓	20×200		7
螺栓	20×250		7
螺栓	20×300		8
螺栓	20×400		8
螺栓	20×450		8

续上表

材 料 名 称	规 格 型 号	储 存 量	适 用 图 纸
压力表	1/60－1.6		7
吊带	20t×10m		8
镝灯	2kW×280V		7
节能灯	65W		7
节能灯吊灯头			7
外丝接头	2in		7
球阀	N50－2		7
内丝三通	2in		7
高压油管扣头	95		8
帆布钢丝管	95×76		8
三角带	B1930		7
快速接头	102		8
管卡	Feb－41		7
铜鼻子	DT－70		6
雨伞			8
雨鞋			8
钢丝钳			8
管卡	ϕ114		8
蝶阀	ϕ100		8
吊环	ϕ16		6
雨衣			8
彩条布			8
双头管丝	4英分		6
元丝	ϕ10		6
元丝	ϕ12		6
防水胶带	红		7
防水胶带	黄		7
防水胶带	黑		7
油封	40×62×12		7
管子	4×6		7
高压橡胶管	32×3		7
洗手粉			
球阀	1/2－400kg		8
快速接头	102		8
油泵接头			8
变头	1×2		6

续上表

材料名称	规格型号	储存量	适用图纸
铁姆肯轴承			6
活动密封圈			6
O型圈			6
管片吊机电缆	24×1.5		8
砖刀			6
灰板			
钢丝绳	4mm		
专用扳手	φ140		8
轴套	φ44×φ28×90		7
乙炔管	φ8		6
手电筒	手提式		7
氧气表			8
乙炔表	881		8
工业插座	3孔16A		7
工业插座	5孔16A		7
工业插座	5孔32A		7
消防水带	φ80		8
消防水带接头	φ80		8
探照灯	2000W		8
白薄膜	2m		8
壁纸刀			6
壁纸刀片			6
304不锈钢球阀	20-2P		7
空开	3P32A		7
叶轮	95×42		7
工业插座	5孔32A		7
球阀	DN15		7
双头管丝	镀锌15×100		8
球阀	40-2P		7
球阀	50-2P		7
轴承	88×90		7
振动棒	220V		8
法兰弯头			8
钢铲			
灰刀	100型		
自喷漆			7

续上表

材料名称	规格型号	储存量	适用图纸
植筋胶			8
豆粒石出口橡胶管			7
卡箍			7
内丝接头	φ16		6
焊条	422×3.2		8
焊条	422×4		8
快速接头	PC16-04		6
变头	25-50		6
快速接头	PC16-03		6
注浆机密封圈			6
灯泡	H4/24V		7
焊罩			7
二氧化碳焊枪	350A/5m		8
焊丝	1.2		8
钢丝管	50		
外丝接头	25		6
割炬	弯头 GO1-300		6
割炬	75-100J		6
密封垫	110×120×2		6
气管	PUφ16		6
聚氨酯建筑密封胶			
变头	25×50		7
外丝接头	φ25		6
高压接头	1DG-24-06		7
高压对丝接头	1T-32		7
外丝接头	50		7
氧气管	加强8		8
乙炔管	加强8		8
卡箍带螺丝	114		8
扎带	5×350		7
焊把线	70^2		8
球阀	二片式50-2		7
接头	外丝接头50		7
润滑油	15kg		8
透明空开	DZ15/220/40A		7
螺栓.母.平.弹	M30×100/10.9级		7

续上表

材料名称	规格型号	储存量	适用图纸
钢丝绳	6×37×24-6m		8
钢丝绳	6×37×24-4m		8
高压油管K型接头			7
蝶阀	Z3712T6侧/100100		8
拼装机压力开关	80A20/2000K4AS		8
螺栓.母.平.弹	M12×60/12.9级		7
断路器	100A		7
断路器	漏电100A		7
三级开关箱	100A		7
不锈钢金属管			
博士钻头	16×210		7
轴、螺帽	$\phi 55\times 202$ M48×50 M42×253.3		8
注浆机风叶			7
螺栓.母.平.弹	M12×150		8
蝶瓶	3号		8
螺栓.母.平.弹	M8×45/8.8级		7
螺栓.母.平.弹	M10×45/8.8级		7
螺栓.母.平.弹	M12×45/8.8级		7
螺栓.母.平.弹	M14×45/8.8级		7
螺栓.母.平.弹	M16×45/8.8级		7
螺栓.母.平.弹	M20×45/8.8级		7
轴、螺帽	$\phi 55\times 202$ M48×50 M42×253.3		7
维修密封圈			
线板			
高压橡胶管	$\phi 13$		6
抱箍	$\phi 13$		6
轴套	$\phi 44\times 28\times 90$		7
螺母	M10		6
螺母	M10		6
丝杆8.8级	M10×1000		8
螺栓.母.平.弹	M10/8.8级		6
螺栓.母.平.弹	M12/8.8级		6
液位继电器	220V		7
钢丝钳	6in		7
螺栓	M12×70		8
螺栓	M10×50		8

续上表

材料名称	规格型号	储存量	适用图纸
螺母	M12		6
螺母	M12		6
防锈剪刀	1号		7
合页	3in		7
喷头			7
插销	不锈钢		7
短丝	4英分		6
铜内接	4英分		6
洗手盆混合阀			7
链子			8
空开	63A		7
轴套	44×28×90		7
接头	$S=12\times3\times22\times1/8\times16$		7
螺栓.母.平.弹	M20×250.10.9级		7
螺栓.母.平.弹	M20×350.10.9级		8
螺栓.母.平.弹	M20×450.10.9级		8
螺栓.母.平.弹	M20×500.10.9级		8
螺丝刀	一字		7
发热管			7
二级柜			8
速凝剂	KW-85		
卸扣	6.5t		7
卸扣	12t		8
卸扣	17t		8
卸扣	25t		8
螺栓.母.平.弹	M20×100.10.9级		6
套筒	M44		7
螺栓.母.平.弹	M20×50.10.9级		6
直接	20		6
直接	20		6
三通	20		6
电线板			7
螺栓.母.平.弹			7
膨胀螺丝	20×100		6
注浆机料缸	双液注浆泵		8
注浆机料缸活塞	双液注浆泵		8

续上表

材料名称	规格型号	储存量	适用图纸
内丝活接头	25		6
K型接头	25		6
K型外丝接头	25+11/4		6
螺栓.母.平.弹	M16×80		6
螺栓.母.平.弹	M16×80		6
绝缘套	350		7
保护咀	350		6
导电咀	350		6
黑玻璃			6
千斤顶顶座			7
螺栓	8×60		6
管卡	114		8
螺栓.母.平.弹	M30×100/10.9级		6
花兰	24		
法兰三通	114		8
球形止回阀	100		8
法兰盘	114		8
尖嘴钳			6
螺栓.母.平.弹	M18×80		7
膨胀螺丝	20×150		7
铜球阀	1in		7
水玻璃			
螺栓.母.平.弹	16×80-8.8级		7
乙炔割咀	G01-100/3		6
管片吊机电缆拉网			8
开关柜	带脚架		8
按钮开关	LA38-11T自锁		7
气管	PUφ16		7
螺栓.母.平.弹	20×100-10.9级		7
螺栓.母.平.弹	20×50-10.9级		7
电缆	3×1.5	常备30m	9
电缆	3×6+2	常备30m	9
电缆	3×10×2	常备30m	9
电缆	2×6	常备30m	9
电缆	4	常备30m	9
电缆	1.5	常备30m	9
电缆	3×120+2×70	常备30m	9

续上表

材料名称	规格型号	储存量	适用图纸
电缆	3×2.5+1×1.5	常备30m	9
电缆	2×6	常备30m	
电缆	3×2.5	常备30m	
电缆	3/1.5	常备30m	
电缆	0.75	常备30m	
电缆	YC3×4	常备30m	
电缆	YC3×6+1	常备30m	
电缆	YC3×10+1	常备30m	
电缆	3×70+3×35/3	常备30m	
电缆	3×6+1	常备30m	
电缆	3×10+2	常备30m	
电缆	铝心3×150+2	常备30m	
电缆	3×6+2	常备30m	
电缆	3×10+1	常备30m	
电缆	3×6+2	常备30m	
电缆	YC3×2.5+1×1.5	常备30m	
电缆	3×4+1	常备30m	
电缆	YZ2×4	常备30m	
电缆	3×1.5	常备30m	
电缆	3×1.5	常备30m	
电缆	3×4+1	常备30m	
电缆	3×2.5	常备30m	
电缆	3×6+2	常备30m	
电缆	YC3×2.5+1	常备30m	
电缆	3×6+2	常备30m	
电缆	YZ3×1.5	常备30m	

适用图纸标号	数量
机具类	
3.水泵区	水泵50个
高80cm、宽为50cm的大格子	
五金类	
6.宽50cm高15cm的格子	100种
6.1长30cm的小盒子	21个
7.宽50cm高20cm的格子	110种
7.1宽50cm高20cm长40cm的大盒子	29个
8.宽50cm高40cm的格子	111种
9.宽50cm高50cm的格子	92种

材料仓库设计、葫芦支架设计、工具货架和材料货架如图 2-4-10～图 2-4-13 所示。

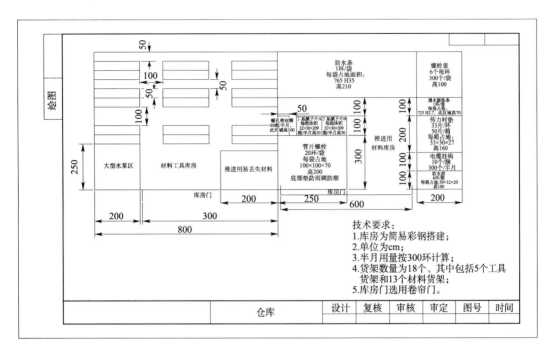

图 2-4-10　材料仓库设计

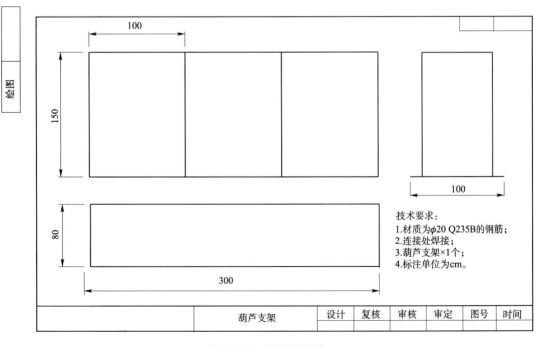

图 2-4-11　葫芦支架设计

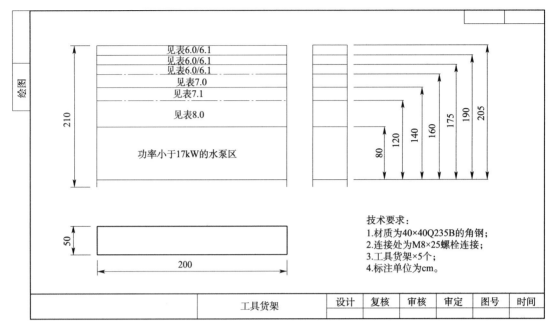

图 2-4-12　工具货架

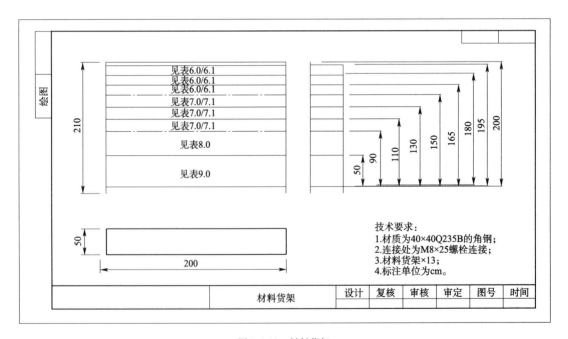

图 2-4-13　材料货架

2.4.7　地面维修间设计

地面维修间所具备的尺寸和配置见图 2-4-14。

第 2 章 设备选型与施工筹划

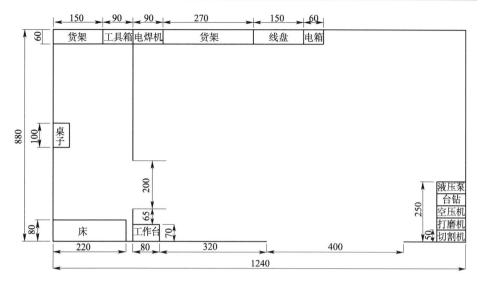

图 2-4-14　地面维修车间尺寸及布置(尺寸单位:cm)

2.4.8　刀具维修间设计

根据刀具维修的相关工作及设备配置,初步设计刀具维修间的布置及尺寸大小,满足基本的维修工作,保证损坏刀具与维修刀具合理分开,如图 2-4-15 所示。

在刀具维修成本方面,此标段是聘请维修刀具师傅维修刀具,维修配件是另外进行购买,在人工或者购买维修配件的成本上都会节约很多。维护车间见图 2-4-16。

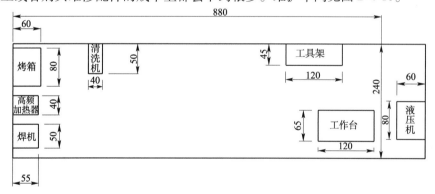

图 2-4-15　刀具维修间设计(尺寸单位:cm)

图 2-4-16　重庆某项目刀具维修车间

第 3 章 TBM 管 片

3.1 管片概述

管片是盾构施工的主要装配构件,是隧道的最内层屏障,承担着抵抗土层压力、地下水压力以及一些特殊荷载的作用。管片是盾构法隧道的永久衬砌结构,管片质量直接关系到隧道的整体质量和安全,影响隧道的防水性能及耐久性能。

管片按材料分为混凝土管片、钢管片、球墨铸铁管片,重庆 TBM 项目采用混凝土管片,本章所有概述均针对混凝土管片。

3.2 管片进场

3.2.1 管片运输

城市地铁建设广泛采用盾构法施工,混凝土管片的消耗量也随之加大。目前管片的生产有施工单位自加工和第三方专业加工厂加工,一般多采用工程所在地方专业生产厂家加工,主要考虑施工成本控制;生产厂家在加工过程中应按照《盾构隧道管片质量检测技术标准》(GJJ/T 164—2011)规范中 6.1.2 针对混凝土管片质量检查项目进行自检,合格后由平板车整环装车运输到施工现场,并定期提供检查项目检验报告,具体抽样检验数量见表 3-2-1。

混凝土管片质量验收检验数量　　　　　表 3-2-1

序号	检查项目	抽样检验数量
1	混凝土强度	采用回弹法,回弹法抽检数量不少于同一检验批管片总数的 5%
2	外观尺寸	每 200 环抽检 1 环,不足 200 环时按 200 环计
3	水平拼装	每 1000 环抽检 1 次,不足 1000 环时按 1000 环计
4	渗漏	每 1000 环抽检 1 块,不足 1000 环时按 1000 环计
5	抗弯性能	
6	抗拔性能	

注:外观及尺寸的检验应按标准块、邻接块、封顶块三种类型管片分别抽检;渗漏、抗弯性能检验宜选用标准块。

在管片进场后进行交接时,需要提供表 3-2-2 所示完整的合格材料。

进场检验资料　　　　　表 3-2-2

序号	材料名称	要　　求	备　　注
1	管片合格证	签字盖章齐全的原件	
2	材料清单	标识、数量、规格	现场对比查验
3	供货单	签字盖章齐全的原件	

在运输过程中应采取对管片加以保护的相关措施,如采用运输的管片专用平板车加设避振设施,避免运输过程中小车振动导致管片掉落损坏;需要将重量最小的封顶块临时用绳子固定,防止掉落;行车操作要平稳,防止过大的晃动导致管片掉落,保证管片到达施工现场后完整无损,如图 3-2-1 所示。

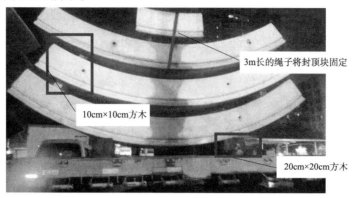

图 3-2-1　管片的进场运输

3.2.2　管片进场验收

进场后需要进行管片进场验收,主要包括管片尺寸检查和管片外观检查两部分。目前预制管片制作均采用模具成型,故而管片尺寸基本不会出现问题。重点检查管片外观,主要针对以下内容的检查,检查项目出现频率如表 3-2-3 所示。

管片检查项出现相关频率统计　　　　表 3-2-3

序号	检查项	常见问题	频率	备注
1	外观	裂缝	极少	出现裂缝,不允许进场
2		气泡	经常	不可避免
3		破损缺角	偶尔	人为因素造成
4	螺栓孔	堵塞	一般	一般不出现
5	注浆孔	堵塞、螺栓套筒损坏、偏位	偶尔	加工时容易出现

验收合格后进行相关手续的交接,并将管片按要求进行堆放,堆放时管片应内弧面向上平稳地堆放整齐,管片下及管片之间应垫有柔性材料,垫条应对称放置,使管片间无碰撞,堆放高度不超过三层。堆放时应考虑好管片型号,成环放置,便于管片下井,避免二次吊装情况的发生,如图 3-2-2 所示。

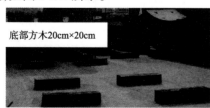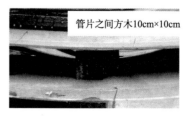

图 3-2-2　管片堆放

管片加工厂堆放管片需要满足流水线生产要求,根据工艺流程进行分区,则管片在不同的分区堆放方式有所不同,堆放方式如图 3-2-3 所示。

a)　　　　　　　　　　　　　　　　　b)

图 3-2-3　管片厂堆放方式

3.3　管片防水材料及传力衬垫

3.3.1　防水原材料

重庆 TBM 项目按照设计图纸要求,管片防水材料粘贴主要包括挡水条、弹性橡胶密封垫、角部自黏性薄膜板。

(1) 挡水条

挡水条材料为遇水膨胀橡胶,形式为长条状密封垫。采用规范《高分子防水材料 第3部分 遇水膨胀橡胶》(GB 18173.3—2014)进行相关检测。

(2) 弹性橡胶密封垫

弹性橡胶密封垫材料为三元乙丙橡胶挤出硫化成型的中孔型密封垫,形式为角部棱角分明的框型橡胶圈,见图 3-3-1 和图 3-3-2。采用规范《三元丁橡胶防水卷材》(JC/T 645—2012)进行相关检测。

挡水条与弹性橡胶密封垫与混凝土管片粘贴采用单组分氯丁胶粘剂。氯丁胶粘剂采用规范《快速粘接输送带用氯丁胶粘剂》(HG/T 3659—1999)进行相关检测。

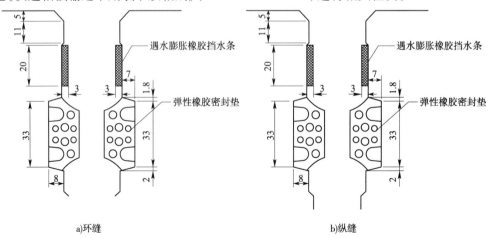

a) 环缝　　　　　　　　　　　　　　　　b) 纵缝

图 3-3-1　弹性橡胶密封垫设计图(尺寸单位:mm)

第3章 TBM 管片

图 3-3-2 弹性橡胶密封垫实物图

(3)角部自黏性薄膜板

角部自黏性薄膜板是为了加强弹性橡胶密封垫角部防水而设置,为硫化丁基橡胶薄片构成,形式为厚 1.5mm、宽 50mm、长 150mm 的块状形式,仅覆盖角部部分弹性密封垫表面,见图 3-3-3 和图 3-3-4。采用规范《自粘聚合物改性沥青防水卷材》(GB 23441—2009)进行相关检测,其中剪切黏接强度采用规范《胶粘带剥离强度的试验方法》(GB/T 2792—2014)进行测试,且剪切黏接强度大于 0.06MPa。

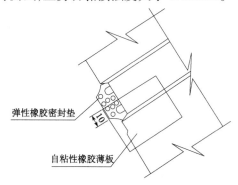

3-3-3 角部自黏性薄膜板设计图(尺寸单位:mm)

图 3-3-4 角部自黏性薄膜板

3.3.2 防水材料的试验与粘贴

(1)重庆 TBM 项目依据设计图纸设计为弹性橡胶密封垫与挡水条组合成两道防水;重庆 TBM 项目课题小组针对防水材料挡水条的遇水膨胀效果进行相关试验,具体试验过程如下:

①重庆 TBM 项目采用的管片挡水条规格型号 $20 \times 3mm\ PZ-250(L=56m)$。检测结果如表 3-3-1 所示。

挡水条检测结果   表3-3-1

检测项目	硬度(邵氏A)	拉伸强度(MPa)	扯断伸长率(%)	体积膨胀倍率(%)	低温弯折	反复浸水试验(四次循环)		
						拉伸强度(MPa)	扯断伸长率(%)	体积膨胀倍率(%)
技术指标	42±7	≥3.5	≥450	≥250	-20℃×2h 无裂纹	≥3	≥350	≥250
检验结果	44	4.6	675	372	未开裂	4	565	307

②试验过程。选取4组试件分别编号为A1、A2、B1、B2,其中A1、A2两组试件放在下雨天的户外,B1、B2两组试件为完全浸泡在水中,如图3-3-5~图3-3-7所示。

2.5h后观察试件如图3-3-8~图3-3-13所示。

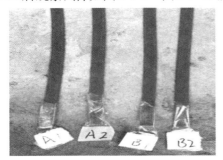

图3-3-5 四组挡水条试件

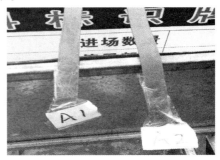

图3-3-6 A1、A2露天淋雨现状

图3-3-7 B1、B2完全浸泡于水中

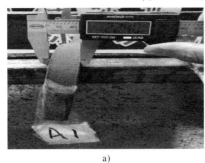

a)

b)

图3-3-8 A1在2.5h后宽度和厚度情况

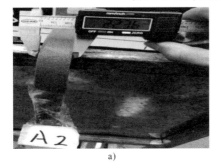

a)

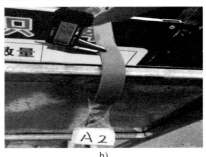

b)

图3-3-9 A2在2.5h后宽度和厚度情况

图 3-3-10　2.5h 后色差对比情况 1(黑白印刷效果不明显)

 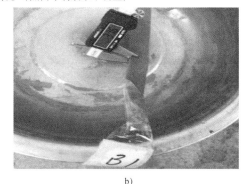

a)　　　　　　　　　　　　　　　　　　b)

图 3-3-11　B1 在 2.5h 后宽度和厚度情况

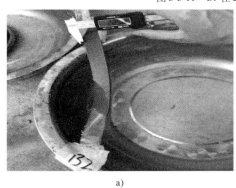 

a)　　　　　　　　　　　　　　　　　　b)

图 3-3-12　B2 在 2.5h 后宽度和厚度情况

图 3-3-13　2.5h 小时后色差对比情况 2(黑白印刷效果不明显)

③试验结论见表3-3-2。

各 组 试 验 结 果　　　　表3-3-2

编号	各组试件试验情况						
	试验时间(h)	0.5	1	1.5	2	2.5	3
	空气温度(℃)	20.3	21	21.6	22	22.5	23
	空气湿度(%)	94	94	94	94	94	94
A1	尺寸变化(mm)	20.42×3.13	20.93×3.28	21.41×3.42	21.91×3.55	22.40×3.70	22.95×3.81
	颜色变化	无明显变化	无明显变化	无明显变化	无明显变化	无明显变化	无明显变化
A2	尺寸变化(mm)	20.43×3.12	20.91×3.26	21.38×3.39	21.86×3.51	22.36×3.65	22.88×3.75
	颜色变化	无明显变化	无明显变化	无明显变化	无明显变化	无明显变化	无明显变化
B1	尺寸变化(mm)	20.49×3.14	20.92×3.28	21.46×3.43	22.21×3.58	22.80×3.76	23.31×3.91
	颜色变化	无明显变化	无明显变化	无明显变化	无明显变化	无明显变化	无明显变化
B2	尺寸变化(mm)	20.57×3.13	21.13×3.27	21.54×3.43	22.01×3.56	22.52×3.73	23.22×3.89
	颜色变化	无明显变化	无明显变化	无明显变化	无明显变化	无明显变化	无明显变化

根据课题组对防水材料进行相关的试验,结果表明地处潮湿地带对挡水条的影响较大,应加强对遇水膨胀类材料的防潮措施。

课题组针对重庆地区湿度高的现象进行改进试验,在挡水条面上涂刷缓膨胀剂,再次进行相同试验。结果显示,在相同的试验时间及环境条件下,涂刷缓凝剂的挡水条遇水后尺寸变化较小。

(2)防水材料的粘贴施工节点:

①管片去尘。涂刷防水黏结剂前,需先检查表面是否清洁、凹槽内是否有杂物,若表面不干净,需先进行去污、去锈、去尘等。打磨除尘与抹布除尘进行对比试验(图3-3-14、图3-3-15)得出,采用抹布除尘减少用工量及时间消耗,效果较好。

图3-3-14　打磨除尘

图3-3-15　抹布除尘

②涂刷单组分氯丁胶粘剂。选用油漆毛刷,首先将单组分氯丁胶粘剂均匀涂于弹性橡胶密封垫和遇水膨胀挡水条凹槽表面(图3-3-16、图3-3-17),随后将胶水均匀涂抹在弹性橡胶密封垫和遇水膨胀挡水条表面。重庆TBM项目在温度26℃、湿度92%、亚热带季风性湿润气候施工环境条件下,待涂抹完成胶水晾干8min左右后进行粘贴;需要将每块传力衬垫全部涂刷单组分氯丁胶粘剂,然后粘贴于混凝土管片指定位置。

第3章 TBM 管片

图 3-3-16　弹性橡胶密封垫凹槽涂刷胶粘剂

图 3-3-17　挡水条凹槽涂刷胶粘剂

③粘贴。弹性橡胶密封垫为管片主要防水材料,密封垫粘贴时必须牢固,粘贴时用双手用力将弹性橡胶密封垫按入凹槽内,密封衬垫必须紧贴管片预留凹槽,安装完成后用橡胶锤敲打,确保橡胶密封垫与管片粘贴牢固,见图 3-3-18 和图 3-3-19。

图 3-3-18　弹性橡胶密封垫角部安装

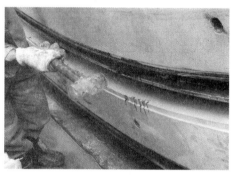
图 3-3-19　橡胶锤敲击弹性橡胶密封垫

遇水膨胀挡水条安装前要对挡水条进行检查,确保挡水条在粘贴前没有遇水发生变形,挡水条安装时需按照设计要求沿管片凹槽外边线粘贴,粘贴时不能拉伸造成挡水条变形,粘贴时要求挡水条线型平顺,紧贴管片凹槽。

弹性橡胶密封垫和遇水膨胀挡水条安装完成后,在防水材料外部进行角部自黏性橡胶薄板及环、纵缝传力衬垫黏贴,粘贴时注意自黏性橡胶薄板的位置布置正确。

成品效果图如图 3-3-20 和图 3-3-21 所示。

图 3-3-20　挡水条、弹性橡胶密封垫粘贴效果图

图 3-3-21 重庆某项目弹性橡胶密封垫粘贴效果

注:图所示标段只采用了弹性橡胶密封垫,并未采用挡水条。在防水效果上比较而言,有挡水条的效果有一定优势,但材料成本及人工相对而言有所增加。

根据试验对比得出防水材料消耗量,弹性橡胶密封垫与挡水条每环管片所需长度均为58m,并与混凝土管片间用单组分氯丁胶粘剂黏接。对单组分氯丁胶粘剂用量进行试验分析,得出每环管片涂胶面积为 7.15m²、平均每环涂胶用量为 4.5kg;其中每桶胶质量为 3kg,进行三组试验对比得出,每一桶胶水平均涂刷弹性橡胶密封垫和遇水膨胀挡水条凹槽表面积为 4.77m²。

人工数量根据管片消耗量可以适当调整,日常情况平均每日完成工作量只需 3 人,1 人负责涂刷胶粘剂,2 人负责安装弹性橡胶密封垫、遇水膨胀挡水条、自黏性橡胶薄板、传力衬垫等防水材料。

3.3.3 传力衬垫粘贴

(1)传力衬垫原材料

传力衬垫材料(图 3-3-22、图 3-3-23)为丁腈软木橡胶板,形式主要为块状,采用《氯化聚乙烯—橡胶共混防水卷材》(JC/T 684—1997)规范进行相关检测。

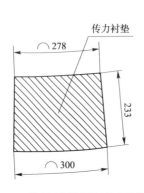

图 3-3-22 传力衬垫设计图(尺寸单位:cm)

图 3-3-23 传力衬垫实物图

(2)传力衬垫施工

根据重庆 TBM 项目前期依据防水设计图纸进行施工,纵缝传力衬垫厚度为 1.5mm、满贴、无环缝传力衬垫,因此按照相关设计进行粘贴后安装管片,最后对成型隧道进行检验,结果表明破损率较高,平均每四环出现一处破损。重庆 TBM 项目课题小组针破损率较高的问题进行充分分析和研究,并针对出现的问题进行讨论得出结论:综合实际情况进行选择合理的粘贴方式及原材料,将环缝与纵缝均粘贴厚度为 3mm 的传力衬垫,有助于改善混凝土管片直接接触造成挤压破损的现象,增大缓冲管片环、纵缝之间的挤压。在环缝粘贴 4 小块、纵缝粘贴 2 小块,每块传力衬垫尺寸为如图 3-3-24 和图 3-3-25 所示。

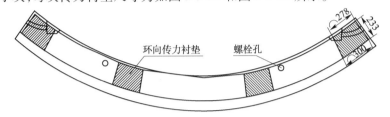

图 3-3-24 环缝传力衬垫粘贴示意图(尺寸单位:cm)

课题小组对采用满贴与分块粘贴进行分析研究得出结论,将传力衬垫改为小块粘贴,与满贴进行比较分析后,其优点是在成本方面小块比满贴相对减少,而传力效果总体一致,所以优先选择小块粘贴传力衬垫,如图 3-3-26 ~ 图 3-3-28 所示。

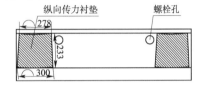

图 3-3-25 纵缝传力衬垫粘贴示意图(尺寸单位:cm)

图 3-3-26 环缝传力衬垫粘贴效果图

图 3-3-27 纵缝传力衬垫粘贴效果图

图 3-3-28 重庆某项目传力衬垫粘贴效果图

注:重庆某项目传力衬垫的粘贴与重庆 TBM 项目采用的方式不同,重庆 TBM 项目采用四块方形的橡胶垫,厚度大;而图 3-3-28 所示采用三块长方形的橡胶垫,纵向采用两块橡胶垫,两者厚度较重庆 TBM 项目较薄,对比而言重庆 TBM 采用的方式分布更为均匀,受力也更为合理。

3.3.4 防水材料及传力衬垫粘贴常见问题

防水材料及传力衬垫粘贴常见问题见表3-3-3和图3-3-29。

防水材料及传力衬垫粘贴常见问题　　　　表3-3-3

序号	材料	粘贴常见问题	备注
1	传力衬垫	鼓包、脱胶、漏粘、偏位	
2	挡水条	脱胶、搭接错误	
3	弹性橡胶密封垫	脱胶	
4	角部自黏性薄膜板	偏位、脱胶	

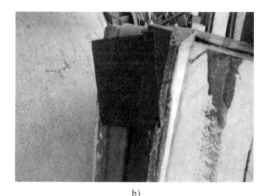

图3-3-29　防水材料粘贴常见问题照片

3.3.5 防水材料及传力衬垫的存放

防水材料堆放时,应注意保护好防水材料本身特点,比如挡水条的遇水膨胀橡胶,则必须保证挡水条不得受潮;其次也不能将弹性橡胶密封垫、传力衬垫等橡胶类进行暴晒。依据保护材料基本原则和要求,在管片堆放场地应建立防水材料临时专用库房,原则和要求是必须保证防水材料不得受自然因素影响,其次是保证材料分门别类堆放,便于清理库存数量合理上报计划。

3.4 管片吊运及存放

管片从厂家发货至施工现场后,验收合格完善交接顺序后进行卸车,卸车对管片破损采取一定保护措施,起吊前检查管片吊带位置布置准确,达到安全标准后进行试吊,最后吊运至管片存放地。管片吊运下井也采用类似的措施进行,选择10m长吊带,对管片棱角位置进行加强保护,具体如图3-4-1和图3-4-2所示。

重庆TBM项目课题组对管片吊运过程中,吊带的报废频率进行试验统计,研究一根吊带用于吊运的使用寿命,最后得出吊带报废频率为21环/根。

第 3 章 TBM 管片

图 3-4-1 管片卸车

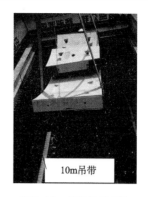
图 3-4-2 管片吊运下井

3.5 管片修补

重庆 TBM 项目针对管片修补后需要达到的强度及满足色差要求进行了试验分析,主要使用的材料有白色硅酸盐水泥、铝酸盐水泥、富皇水泥 P.O 42.5R、丁二烯和苯乙烯共聚物乳液。

(1) 配合比选择

采用丁二烯和苯乙烯共聚物乳液与水泥拌和组成黏结水泥浆黏结剂,乳液与水泥按 1∶2 质量比搅拌至均质。采用不同水泥与乳液制作净浆试件对比与管片色差及强度,强度分析如表 3-5-1 和表 3-5-2 所示。

白水泥 + 铝酸盐水泥强度对比分析　　表 3-5-1

项目名称		水泥净浆凝结时间(min)	1d 强度(MPa)	7d 强度(MPa)	28d 强度(MPa)	备注
共聚物乳液 + 白水泥 + 铝酸盐水泥	检测结果	18	8.3	10.5	12.3	白水泥掺量 20%
	检测结果	24	8.6	10.9	13.1	白水泥掺量 40%
	检测结果	29	7.1	9.7	14.7	白水泥掺量 50%
	检测结果	36	4.9	6.8	17.9	白水泥掺量 70%

白水泥 + 富皇 P.O 42.5R 强度对比分析　　表 3-5-2

项目名称		水泥净浆凝结时间	1d 强度(MPa)	7d 强度(MPa)	28d 强度(MPa)	备注
共聚物乳液 + 白水泥 + 富皇 P.O 42.5R	检测结果	5h34min	9.7	14.4	17.9	白水泥掺量 30%
	检测结果	5h48min	9.1	12.8	15.3	白水泥掺量 40%
	检测结果	5h53min	7.6	11.9	13.8	白水泥掺量 70%
	检测结果	6h8min	6.0	10.3	12.7	白水泥掺量 80%

根据试验配比,强度试验检测结果表明无法完全达到管片强度,"白水泥 + 铝酸盐水泥"中白水泥掺量为 70% 时强度最大。

(2) 制作净浆试件与管片色差对比

① 首先制作水泥净浆试件一天与管片进行色差比较,结果如图 3-5-1 所示。

图 3-5-1 水泥净浆试件与管片一天色差对比

图中"富皇"表示富皇 P.O 42.5R 水泥净浆试件,"水不漏"表示白色硅酸盐水泥净浆试件,"早强"表示铝酸盐水泥净浆试件。试验结果表明试件与管片一天色差最小的为"水不漏",相识度大约 65%。

②其次将水泥净浆试件与管片进行七天色差比较,结果如图 3-5-2 所示。

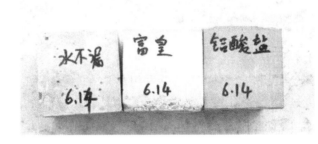

图 3-5-2 水泥净浆试件与管片七天色差对比

图中"富皇"表示富皇 P.O 42.5R 水泥净浆试件,"水不漏"表示白色硅酸盐水泥净浆试件,"铝酸盐"表示铝酸盐水泥净浆试件。试验结果表明试件与管片七天色差最小的为"富皇",相识度大约 70%。

③接着进行掺量白水泥试件进行一天色差比较,结果如图 3-5-3 所示。

图 3-5-3 四组净浆试件与管片一天颜色对比

图中"白+早强 20%"表示铝酸盐掺量 20% 白水泥试件,"白+早强 40%"表示铝酸盐掺量 40% 白水泥试件,"白+早强 50%"表示铝酸盐掺量 50% 白水泥试件,"白+早强 70%"表示铝酸盐掺量 70% 白水泥试件。试验结果表明试件与管片一天色差最小的为"白+早 70%",相识度大约 72%。

④最后进行掺量白水泥试件七天色差比较,如图 3-5-4 所示。

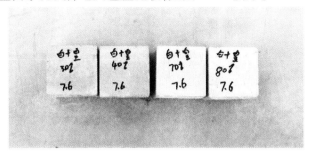

图 3-5-4　四组净浆试件整体与管片七天颜色对比

图中"白+富皇 30%"表示富皇 P.O 42.5R 掺量 30% 白水泥试件,"白+富皇 40%"表示富皇 P.O 42.5R 掺量 40% 白水泥试件,"白+富皇 70%"表示富皇 P.O 42.5R 掺量 70% 白水泥试件,"白+富皇 80%"表示富皇 P.O 42.5R 掺量 80% 白水泥试件。试验结果表明试件与管片七天色差最小的为"白+早 80%",相识度大约 75%。

综合以上试验,试件与管片色差最小的为"白+早 80%"。

第4章 掘进生产辅助

4.1 附属设施设计

4.1.1 走道板

走道板是隧道内人员的主要行走通道,要达到一定的安全标准。走道板支架主要采用型钢、角钢制作,根据现场情况进行设计,其固定于管片螺栓上,保证稳定性的同时也提高作业的效率,具体见设计图4-1-1和图4-1-2。

4.1.2 电缆支架

重庆TBM项目将电缆挂钩设置在走道板相反侧,沿掘进方向布置在4点钟位置上,每2环设置1个,具体见图4-1-3。

4.1.3 吊装头

管片下井后由电瓶车运输至安装位置,需要一次转运,采用吊装螺栓进行转运工作,具体吊装头设计见图4-1-4。

4.1.4 注浆头

注浆头是重庆TBM项目碎石吹填施工工艺所必备的构件,将碎石管、注浆管与管片吊装孔连接,使得碎石及浆液注入管片壁后间隙,具体设计见图4-1-5。

4.1.5 水管支架

重庆TBM项目将水管支架和电缆挂钩设置在同侧,沿掘进方向布置在5点钟的位置上,主要将循环水管和污水管固定,每2环设置1个水管支架,水管连接及布置详见图4-1-6。

4.1.6 其他项目临时设施

重庆某项目采用的走道板为宽50cm、长3m的框架结构,内部不设置斜撑,走道板立杆和支架一体,护栏扶手采用2cm镀锌钢管。与重庆单护盾TBM项目采用的走道板相比,其走道板立杆和支架一体化,方便实用,轻巧结实,扶手安装稳固,相比经济适用,如图4-1-7和图4-1-8所示。

第4章 掘进生产辅助

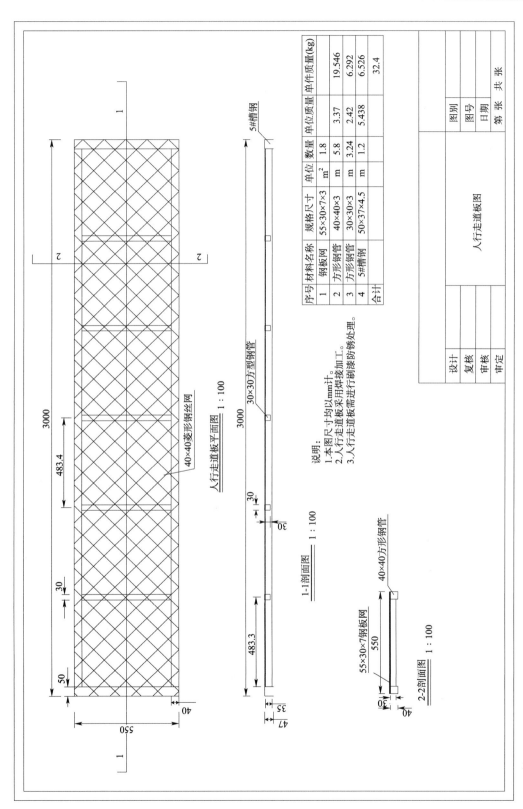

图 4-1-1

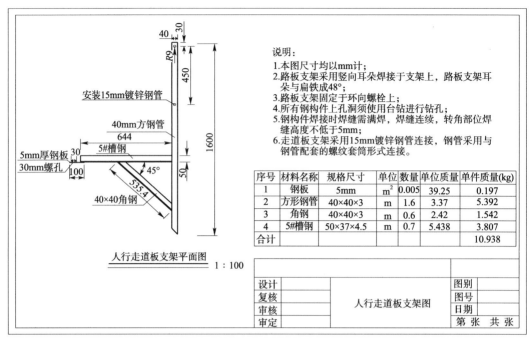

图 4-1-2

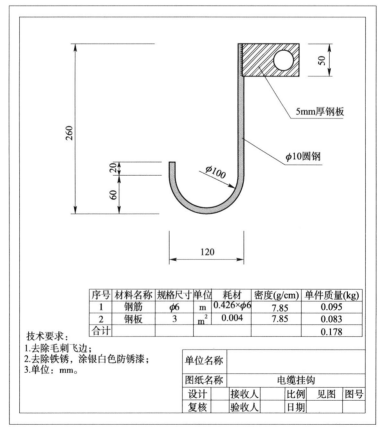

图 4-1-3

第4章 掘进生产辅助

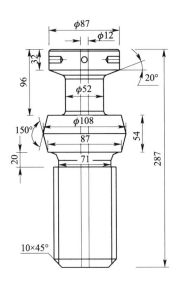

图 4-1-4 (尺寸单位:mm)

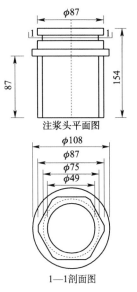

注浆头平面图

1—1剖面图

图 4-1-5 (尺寸单位:mm)

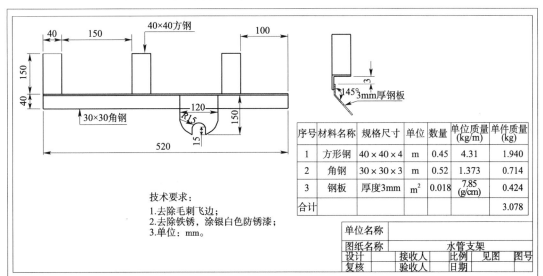

技术要求:
1.去除毛刺飞边;
2.去除铁锈,涂银白色防锈漆;
3.单位:mm。

序号	材料名称	规格尺寸	单位	数量	单位质量(kg/m)	单件质量(kg)
1	方形钢	40×40×4	m	0.45	4.31	1.940
2	角钢	30×30×3	m	0.52	1.373	0.714
3	钢板	厚度3mm	m²	0.018	7.85 (g/cm)	0.424
合计						3.078

单位名称					
图纸名称			水管支架		
设计		接收人		比例	见图	图号
复核		验收人		日期		

图 4-1-6

图 4-1-7 走道板

图 4-1-8 走道板支架

重庆某项目循环水管采用内径 100mm、壁厚 4mm 的镀锌管,污水管采用内径 80mm、壁厚 2mm 的镀锌钢管,水管上的阀门采用球阀,水管支架的形式采用如图 4-1-9 所示。比较而言,其污水管比重庆 TBM 项目内径要小,所以排污能力要低,阀门采用球阀,安全性好,但安装不方便,蝶阀可满足要求,水管支架采用直接插入管片的吊装孔中,简单方便。循环水管见图 4-1-10。

图 4-1-9 水管支架

图 4-1-10 循环水管

图 4-1-11 重庆某项目隧道运输轨道

如图 4-1-11 所示为重庆某项目采用的组装式洞内运输轨道,其在地表进行组装完成后下井拼装,长度 6.25m,轨枕间隔 1m。相对于重庆 TBM 项目洞内组装式轨枕减少了洞内施工时间,但在运输下井方面较为困难。

重庆某项目电缆挂钩及水管支架如图 4-1-12 所示,其电缆挂钩材质为塑料,使用膨胀螺栓固定在管片上,水管支架体现出 5 层,但对于只有进水管、出水管和污水管的情况,5 层支架有点多余,浪费了材料。

a)

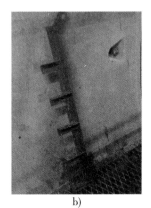

b)

图 4-1-12 重庆某项目电缆支架及水管支架

第4章 掘进生产辅助

4.2 人员配置及职责

4.2.1 项目管理人员

(1)土建人员

土建人员配置及职责、相邻标段管理人员配置见表4-2-1和表4-2-2。

土建人员配置及职责　　　　　　　　　　　表4-2-1

地点	人员配置	职　　责	备　　注
地面	技术员1人	检查管片防水粘贴质量、组织协调地面场地下材料、整理资料等	地面人员为双线单班,洞内人员为单线单班
地面	现场主管1人	主要负责生产,统筹全局,合理安排工作,材料的报备、现场指导等	
洞内	技术员2人	主要负责洞内管片拼装、碎石吹填、注浆等工艺的质量控制以及技术交底,对各个作业重点监督检查,合理安排和协调现场的各种情况,保证效率最大化,记录现场资料、与井口挂钩沟通材料等	

相邻标段管理人员配置(土压盾构)　　　　　　表4-2-2

项目管理人员				
项目执行经理1人	项目书记1人	项目总工1人	项目副总工1人	项目副经理2人
工程部长1人	安质部长1人	机运物资部长1人	设备部长1人	计划部长1人
财务部长1人	办公室主任1人	测量主管1人	实验室主任1人	现场调度1人
就临时所了解情况而言,此项目是整体外包模式,故相对重庆TBM项目而言,管理人员相对较少且便于管理。洞内没有跟土建技术员,机修一人跟机,其司机、机修维保人员、电工等均是公司人员				

(2)机修人员

机修人员配置及职责见表4-2-3。

机修人员配置及职责　　　　　　　　　　　表4-2-3

地点	人员配置	职　　责	备　　注
地面	机械总负责人1人	负责机械设备的监管、调配、维保执行工作,负责制订班组的每日工作计划,并监督工作计划的实施和突发事故的处理,及提出解决方案	双线单班要求具备良好的组织协调能力和工作经验
洞内	机修2人	TBM的维修和保养,对后配套设备进行检查、维护,刀具检查及维修工作的记录	单线单班要求精力充沛(机修一个成手和一个学徒)
洞内	操作手1人	主要负责开机掘进及推进参数的记录和机械问题的反馈,确保进出刀盘人员的安全	单线单班,要求有一定的技术和经验(双线单班要另加1个实习操作手)

续上表

地点	人员配置	职 责	备 注
地面	焊工2人	主要负责施工现场构件的切割焊接,设备上需要焊接的零部件,加工设备用的配件	焊工需持证上岗,上常白班如有需要再另行安排
	电工2人	主要负责TBM、龙门吊、电瓶车、充电房风机等设备上电气设备的维修和保养,水泵、焊机等用电设备接线及维修工作记录	双线单班,电工需持证上岗,如区间距离长时洞内要配备1人
	机修2人	主要负责电瓶车、拌和站、龙门吊、叉车、装载机的维修保养记录	双线单班,要求有一定的技术和经验,并且精力充沛

4.2.2 专业作业班组

专业作业班组配置及职责见表4-2-4。

专业作业班组配置及职责　　　　　表4-2-4

地点	人员配置	职 责	备 注
井口	主挂1人	主要负责与洞内和地面沟通联系,洞内所需各种材料的下载,吊渣以及合理调配龙门吊及电瓶车,使洞外效率最大化	该人员中电瓶车司机和龙门吊司机需持证上岗,拼装手、注浆人员和碎石吹填人员需一定的技术和工作经验。所有工作人员要求精力充沛且劳动力符合相应岗位要求
	副挂1人	配合主挂完成洞内所需各种材料的下载工作以及井口抽水、循环水的开关等工作	
	电瓶车司机2人	主要负责开电瓶车运输各种材料、渣土以及电瓶车的保养	
道岔位置	搬岔道1人	主要负责B车站岔道以及车站内沉淀池的污水排放	
洞内掘进班组	清刀盘2人	主要负责刀盘的清理工作以及辅助上管片拼装头	
	打螺杆2人	在管片拼装前负责盾尾抽水以及冲洗管片,在管片拼装过程中负责打螺杆,在管片拼装完成后负责拆卸拼装头和紧螺栓;在下一环推进1.2m时,复紧脱出盾尾那环管片螺栓,之后再进行第三次复紧	
	拼装手1人(班长)	主要负责管片拼装及洞内人员安排调配	
	注浆2人	主要负责抽浆、冲洗电瓶车砂浆罐、接注浆管、注浆以及对漏浆部位的处理	
	开双轨梁1人	主要负责吊运管片,辅助接轨道人员接3m、6m轨道	
	接轨道1人	主要负责接3m、6m轨道及上管片拼装头	
	碎石吹填2人	主要负责喷射碎石、更换碎石罐以及接碎石管	
	看土1人	主要负责指挥电瓶车接渣、摘车以及辅助拆3m轨道和接水管及风袋	
	接水管1人	主要负责接水管以及拆3m轨道、连接走道板、续接风袋以及放电缆线	

第4章 掘进生产辅助

续上表

地点	人员配置	职责	备注
地面	龙门吊司机2人	主要负责材料吊运和吊渣	双线单班
	地面挂钩3人	主要负责与井口挂钩联系吊运材料以及管片调整	
	充电房1人	主要负责给电瓶车电瓶充电	
	拌和站1人	主要负责打浆	
	开叉车1人	主要负责装载碎石以及地面材料的转运	
	管片贴防水8人	主要负责管片挡水条和传力层垫的粘贴	双线双班
	后勤1人	主要负责劳务人员的后勤补给、劳务人员作业所用工具的调配等	双线单班
	主管1人	主要负责劳务人员工作的安排、人员的管理以及提供技术支持	
	杂工8人	主要负责地面场地的清理、成型隧道淤泥、沉淀池、排水沟的清理以及临时用工等	
	电工1人	主要负责洞内成型隧道的照明用电以及刀盘照明用电	
	焊工1人	主要配合轨道养护人员进行轨道养护,走道板及其他需要焊接的工作	
	轨道养护2人	主要负责隧道轨道、道岔的检查、维修和养护工作	

重庆TBM项目结合相邻标段及不同设备进行相关了解和对比,表4-2-5为某项目的劳务人员配置及职责,其标段采用的设备为土压盾构,在人员方面较有差距。

重庆某项目土压盾构劳务人员配置及职责　　　　表4-2-5

地点	人员配置	职责	备注
井口	主挂1人,副挂1人	主要负责井口材料的下载、渣土车挂钩等	此情况为临时了解情况,可能略有不足,人员配备为单线单班(管片贴防水人员除外)
	开电瓶车1人	主要负责开电瓶车	
洞内掘进班组	看土1人	主要负责指挥电瓶车看土、辅助接水管	
	接水管和走道板1人	主要负责接水管和走道板	
	开双轨梁1人	主要负责管片的吊运和辅助接轨道	
	接轨道1人	主要负责接电瓶车和台车轨道	
	注浆1人	主要负责盾尾同步注浆	
	拼装1人	主要负责管片拼装	
	打螺杆2人	主要负责打螺杆,抽盾尾水,复紧螺栓,拆拼装头,冲洗管片等	
地面	贴管片4人(人数不定)	主要负责地面管片止水条和传力层垫的粘贴	双线单班
	地面挂钩2人	主要负责洞内所需材料的下调	
	杂工4人(人数不定)	主要负责开叉车进行材料转运,压水管槽等工作	
	拌和站1人	主要负责打浆	
中板	充电房1人	主要负责电瓶车电瓶充电	
	放浆1人	主要负责浆液的过滤和分流	
与重庆TBM比较			
此标段采用土压平衡式盾构施工,与重庆TBM项目相比,少了吹填碎石和清洗刀盘两道工序,故人员配置方面少了吹填碎石2人和清洗刀盘2人,其他人员配置基本相同。由于此标段台车轨道和电瓶车轨道均为6m轨道,相对而言就台车轨道续接方面会少一半的工作量			

4.3 道岔

4.3.1 TBM 工区道岔简述

在单护盾 TBM 项目中,由于运输距离长通常会选择电瓶车作为运输工具,重庆某项目 A 区间左右双线两辆电瓶车能达到优化资源配置的目的。为便于电瓶车的到发、会车、调车作业等,在洞口铺设道岔能很大程度地提高工效。轨道道岔具有数量多、构造复杂、使用寿命短、限制列车速度、行车安全性低、养护维修投入大等特点。在单护盾 TBM 项目施工电瓶车轨道优选 43kg/m,9 号双开道岔总长度为 11.8m。

4.3.2 道岔的基本组成部分

TBM 工区轨道道岔由转辙器、辙叉及护轨、连接四部分组成。

(1) 道岔的转辙器

道岔的转辙器是引导运输电瓶车沿主线方向或侧线方向行驶的线路设备,由两根基本轨、两根尖轨、各种连接零件及道岔转换设备组成。辙叉是使电瓶车车轮由一股钢轨道越过另一股钢轨道的设备。辙叉由叉心、翼轨和联结零件组成。按平面形式分,辙叉有直线辙叉和曲线辙叉两类;按构造类型分,有固定辙叉和活动辙叉两类。

(2) 道岔辙叉

引导运输电瓶车辆沿直线方向或侧线方向行驶的道岔部件。辙叉叉心角度越大,越容易跳轨。

(3) 连接部分

连接以上各部件的线路部分,有直线和曲线之分,直股为直线,曲股为曲线,如图 4-3-1 所示。

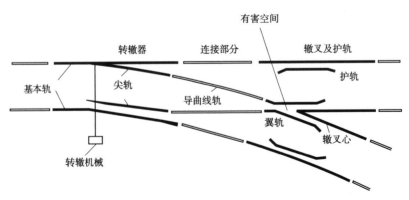

图 4-3-1 道岔连接部分

(4) 道岔护轨

护轨设于固定辙叉的两侧,用于引导电瓶车车轮轮缘,使之进入轮缘槽,防止与叉心碰撞。目前我国道岔的护轨类型主要有钢轨间隔铁型、H 形和槽形三种,护轨的防范范围应包括辙叉咽喉至叉心顶 50mm 的一段长度。辙叉护轨由中间平直线、两端缓冲段和开口段组成,呈折线形,护轨平直线是起防护作用的部分,缓冲段及开口段起着将车轮平顺地引入护轨平直线的作用。缓冲段的冲击角应与列车允许的通过速度相匹配。连接部分是转辙器和辙叉之间的连接线路,包括直股连接线和曲股连接线。直线连接线与区间线路构造基本相同。导曲线的平面形式可以是圆曲线、缓和曲线或变曲率曲线。

4.3.3　道岔号数

道岔的号数是道岔最主要的技术指标,一般都用辙叉的号数表示。重庆某项目 A 区间设置的道岔为 43kg/m 轨道,9 号辙叉道岔。

道岔采用直线辙叉时,是以直线辙叉叉心两工作边形成角度的正切倒数(或余切)来表示,见图 4-3-2。

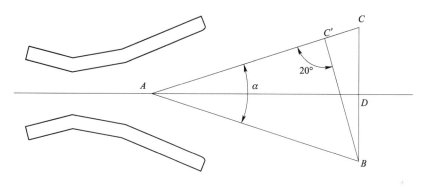

图 4-3-2　直线辙叉示意图

$$N = 1/\tan\alpha = AC'/BC'$$
$$\alpha = \arctan BC'/AC'$$

道岔采用曲线辙叉时,是以曲线辙叉根端工作边切线方向形成角度的正切倒数(或余切)来表示,见图 4-3-3。

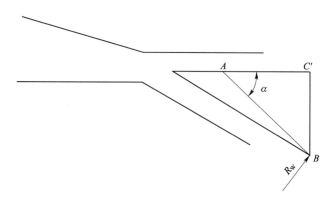

图 4-3-3　曲线辙叉示意图

如果需要的角度引起曲线辙叉根距过长,可在曲线辙叉根部加设曲线短轨,道岔号数以曲线短轨端部工作边切线方向形成角度的正切倒数为准。

4.3.4 道岔安装准备

(1) 人员、工具配置

由于新进场道岔压板、夹板、叉心螺栓为铸性材料,铸性材料属高强脆性材料,电瓶车通过引起震动会很容易被折断,所以辙叉心螺栓应更换选择等级大于8.8级的螺栓。三角支撑垫片和轨道压板应更换为普通钢性材料,见图4-3-4。

人员和机具配置见表4-3-1和表4-3-2。

(2) 道岔安装时准备

①安装时龙门吊吊起道岔放置在电瓶车平板车上,运输至下一车站。

图4-3-4 三角支撑垫片及轨道压板

②用钢丝绳和手拉葫芦辙叉心对准小里程方向,有顺序卸掉岔道。

③安装过程中用水准仪找平、找正、找中。避免连接精度不足,导致电瓶车在行驶过程中跳动,见图4-3-5。

人员配置名单   表4-3-1

序号	名称	人数	备注
1	焊工	2	高级焊工
2	机修	2	
3	劳务	2	

机具配置名单   表4-3-2

序号	名称	规格	备注
1	逆变式直流弧焊机	ZX7-630I	2
2	割枪	100	2
3	轨道专用扳手	36	4

图4-3-5 岔道安装图

④弯轨器可使两端钢轨与道岔连接,此过程要注意弯轨弧度应平缓。

⑤安装固定转辙器装置,在电瓶车通过道岔过程中轨道震动会导致转辙器不稳定。

安装时人员和机具配置见表4-3-3和表4-3-4。

人员配置表　　　　　　　　　　　　　　　　　表4-3-3

序号	名　　称	人　　数	备　　注
1	焊工	2	高级焊工
2	机修	3	
3	劳务	5	

机具配置表　　　　　　　　　　　　　　　　　表4-3-4

序号	名　　称	规　　格	数　　量
1	逆变式直流弧焊机	ZX7-630I	2
2	弯轨器	43kg/m	1
3	割枪	100	2
4	轨道专用扳手	36	4
5	平板车		2
6	钢丝绳	20mm	4
7	手拉葫芦	3t	2

4.3.5　道岔常见跳轨原因及养护

（1）电瓶车跳轨原因

①尖轨50mm断面内刨切长度不够；②基本轨工作边及尖轨有间隙；③尖轨中部两基本轨之间距离大于规定标准距离；④直线形尖轨转折角较大，车辆从基本轨过渡到尖轨时，列车急骤地改变方向，车辆冲击尖轨从而对尖轨轨道产生横向冲击力；⑤三角支撑垫板和防跳卡铁等缺少和失效；⑥道岔辙叉心为钝角叉心，导致电瓶车通过道岔转折比较急，所以电瓶车经常跳轨（图4-3-6）；⑦基本轨垂直磨耗超限，尖轨前部顶面受车轮踏面和轮缘的轧、挤、辗作用。

（2）TBM道岔养护

①定期检查螺栓松动情况，用专用扳手复

图4-3-6　跳轨现象

紧；②清理轨道内杂物，以免阻碍电瓶车通过；③定期复核轨距，由养护人员进行调整；④进行沉降监测，防止因轨道不平，造成电瓶车跳轨；⑤定期进行轨道磨损检查，预防因岔道叉尖磨损严重导致电瓶车无法进入道岔。轨道养护如图4-3-7所示。

4.3.6　安全注意事项

（1）施工作业区域设置反光警示装置或警示灯。

（2）禁止氧气瓶、乙炔瓶、安装工具随意摆放。

（3）除轨道养护人员外，不可随意搬动道岔转辙器。

a) b)

图 4-3-7 轨道养护

(4)道岔叉尖位置禁止乱扔杂物,以免妨碍叉尖搬动。
(5)电瓶车通过道岔电瓶车司机需与养护轨道人员沟通,防止电瓶车相撞。
(6)电瓶车通过道岔应低速行驶。
(7)应加强道岔养护人员和电瓶车司机的安全教育培训。
(8)轨道遇到问题及时处理及维护。

4.4 设备吊装

4.4.1 吊装设备选用

(1)履带吊

适宜于一个固定工地,且吊装工作量较大、活动范围较广的工程。起重幅度大、转弯半径小并能载重行车,地面接触力大,稳定性好,防滑性能好,对地面的要求较低,广泛地运用于石油化工、矿山、设备吊装、夯土、打桩等多种行业。履带吊在拆装的时候过于费时费事,设备自身不能随意地完成伸缩的任务,在运转的时候还会受到场地的限制,灵活性差,行驶速度慢,耗油量较高。

(2)汽车吊

适用于临时的短时间吊装的工程,并可以跟随运输设备和构件的车辆进入施工场地。支机灵活,吊装速度快,效率高,常用于路桥、建筑、设备吊装、电力安装等行业。但汽车吊在进行作业时,会受到地形等外在因素的限制,一般地势不好的地段都无法使用汽车吊来完成任务。

以重庆 TBM 项目为例,结合该项目工程设备和构件情况、吊装场地地质条件、资源利用、经济效益、施工工艺、机械的起吊性能等,单护盾 TBM 吊装设备选用汽车吊。

单护盾 TBM 尺寸大、重量大,需要分件吊装,单护盾 TBM 最大单体为前盾(约108t,外形尺寸 $\phi 6830 \times 3700$);刀盘(约95t,外形尺寸 $\phi 6880 \times 1775$)选用 400t 汽车吊(主吊)与 150t 汽车吊(辅吊)双机抬吊配合翻身、吊装下井。

4.4.2 吊装前准备和条件要求

(1)场地布置

①考虑到垂直起吊设备、水平运输车辆的进场作业,场地道路必须具备重型机械的通行、停放及吊装作业条件。

②根据两台汽车吊支腿伸开的范围、作业半径、构件运输车进出场地范围,对吊装场地进行清理。

③在汽车吊进场前,对作业现场进行清理,能够满足汽车吊支腿的正常工作站位,汽车吊站位的地方不能堆放任何障碍物。

④根据吊装时吊臂起幅高度,汽车吊站位的地方若有高压线、树木等影响吊装作业,必要时应进行改迁,吊装时周围不得有任何障碍物。

⑤端头井附近及井底影响吊装施工的障碍物应清理干净。

⑥端头井井底作业的照明设施必须完备,并考虑临时停电的备用照明。

(2)作业场地要求

①汽车吊装作业,应按照在作业情况下汽车吊支腿对地基压力的要求,进行地基处理。

②同一汽车吊的多条支腿应采用相同的方法进行地基处理,汽车吊站位及行走地基应平整、坚实,必要时表面浇筑混凝土、铺设钢板。

③对于大件吊装作业,汽车吊站位及行走地基处理完成后,使用前汽车吊应进行试吊,符合要求后方可进行吊装作业。

(3)吊装准备

①单护盾 TBM 组装需组织有实际经验的作业人员进行,组装前对所使用的设备机具进行安全、质量检查,确保组装过程安全顺利地进行。

②技术人员应熟知单护盾 TBM 吊装和各部件连接工序,设备的各个部件组装时,了解其结构同安装尺寸的关系,对安装精度质量严格控制。

③在设备下井安装就位前,应校核隧道轴线与单护盾 TBM 轴线、位置是否正确,以便盾构机能顺利安装对接组装。

④为保证始发托架位置安放精确,测量放样后将托架与端头井底部预埋钢板焊接牢固,防止单护盾 TBM 在推进的过程中产生位移。

⑤单护盾 TBM 始发轨道安装定位测量,安装在型钢上面的轨道,两条轨面必须在同一水平面上,必须加固牢固,标准段车站部分轨道固定在地面上。轨道间距按拖车和电瓶车行走范围中心线铺设符合要求的两对路轨(轨距分别为 900mm、2080mm)。

⑥在井下底板适宜位置架设卷扬机(带相关倍力滑轮组),并与底板焊接牢固,为牵引拖车做好准备。

4.4.3 吊车站位

结合单护盾 TBM 最大部件质量进行计算,本次区间(A 站—B 站)右线设备吊装下井均采用一台 400t 和一台 150t 汽车吊(图 4-4-1、图 4-4-2)配合吊装,400t 汽车吊为主吊,150t 汽车吊配合 400t 吊车进行存放姿态翻转,400t 吊车进行吊装下井。

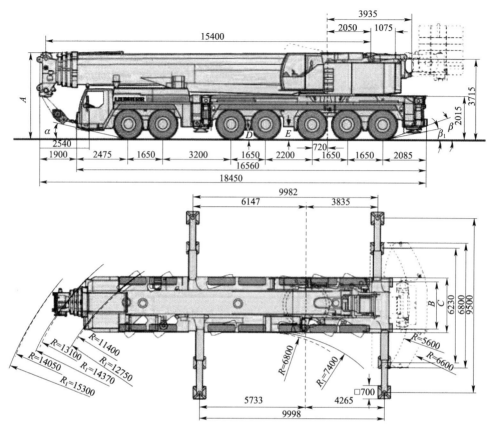

图 4-4-1　400t 汽车吊尺寸示意图(尺寸单位:mm)

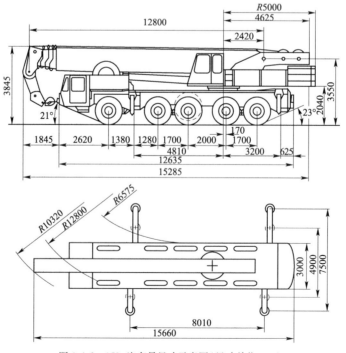

图 4-4-2　150t 汽车吊尺寸示意图(尺寸单位:mm)

结合400t汽车吊与150t汽车吊机械结构性能及参数,400t吊车选择旋转半径为10m,臂长为15m,额定起质量为111t;150t吊车选择旋转半径为8m,臂长为17m,额定起质量为62.1t。汽车吊站位见图4-4-3。

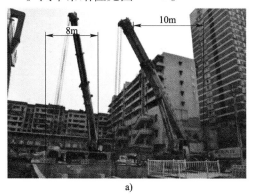
a)

b)

图4-4-3 汽车吊站位示意图

4.4.4 设备吊装

1)吊装工艺确定

通过现场实施确定吊装顺序如图4-4-4所示。

图4-4-4 吊装流程图

选择吊装顺序原因:依次将后配套8号~1号拖车及设备连接桥吊装下井,组装连接;中盾吊装下井立放于始发托架上,然后吊装管片拼装机梁下井与中盾组装连接,连接螺栓紧固后,拆除管片拼装机梁四端的钢丝绳,并割除后端支撑;管片拼装机下井与拼装梁组装,管片拼装机梁长约5m,与中盾组装连接后,出现重心后移且后端无支撑导致中盾向后端倾斜的情况,见图4-4-5。

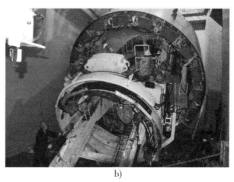

图4-4-5 中盾倾斜

针对以上出现的问题作出分析,将盾体及其他构件吊装下井顺序作了相应的调整;8台拖车、设备连接桥吊装下井并组装,中盾下井垂直立放于始发托架上,然后将前盾吊装下井与中盾组装,使前、中盾连为一体;再将管片拼装机梁吊装下井与中盾组装,管片拼装机下井与拼装梁组装,以此顺序将盾体构件吊装下井组装,可避免上述问题发生。

2)吊装过程

(1)后配套拖车下井

依次将8号、7号、6号、5号、4号、3号、2号、1号拖车按顺序吊装入井并连接组装。在起吊时应该先试吊,保证绝对安全才可以起吊,起吊后的拖车应保持水平状态。汽车吊通过变幅并缓慢将拖车下放到井口。拖车下井后,由卷扬机牵引至指定区域,拖车之间由连接杆连接在一起,见图4-4-6。

图4-4-6 后配套拖车下井

(2)设备连接桥下井

因设备连接桥长度较长,吊装下井时需双机抬吊配合倾斜下井,下井后一端与1号拖车连接,另一端支撑在现场预制好的钢结构上,然后将其端的吊索缓慢放下后移走吊具,用卷扬机将设备连接桥向后拖动,见图4-4-7。

(3)盾体翻身过程

采用汽车吊双机抬吊方式进行构件翻身,双机抬吊先将盾体构件吊离地面一定距离,静止确定安全后,吊住构件顶部的主汽车吊缓慢提升,同时吊住构件底部辅汽车吊缓慢下钩,使盾体构件自然下垂,主汽车吊完全吊稳盾体构件后,辅汽车吊松开钢丝绳,翻身完成,见图4-4-8。

a)

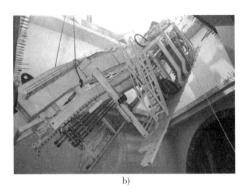
b)

图4-4-7 设备连接桥下井

a)

b)

图4-4-8 盾体翻身

(4)中盾下井

翻身完成后,割除辅吊耳,对中盾连接部位进行清理干净,安装密封圈,涂抹黄油,然后由主汽车吊单独吊装下井。中盾下井前在盾体一侧系上一根牵引绳,缓慢下井时,由工人拉住,防止下井过程中盾体扭动,主汽车吊缓慢下钩,使中盾自然下垂,立放在始发托架上,见图4-4-9。

a)

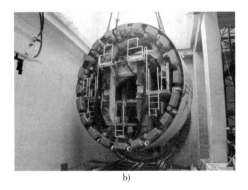
b)

图4-4-9 中盾下井

(5) 前盾下井

前盾翻身过程同中盾，前盾下井后立放在始发托架上，然后与中盾进行对位组装，在盾体和始发托架上焊接牛腿，用千斤顶将盾体推到合适位置，安装与中盾连接螺栓，进行组装连接，见图4-4-10。

a)

b)

图4-4-10　前盾下井

(6) 管片拼装机下井

管片拼装机吊装下井后，与管片拼装机轨道梁进行组装（图4-4-11）。

a)

b)

图4-4-11　管片拼装机下井组装

(7) 尾盾下井

尾盾卸车后，在双机抬吊相互配合下将尾盾吊装下井，倾斜着将尾盾穿入管片拼装机梁，并与中盾组装连接（图4-4-12）。

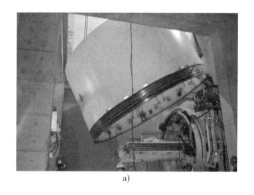
a)

b)

图4-4-12　尾盾下井组装

(8)刀盘下井

刀盘翻身下井同中盾,刀盘吊装下井后,立放到始发托架上后,将其慢慢靠向前盾,把前盾和刀盘的螺栓孔位及定位销完全对准后,先后穿入定位销、螺栓,将连接螺栓分两次紧固,见图 4-4-13。

a)

b)

图 4-4-13 刀盘下井组装

4.4.5 吊装工效

以重庆 TBM 项目区间右线设备吊装为例,对各个设备部件吊装下井所需的时间工效进行统计,在正常情况下吊装时间统计数据如表 4-4-1 所示。

吊装时间　　表 4-4-1

吊装部件		吊装下井时间	所需时间(d)
后配套拖车	7号	09:08-09:18	0.0069
	6号	09:32-09:38	0.0042
	5号	10:08-09:17	0.0063
	4号	11:00-11:06	0.0042
	3号	16:53-17:11	0.0125
	2号	08:37-08:51	0.0097
	1号	13:21-13:31	0.0069
设备连接桥		19:00-19:17	0.0118
中盾		15:10-15:27	0.0118
前盾		14:54-15:14	0.0139
管片拼装机		18:14-18:26	0.0083
尾盾		03:39-05:15	0.0250
刀盘		21:49-22:06	0.0118

4.4.6 吊装索具

(1)钢丝绳选用

单护盾 TBM 的前盾、中盾、尾盾是四个吊点,刀盘两个吊点。单护盾 TBM 前盾、中盾、尾盾以及刀盘钢丝绳的选用按刀盘两个吊点考虑,刀盘质量约 95t,每个吊点为 47.5t,应选用抗拉强度为 1700MPa、破断拉力为 959.5kN、最小破断拉力为 2980kN、直径为 74mm 的 6×61 钢丝绳(安全系数值取 6),见图 4-4-14。

后配套 8 辆拖车、设备连接桥、管片拼装机是四个吊点,主机皮带机两个吊点。钢丝绳的选用按最重构件(管片拼装机)考虑,构件质量约 26t,每个吊点 13t,应选用抗拉强度为 1700MPa、破断拉力为 959.5kN、直径为 39mm 的 6×37 钢丝绳(安全系数值取 6),见图 4-4-15。

图 4-4-14　φ74mm 钢丝绳

图 4-4-15　φ39mm 钢丝绳

(2)卡扣选用

单护盾 TBM 刀盘质量约 95t,采用两个吊点,每个吊点为 47.5t,选用美式弓形 2.5in 额定负荷为 55t 的卸扣(图 4-4-16)作为盾体、刀盘的吊装工具;管片拼装机质量约 26t,采用两个吊点,每个吊点为 13t,选用美式弓形 2.5in 额定负荷为 25t 的卸扣(图 4-4-17)作为后配套拖车、设备连接桥、管片拼装机等构件的吊装工具。

图 4-4-16　55t 卸扣

图 4-4-17　25t 卸扣

4.5　反力架

反力架主要是为 TBM 始发时提供反力,TBM 始发是指利用反力架和负环管片,将始发基座上的 TBM 由始发竖井推入地层,开始沿设计线路进行掘进施工的一系列作业。反力架是 TBM 始发阶段安全施工的核心部件之一,其设计是否合理直接关系着 TBM 始发施工的成功和安全,主要由主梁、支撑、预埋件三大部件组成。目前 TBM 始发广泛采用龙门式结构 + 支撑的标准形式。

4.5.1 结构组成

重庆 TBM 项目始发反力架结构由上下两根横梁、左右两根立柱、上八字梁及下八字梁通过焊接拼装而成,拼装后的反力架结构与管片直径基本一致。反力架后支撑采用钢管斜向 30°支撑和水平支撑结合,此结构受力过程大致为:单护盾 TBM 反向推力→负环管片→八字撑→反力架立柱、横梁→反力架背后支撑→车站结构。结构设计及现场安装示意图见图 4-5-1 和图 4-5-2。

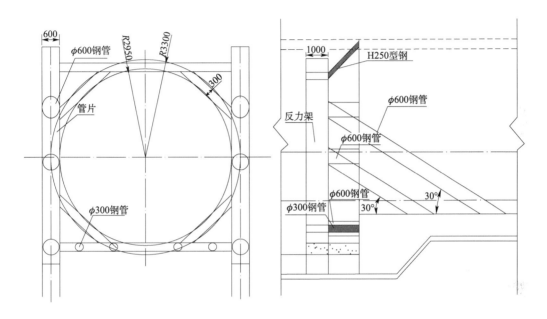

图 4-5-1 反力架设计图(尺寸单位:mm)

图 4-5-2 反力架现场安装

4.5.2 反力架材料及尺寸

重庆 TBM 项目所采用的反力架是标准形式,其结构主要受力构件尺寸及材料见表 4-5-1。

反力架结构尺寸及材料　　　　　　　　　表 4-5-1

部　位	材　料	截面形式	备　　注
立柱	Q235-C 钢材	1000mm×600mm 箱体结构	主受力板为 30mm 钢板,筋板为 30mm 钢板
横梁			
八字梁			
立柱斜支撑		圆管	直径 600mm、厚度 5mm 的钢管斜向 30°支撑
立柱水平支撑			直径 600mm、厚度 5mm 的钢管水平支撑
下横梁水平支撑			直径 300mm、厚度 5mm 的钢管水平支撑
上梁斜支撑		500mm×300mm 箱体结构	主受力板为 30mm 钢板,筋板为 30mm 钢板

4.5.3　反力架安全性分析

重庆 TBM 项目针对反力架的安全性进行分析,首先利用 ANSYS13.0 有限元软件对反力架在设计荷载 500t 的作用下的应力分布进行了数值计算,进而结合数值结果和现场工况,提出了反力架支撑体系应变计的布局方案,进行了现场跟踪监测,取得了丰富的实测数据。通过这些实测数据,对反力架在 TBM 施工过程中的功能和作用进行了评价,为反力架的强度分析与优化设计提供了原始资料,也对合理适时拆除反力架提供了实验指导和依据。

(1) 理论分析

理论上讲,TBM 刚进入工作井的推进阶段时,因墙洞内前部分土体是搅拌桩加固区,掘进阻力很大;随着掘进作业进展,越过土体加固区,进入原始围岩,掘进阻力大大减小;随着掘进作业中不断充填碎石和注浆,推进所需要的反作用力逐渐由管片、碎石、砂浆与周边围岩之间的摩擦力承担,反力架上反作用力随 TBM 推进逐渐减小;实际工况下,由于地质条件变化、TBM 姿态调整等,反力架受力十分复杂。因此,为了对反力架的强度进行研究,对重庆某项目右线区间隧道始发阶段进行了受力分析,并且对反力架从始发到拆卸进行历时一个月的现场跟踪监测。

(2) 数据模型的建立

根据反力架的几何形状和各部件之间的关系,建立反力架有限元模型。建立的反力架模型、荷载与约束情况如图 4-5-3 所示。各支撑杆端部均采用固定约束。

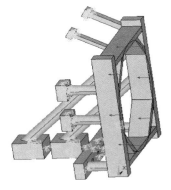

图 4-5-3　反力架模型

本次 ANSYS 数值分析采用 10 节点四面体实体单元 Solid92 对反力架有限元模型进行网格划分。反力架的材料为 Q235 钢,其弹性模量为 206GPa;泊松比为 0.28,密度为 7850kg/m^3。

(3) ANSYS 数值计算结果分析

将上述反力架有限元模型在 ANSYS13.0 软件中加载计算,先按照总荷载为 1000t,平均分布到受压圆环面上的面荷载为 1455.6kN/m^2,得到反力架的 Mises 应力分布云图如图 4-5-4 所示。

Mises 应力是基于剪切应变能的等效应力,计算公式为:

$$\sigma_M = \sqrt{\frac{1}{2}\left[(\sigma_1-\sigma_2)^2+(\sigma_2-\sigma_3)^2+(\sigma_2-\sigma_1)^2\right]}$$

式中，σ_1、σ_2、σ_3 分别为第一主应力、第二主应力、第三主应力。

考察反力架 Mises 应力云图可以看出反力架的各支撑杆上的 Mises 应力普遍大于立柱、上下横梁上的 Mises 应力，所以危险位置主要分布在反力架的各个支撑杆上，尤其是支撑与柱梁的连接处。由于反力架结构受力为压力、剪力、弯矩的组合，所以最大的 Mises 应力分布在受压面上，根据计算结果得到应力最大值为 165.6MPa。

经过 ANSYS 数值分析计算得到反力架各个支撑（图 4-5-5）的水平受力如表 4-5-2 所示。

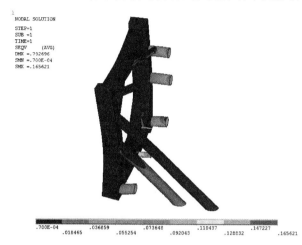

图 4-5-4 Mises 应力分布云图

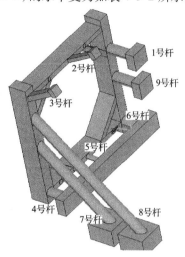

图 4-5-5 杆件编号示意图

各支撑水平力表　　　　表 4-5-2

位置	受力(kN)	位置	受力(kN)	位置	受力(kN)
1号杆	1400.00	4号杆	700.80	7号杆	789.43
2号杆	1320.00	5号杆	1000.00	8号杆	617.56
3号杆	400.80	6号杆	1265.00	9号杆	1700.00

（4）实时监测

通过按 ANSYS 数值模拟分析，选取了反力架受力最大的四个位置作为监测点。在 TBM 掘进过程中，在反力架的支撑上布置了四个应变计，以用来现场监测反力架的真实受力情况，应变计的布置位置如图 4-5-6 所示。实时监测数据见表 4-5-3 和图 4-5-7。

a)

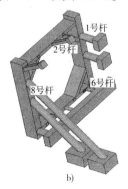

b)

图 4-5-6 应变计位置示意图

实时监测数据 表4-5-3

时间	单护盾TBM施工进度(环)	受力 F(kN)			
		杆1	杆2	杆6	杆8
2015.4.21	0	62.6	334.4	354.3	263.2
2015.4.22	0	15.9	119.5	165.2	118.6
	0	136	106.5	357.4	188.2
2015.4.23	0	78.2	70.0	207.4	168.2
2015.4.24	2、3、4	137.9	331.1	93.1	191.4
		149.6	363.2	122.4	250.6
2015.4.25	4、5、6	269.8	350.9	191.5	174.0
		352.0	547.1	292.5	575.9
		383.7	424.2	348.6	371.3
2015.4.26	7、8	400.4	401.3	312.3	180.8
2015.4.27	9、10、11	399.7	408.6	328.2	135.2
2015.4.28	12、13、14、15	414.2	435.0	378.1	165.6
		355.4	615.1	443.9	344.1
2015.4.29	16、17	408.4	504.2	404.8	176.1
		394.4	527.3	446.7	195.2
2015.4.30	18、19、20	422.8	494.2	452.2	205.0
2015.5.1	21、22	414.2	435.0	378.1	165.6
2015.5.2	23、24	410.3	430.5	372.4	164.3
2015.5.3	25	380.9	432.7	371.4	162.6
2015.5.4	26、27	376.5	424.0	361.0	166.9
		369.6	446.4	361.0	172.8
2015.5.5	28、29	393.6	403.6	329.5	170.5
2015.5.6	30、31、32、33、34	355.7	460.1	300.7	165.1
2015.5.7	35、36、37	378.9	433.7	368.3	180.5
2015.5.8	38、39、40、41、42	386.8	442.6	358.9	185.4
2015.5.9	43、44	400.5	578.0	383.4	202.6
2015.5.10	45、46、47、48、49	390.1	451.3	340.8	186.8
2015.5.11	50、51	386.1	453.9	340.6	188.5
2015.5.12	52、53、54	384.3	452.8	338.2	187.7
2015.5.13	55、56	380.7	450.0	335.7	187.0
2015.5.14	57、58、59、60	382.4	452.2	336.2	186.5
2015.5.15	61	381.3	451.8	336.0	185.7
2015.5.16	62、63、64	383.1	451.7	336.5	186.4

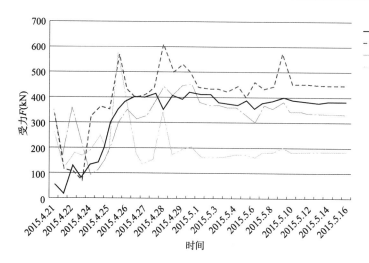

图 4-5-7 实时监测数据分析结果

（5）ANSYS 模拟与实时监测对比分析

根据以上总结的 TBM 数据，可以发现推进荷载基本上都在 500t 左右，所以为了使得实时监测和 ANSYS 数值模拟对比更有价值，再次利用 ANSYS 施加 500t 荷载进行模拟与现场 TBM 推进力为 500t 时监测的数据进行对比，观察结果如图 4-5-8 所示。

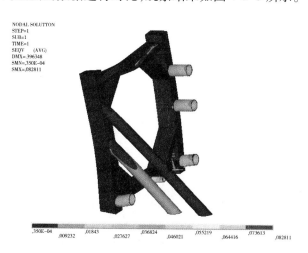

图 4-5-8 同现场模拟 500t 应力分布图

由图 4-5-8 Mises 应力分布图可知，最大的等效应力为 82.811MPa，计算 1、2、6、8 支撑的水平力见表 4-5-4。

支撑水平力计算值   表 4-5-4

位　置	受力（kN）	位　置	受力（kN）
1 号杆	766.76	6 号杆	653.24
2 号杆	823.85	8 号杆	354.75

实时监测时，根据 TBM 统计资料显示，在 2015 年 4 月 28 日，八点左右推进力为 500t，得到监测数据见表 4-5-5。

监测数据值　　　　　　　　　表4-5-5

位置	受力(kN)	位置	受力(kN)
1号杆	355.40	6号杆	443.90
2号杆	615.10	8号杆	344.10

(6)结论

①通过 ANSYS 数值分析模拟500t总推力可以得出反力架的 Mises 应力图,由此可知反力架的受力最大处即薄弱的地方为各支撑与柱子梁的连接处,以此为依据可以布置应变计的位置。

②通过对比 ANSYS 模拟分析各支撑的位置和现场监测的支撑反力可以发现,有不小的差距。原因在于:

a. 根据现场 TBM 数据分析可以知道,在 TBM 进行推进过程中,由于地质条件变化、TBM 姿态调整等,反力架受力十分复杂,所以各组油缸 A、B、C、D 受力并不平均,而 ANSYS 模拟是按照平均分配进行计算,所以会造成一定的影响。

b. 由于应变计测量的只是支撑某一很小位置处的变形,而各个支撑并不是简单的受拉、压变形,而是压、弯、剪力的组合,所以造成即使相同的截面不同的部位也会有很大的应变差值。

③随着掘进作业中不断充填碎石和注浆,推进所需要的反作用力逐渐由管片、碎石、砂浆与周边围岩之间的摩擦力承担,反力架上反作用力随 TBM 推进逐渐减小。根据现场反力架支撑受力监测曲线图,当推进环数为57环时,曲线变化趋于稳定,说明反力架基本不受力,为了保险起见,建议安装管片80环时方可拆除反力架。

4.6　油、脂种类及使用部位

4.6.1　油、脂种类

1)内燃机油

内燃机油也称马达油、发动机油,是一种以矿物基础油或合成基础油为主,加入清净分散剂和抗氧化抗腐蚀添加剂等添加剂调制而成的润滑油。其组成包含分子量为400~800的各种烃类以及少量的含硫、氮、氧等化合物。它有良好的油性,广泛用于各种汽油发动机和柴油发动机的摩擦部位的减摩、防锈和冷却,兼具密封、清洗润滑表面杂质等作用,其用量占润滑油总量的40%以上。

内燃机油是在比较苛刻的条件下工作的,例如高速摩擦的活塞与气缸壁之间(大型发动机在3500~4000r/min时为10~12m/s,小型发动机在3800~4000r/min时为9~11m/s),并且发动机燃烧室的温度变化范围很大,从 -35℃(冬天起动时)到2200℃以上(燃烧时)。因此,它要求具备以下几个主要性能:

(1)黏度

发动机油低温(-5~-30℃)起动黏度一般要求在6000~3000MPa·s范围内,油品在高温高速下(100℃)能保持油膜的最低运动黏度,一般不小于3.8 mm^2/s。否则,容易造成油膜破坏、密封作用不好等问题。润滑油的黏温性能以黏度指数表示。黏度指数高,表示黏度因温度变化而变化较小。一般要求单级油黏度指数为90～105、多级油黏度指数为120～180。

(2)氧化安定性

在油品配方中一般使用二烷基二硫代磷酸锌及其他抗氧化剂,以提高油品的抗氧化性能。

(3)清净分散性

一方面能够抑制氧化胶状物和积炭的生成,另一方面要能将沉积物洗涤下来,使悬浮在油中,从而减小活塞上漆膜和积炭生成倾向。内燃机油清净性主要通过加入磺酸钙(镁)、硫化烷基酚钙、水酸钙和丁二酰亚胺等添加剂实现。

(4)抗磨损性能

即润滑油在金属表面能否保持一层紧密牢固油膜的能力。一般添加硫化酯等油性剂,可以改善油品的抗磨损性能。

2)齿轮油

齿轮油是指用于汽车机械变速器、驱动桥齿轮和传动机构的润滑油。它是以精制润滑油为基础油,加入抗氧化、防腐蚀、防锈、消泡、极压抗磨等多重添加剂调和而成,因此具有良好的润滑性能。它和其他润滑油一样,具有减磨、冷却、清洗、密封、防锈和降噪等作用,但其工作条件与发动机不同,因此对性能要求也有所不同,具体如下:

①使用要求:齿轮油要具有良好的润滑性和较高的挤压性;具有适当的黏度(较发动机机油)和较好的黏温特性;较好的低温流动性;较好的防腐性和抗氧化安全性;良好的抗泡性。

②性能要求:对齿轮油的性能要求主要有黏度、黏温特性和抗磨性几个指标。齿轮油的黏度应使传动机构工作时消耗于油内摩擦的能量很少,同时又能保证齿轮及轴承摩擦面不产生擦伤及噪声、油封及接合面不漏油;抗磨性是指油品保持在运动部件间的油膜,防止金属与金属相接触的能力;齿轮油的极压抗磨性,可用油的负荷承载能力来评定。

(1)注意事项

①不要混淆机油和齿轮油的 SAE 分类标号。②绝不能用普通齿轮油代替准双曲面齿轮油,准双曲面齿轮齿间滑动非常大,普通齿轮油无法保持足够的润滑油膜,如果在其间使用了普通齿轮油,准双曲面齿轮将很快损坏。③不要误认为高黏度齿轮油的润滑性能好。使用黏度标号太高的齿轮油,将会使燃料消耗量显著增加。④油量应适当,不可过多也不可过少。过多不仅增加搅油阻力和燃料消耗,而且有可能齿轮油经后桥壳混入制动鼓(如果密封不良)造成制动失灵;过少会使润滑不良,温度过高,加速齿轮磨损。齿轮油面一般应加到与齿轮箱加油口下缘平齐。⑤合理使用齿轮油。齿轮油的使用寿命较长,一般车辆行驶20000～25000km 更换一次齿轮油。换油时应趁热放出旧油,加油时应防止水分和杂质混入。⑥齿轮油使用禁忌。在使用中,严禁向齿轮油中加入柴油等进行稀释,也不要在冬季起动车时烘烤后桥、变速器,以免齿轮油严重变质。冬季寒冷气候条件下应使用低黏度的多级齿轮油。

(2)分类

①L-CKB 抗氧化防锈型(普通工业齿轮油)由精制矿物油加入抗氧化、防锈添加剂调配而成,有严格的抗氧化、防锈、抗泡、抗乳化性能要求,适用于一般轻负荷的齿轮润滑。

②L-CKC 极压型(中负荷工业齿轮油)由精制矿物油加入抗氧化、防锈、极压抗磨剂调配而成,比 CKB 具有较好的抗磨性,适用于中等负荷的齿轮润滑。

③L-CKD 极压型(重负荷工业齿轮油)由精制矿物油加入抗氧化、防锈、极压抗磨剂调配

而成,比 CKC 具有更好的抗磨性和热氧化安定性,适用于高温下操作的重负荷的齿轮润滑。

④L-CKE 蜗轮蜗杆(蜗轮蜗杆油)由精制矿物油或合成烃加入油性剂等调配而成,具有良好的润滑性和抗氧化、防锈性能,适用于蜗轮蜗杆润滑。

⑤L-CKT 合成烃极压型(低温中负荷工业齿轮油)以合成烃为基础油,加入同 CKC 相似的添加剂,性能除具有 CKC 的特性外,有更好的低温、高温性能,适用于高、低温环境下的中负荷齿轮润滑。

⑥L-CKS(合成烃齿轮油)以合成油或半合成油为基础油加入各种相应的添加剂,适用低温、高温或温度变化大、耐热、耐燃、耐化学品以及其他特殊场合的齿轮传动润滑。

3)润滑脂

润滑脂实际上是一种稠化了的润滑油,是将稠化剂分散于液体润滑剂中所组成的一种稳定的固体或半固体产品。汽车润滑脂主要用于汽车轮毂轴承及底盘各活络关节处的润滑。

(1)性能要求

根据汽车用脂部位的工作条件,对其性能的基本要求是:适当的稠度、良好的高低温性能,以及抗磨性、抗水性、防锈性、防腐性和安定性。

①稠度:稠度是指润滑油的浓稠程度,可用锥入度表示。②良好的耐热性:润滑脂的温度对其流动性有很大影响,当温度上升,润滑脂变软,熔融时会从摩擦表面流失而失去润滑作用,因此润滑脂应具有很强的附着能力,要求在温度升高时也不易流失。③抗磨性:润滑脂抗磨性意义与润滑油一样。润滑脂的稠化剂本身就是油性剂,因此润滑脂的抗磨性一般比基础油要好。④抗水性:抗水性差的润滑脂,遇水后稠度下降,甚至乳化而流失。汽车在雨天和涉水行驶时,底盘各摩擦点可能与水接触。要求使用抗水性能良好的润滑脂。

(2)注意事项

①推荐使用锂基润滑脂。锂基脂为外观发亮的奶油状油膏,有良好的低温性、抗磨性、抗水性、抗腐蚀性和热氧化安定性,是目前最常用的一种多效能的润滑脂。

②保持清洁。涂脂前零件要清洗干净,不同种类的润滑脂不能混用,新旧润滑脂不能混用,在换润滑脂时,一定要把废旧润滑脂清洗干净,才能加入新润滑脂。

③用量适当。更换轮毂轴承润滑脂时,只要在轴承的滚珠(或滚柱)之间塞满润滑脂,而轮毂内腔采用"空毂润滑",即在轮毂内腔仅仅薄薄地涂上一层润滑脂,起防锈作用即可。不应采用"满毂润滑",即把润滑脂装满轮毂内腔。这样即不科学,又很浪费,还可能会因轮毂过热而使润滑脂流到制动摩擦片表面,造成制动失灵,影响行车安全。

(3)分类

润滑脂的种类有:钙基润滑脂、钠基润滑脂、钙钠基润滑脂、通用锂基润滑脂、汽车通用锂基润滑脂、极压锂基润滑脂、石墨钙基润滑脂等,见表4-6-1。

润滑脂的种类和使用范围　　　　表 4-6-1

品　种	特　性	使用范围
钙基润滑脂	抗水性好,耐热性差,使用寿命短	最高使用温度范围为 −10~60℃,适用于汽车轮毂轴承、底盘拉杆球节、水泵轴承等部位
钠基润滑脂	耐热性好,抗水性差,有较好的极压减磨性能	使用温度可达120℃,只适用于低速高负荷轴承,不能用在潮湿环境或水接触部位

续上表

品　种	特　性	使　用　范　围
钙钠基润滑脂	耐热性、抗水性介于钙基和钠基脂之间	使用温度不高于100℃，不宜于低温下使用，适用于不太潮湿条件下滚动轴承，如底盘、轮毂等处的轴承
复合钙基润滑脂	较好的机械安定性和胶体安定性，耐热性好	适用于较高温度及潮湿条件下润滑大负荷工作的部件，如汽车轮毂轴承等处的润滑，使用温度可达150℃左右
通用锂基润滑脂	具有良好的抗水性、机械安定性、防锈性和氧化安定性	适用于 -20~120℃温度范围内各种机械设备的滚动和滑动轴承及其他摩擦部位的润滑，是一种长寿命通用润滑脂
汽车通用锂基润滑脂	良好的机械安定性、胶体安定性、防锈性、氧化安定性、抗水性	适用于 -30~120℃下汽车轮毂轴承、水泵、发电机等各摩擦部位润滑，国产和进口车辆普遍推荐用此油脂
极压锂基润滑脂	有极高极压抗磨性	适用于 -20~120℃下高负荷机械设备的齿轮和轴承的润滑，部分国产和进口车辆推荐使用
石墨钙基润滑脂	具有良好的抗水性和抗碾压性能	适用于重负荷、低转速和粗糙的机械润滑，可用于汽车钢板弹簧、起重机齿轮转盘等承压部位

4）液压油

液压油就是利用液体压力能的液压系统使用的液压介质，在液压系统中起着能量传递、抗磨、系统润滑、防腐、防锈、冷却等作用。对于液压油来说，首先应满足液压装置在工作温度下与启动温度下对液体黏度的要求，由于润滑油的黏度变化直接与液压动作、传递效率和传递精度有关，还要求油的黏温性能和剪切安定性应满足不同用途所提出的各种需求。液压油的种类繁多，分类方法各异，长期以来，习惯以用途进行分类，也有根据油品类型、化学组分或可燃性分类的。这些分类方法只反映了油品的用途，但缺乏系统性，也难以了解油品间的相互关系和发展。

（1）性能要求

汽车及工程机械等的液压系统使用液压油作为工作介质，这类液压系统中油液的流速不大而压力较高，故称为静压传动。液压油质量的优劣将在很大程度上影响液压系统的工作可靠性和使用寿命。通常对液压油的质量要求有如下几点：

①适宜的黏度及良好的黏温性能，以确保在工作温度发生变化的条件下能准确、灵敏地传递动力，并能保证液压元件的正常润滑。

②具有良好的防锈性及抗氧化安定性，在高温高压条件下不易氧化变质，使用寿命长。

③具有良好的抗泡沫性，使油品在受机械不断搅拌的工作条件下，产生的泡沫易于消失以使动力传递稳定，避免液压油的加速氧化。

（2）注意事项

①保证液压油不在高温下使用，油品在高温下很快会氧化变质。②液压站上的空气过滤器要采用既能过滤颗粒的也能过滤水分的过滤器。③采用精密滤芯过滤液压油，使油品的污染度长期保持在 NAS<8 级，设备自带的滤芯一般精度太差，不能保证液压油的洁净度。④离心脱水/真空脱水（对于有水分的油站）。⑤定期做油品检测。⑥防止空气进入油中，油泵吸油口应密封可靠，油箱中的吸油管不可离油面太近，系统的最高点应设排气阀，放出油中的游离空气。⑦油箱的合理设计，吸油管应远离回油管，避免使用对油的氧化起催化作用的铅、锌、铜等材料，油箱内要涂耐油的防锈漆，油箱中的冷却器不能漏水。

(3)分类

根据《润滑剂、工业用油和相关产品（L类）的分类 第2部分：H组（液压系统）》（GB/T 7631.2—2003）将液压油分为L-HL抗氧防锈液压油、L-HM抗磨液压油（高压、普通）、L-HV低温液压油、L-HS超低温液压油、L-HG液压导轨油，主要几类见表4-6-2。

液压油主要分类及规格用途　　　　　　　　　　表4-6-2

序号	分类	规格	用途	备注
1	HL类型	HL液压油是由精制深度较高的中性基础油，加抗氧和防锈添加剂制成的。HL液压油按40℃运动黏度可分为15、22.32、46、68、100六个牌号	HL液压油主要用于对润滑油无特殊要求，环境温度在0℃以上的各类机床的轴承箱、低压循环系统或类似机械设备循环系统的润滑。它的使用时间比机械油可延长一倍以上。该产品具有较好的橡胶密封适应性，其最高使用温度为80℃	
2	HM类型	抗磨液压油（HM液压油）是从防锈、抗氧液压油基础上发展而来的，它有碱性高锌、碱性低锌、中性高锌及无灰型等系列产品，它们均按40℃运动黏度分为22、32、46、68四个牌号	抗磨液压油主要用于重负荷、中压、高压的叶片泵、柱塞泵和齿轮泵的液压系统J目YB-D25叶片泵、PF15柱塞泵、CBN-E306齿轮泵、YB-E80/40双联泵等液压系统。用于中压、高压工程机械、引进设备和车辆的液压系统。如电脑数控机床、隧道掘进机、履带式起重机、液压反铲挖掘机和采煤机等的液压系统。除适用于各种液压泵的中高压液压系统外，也可用于中等负荷工业齿轮（蜗轮、双曲线齿轮除外）的润滑。其应用的环境温度为-10~40℃。该产品与丁腈橡胶具有良好的适应性	
3	HG类型	HR液压油是在环境温度变化大的中低压液压系统中使用的液压油。该油具有良好的防锈、抗氧性能，并在此基础上加入了黏度指数改进剂，使油品具有较好的黏温特性。该类油由于用量小，至今尚未大力开发。HG液压油原为普通液压油中的32G和68G，曾用名为液压导轨油，该产品是在HM液压油基础上添加油性剂或减磨剂构成的一类液压油。该油不仅具有优良的防锈、抗氧、抗磨性能，而且具有优良的抗黏滑性。该产品主要适用于各种机床液压和导轨合用的润滑系统或机床导轨润滑系统及机床液压系统。在低速情况下，防爬效果良好	

4.6.2 重庆某TBM项目所用油脂

（1）TBM主要用油介绍（220齿轮油、320齿轮油、EP2、46#液压油）见表4-6-3。

单台TBM设备主要用油情况　　　　　　　　　　表4-6-3

序号	油品	使用部位	消耗量	数量	备注
1	220齿轮油（L-CKD是重负荷工业闭式齿轮油。220是其牌号或黏度等级）	TBM主驱动减速机	10.5L	7	
2		管片拼装机减速机	5.5L	2	
3		管片拼装机减速机制动器	0.3L	2	
4		皮带机减速机	12L	1	
5		砂浆罐减速机	22.5L	1	
6		双水管卷筒减速机	33.5L	1	
7		污水泵联轴器	1L	1	

续上表

序号	油 品	使用部位	消耗量	数量	备注
8	320齿轮油（L-CKD是重负荷工业闭式齿轮油。320是其牌号或黏度等级）	主驱动变速箱	300L	1	
9	46#液压油（L-HM是品种代号46是黏度等级）	铰接系统 拼装系统 辅助系统 冷却循环过滤系统	4000L		
10		刀盘中心回转接头	10~20mL	2	每天
11		盾体推进轴承	100mL	30	每周
12		盾体铰接油缸关节轴承	10mL	28	每周
13		盾尾铰接密封	10~20mL	6	每天
14	EP2（MobiluxEPNLGI稠度等级2）	主驱动外密封	150mL/(H·每路)	8	连续润滑
15		主驱动内密封	150mL/(H·每路)	8	连续润滑
16		主驱动电机轴承	100g	14	3个月
17		拼装机红蓝缸衬套	10mL	2	每周
18		拼装机红蓝缸缸体	700mL	2	每周
19		拼装机轴向平移油缸	10mL	4	每周
20		拼装机回转摆动油缸	10mL	4	每周
21		拼装机轨道	表面涂抹均匀	2	每天
22		拼装机滚轮	100mL	8	每周
23		拼装机回转支撑	直至旧油挤出	8	每天
24		拼装机举重钳轴承	10~15mL	1	3d
25		拼装机举重钳滑道	内表面涂抹均匀	1	每周
26		拼装机轭架伸缩	10~15mL	4	3d
27	EP2（MobiluxEPNLGI稠度等级2）	拼装机移动架观察窗	250mL	2	每周
28		喂片机输送油缸	10mL	2	每周
29		喂片机拖拉油缸	10mL	2	每周
30		双轨梁链条	表面涂抹均匀	2	3d
31		后配套拖拉油缸	10mL	2	每周
32		砂浆罐轴端总成	2.5ml/min		随搅拌一起
33		砂浆罐轴承	挤出见新油	2	3d
34		皮带机前后滚筒	挤出见新油	6	3d
35		车轮	挤出见新油	40	每周
36		油脂吊机	挤出见新油	1	每周

(2)龙门吊用油介绍(220 齿轮油、极压抗磨锂基脂)见表 4-6-4。

单台龙门吊主要用油情况　　　　　表 4-6-4

序号	油　　品	使 用 部 位	消 耗 量	数量
1	220 齿轮油(L-CKD 是重负荷工业闭式齿轮油。220 是其牌号或黏度等级)	龙门吊大钩减速机	80L	1
2		龙门吊小钩减速机	50L	1
3		龙门吊小车行走减速机	10L	2
4		龙门吊大车行走减速机	50L	2
5	极压抗磨锂基脂	龙门吊大车行走轮	直至旧油全部挤出	16
6		龙门吊小车行走轮	直至旧油全部挤出	8
7		龙门吊大钩	直至旧油全部挤出	6
8		龙门吊小钩	直至旧油全部挤出	3

(3)铲车用油介绍(46#液压油、极压抗磨锂基脂)见表 4-6-5。

铲　车　用　油　情　况　　　　　表 4-6-5

序号	油　　品	使 用 部 位	消 耗 量	数量
1	46#液压油	铲车液压油缸	15L	1
2	极压抗磨锂基脂	铲车铲斗臂	直至旧油全部挤出	14
3		铲车转向轴承	直至旧油全部挤出	4

(4)叉车用油介绍(46#液压油、极压抗磨锂基脂)见表 4-6-6。

叉车用油情况　　　　　表 4-6-6

序号	油　　品	使 用 部 位	消 耗 量	数量
1	46#液压油	叉车液压油缸	15L	1
2	极压抗磨锂基脂	叉车货叉	直至旧油全部挤出	8
3		叉车车轮	直至旧油全部挤出	2

(5)电瓶车用油介绍(320 齿轮油、极压抗磨锂基脂)见表 4-6-7。

单台电瓶车用油情况　　　　　表 4-6-7

序号	油　　品	使 用 部 位	消 耗 量	数量
1	320 齿轮油(L-CKD 是重负荷工业闭式齿轮油。320 是其牌号或黏度等级)	减速机		2
2	极压抗磨锂基脂	电瓶车车轮	直至旧油全部挤出	44
3		电瓶车万向节	直至旧油全部挤出	2

4.6.3　与同类工程设备油脂应用比较

(1)土压盾构掘进施工标段

重庆某项目采用铁建重工生产的土压平衡式盾构进行掘进施工,其在油脂方面的运用

第4章 掘进生产辅助

相对重庆 TBM 项目而言有所不同,掘进过程中同步向掌子面泵送由泡沫剂和水按 2:100 比例配置的混合液,用以对掌子面土壤性质进行软化改良,如图 4-6-1~图 4-6-4 所示。

图 4-6-1 盾尾密封油脂

图 4-6-2 土壤改良泡沫剂

图 4-6-3 2 号台车处油脂泵位置图

图 4-6-4 土壤改良剂混合及泵送系统

重庆 TBM 项目采用单护盾 TBM 过程中仅使用齿轮润滑油脂(EP2)部分,此项目中使用的土压平衡式盾构机在利用泡沫剂进行土壤改良的基础上,在盾体密封方面使用盾前主驱动密封油脂、盾尾密封油脂和齿轮润滑油脂(EP2)三部分。相比于土压平衡式盾构机,单护盾 TBM 在油脂方面的用量对比细节如表 4-6-8 所示。

油脂消耗简单对比　　　　　　　　　表 4-6-8

材料类型	用量	成本	每环油脂成本(元)	
泡沫剂	65L/环	5 元/L	325	土压盾构油脂对比 TBM 油脂成本差
盾尾密封油脂	17kg/环	13.5 元/kg	229.5	
EP2	5kg/环	19 元/kg	95	799.5 元/环
黑油脂	7kg/环	35 元/kg	245	

(2)同类工程盾构施工项目油脂消耗情况

重庆某项目采用土压盾构机施工的地铁隧道,两个工程在泡沫剂及油脂消耗等方面基本一致。该项目采用土压平衡式盾构进行掘进施工,掘进过程中同步向掌子面泵送由泡沫剂和水按 2:100 比例配置的混合液,用以对掌子面土壤性质进行软化改良,具体现场图如图 4-6-5~图 4-6-12 所示。

图 4-6-5　泡沫剂原液存储区

图 4-6-6　盾尾密封油脂

图 4-6-7　台车处泡沫剂原液箱位置图

图 4-6-8　EP2 位置图

图 4-6-9　主轴承密封油脂

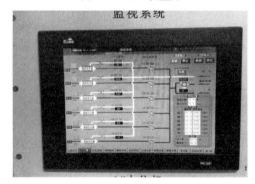
图 4-6-10　泡沫发生剂操作界面

图 4-6-11　膨润土等监控系统

图 4-6-12　盾尾密封及盾壳膨润土操作系统

第4章 掘进生产辅助

土压平衡式盾构机在油脂方面的用量分析表如表4-6-9、表4-6-10所示。

油脂用量分析表　　　　　　　　　　　　　　表4-6-9

项　目	单位	A环	B环	C环	平均用量
盾尾油脂用量	kg	37	37	38	37.3
主轴承密封油脂用量	kg	8	6.9	7.4	7.4
泡沫剂用量	kg	49.6	54.8	49.6	51.3
EP2	kg	5环使用12kg			2.4

油脂消耗成本分析表　　　　　　　　　　　　表4-6-10

项　目	用量	成本	每环油脂成本	油脂及泡沫剂成本
盾尾油脂用量	37.3kg/环	5元/L	186.5元/环	1345.1元/环
主轴承密封油脂用量	7.4kg/环	13.5元/kg	99.9元/环	
泡沫剂用量	51.3kg/环	19元/kg	974.7元/环	
EP2	2.4kg/环	35元/kg	84/环	

4.6.4　各种油脂的执行标准

油脂执行标准见表4-6-11。

油脂执行标准　　　　　　　　　　　　　　表4-6-11

序　号	油品	执行标准
1	液压油	GB 11118.1—2011
2	齿轮油	GB 5903—2011
3	盾尾油脂	ISO 6743/9
4	EP2	DIN51825:(2004-06)　KP2K-30
5	极压抗磨锂基脂	GB 7323—2008
6	盾构HBW(刀盘密封)	

(1)液压油检测频率、标准

L-HM-46抗磨液压油(高压)。

L-HM:品种代号;46:黏度等级;检测频率:三个月。

具体见表4-6-12和表4-6-13。

液压油检测频率、标准　　　　　　　　　　　表4-6-12

项　目	质量指标										实验方法
	L-HM(高压)				L-HM(普通)						
黏度等级(GB/T 3141)	32	46	68	100	22	32	46	68	100	150	
密度^a(20℃)(kg/m³)	报告				报告						GB/T 1884和GB/T 1885
色度(号)	报告				报告						GB/T 6540
外观	透明				透明						目测

续上表

项　　目		质量指标									实验方法
		L-HM(高压)				L-HM(普通)					
黏度等级(GB/T 3141)		32	46	68	100	22	32	46	68	100	150	
闪点(℃) 开口　　不低于		175	185	195	205	165	175	185	195	205	215	GB/T 3536
运动 黏度 (mm²/s)	40℃	28.8～ 35.2	41.4～ 50.6	61.2～ 74.8	90～ 110	19.8～ 24.2	28.8～ 35.2	41.4～ 50.6	61.2～ 74.8	90～ 110	135～ 165	GB/T 265
	0℃不大于	—	—	—	—	300	420	780	1400	2560	—	
黏度指数[b]　不小于		95				85						GB/T 1995
倾点[c](℃)　不高于		-15	-9	-9	-9	-15	-15	-9	-9	-9	-9	GB/T 3535
酸值[d](以 KOH 计) (mg/g)		报告				报告						GB/T 4945
水分(质量分数)(%) 不大于		痕迹				痕迹						GB/T 260
机械杂质		无				无						GB/T 511
清洁度		e				e						DL/T 432 和 GB/T 14039
铜片腐蚀(100℃,3h) (级)　不大于		1				1						GB/T 5096
硫酸盐灰分(%)		报告				报告						GB/T 2433
液相锈 蚀(24h)	A 法	—				无锈						GB/T 11143
	B 法	无锈										

L-HM 抗磨液压油(高压、普通)的技术要求和实验方法　　　　表 4-6-13

项　　目		质量指标									实验方法
		L-HM(高压)				L-HM(普通)					
黏度等级(GB/T 3141)		32	46	68	100	22	32	46	68	100	150	
泡沫型(泡 沫倾向/泡 沫稳定性) (mL/mL)	程序Ⅰ(24℃)不大于	150/0				150/0						GB/T 12579
	程序Ⅱ(93.5℃)不大于	75/0				75/0						
	程序Ⅲ(后24℃)不大于	150/0				150/0						
空气释放值(50℃)(min)不大于		6	10	13	报告	5	6	10	13	报告	报告	SH/T 0308
抗乳化性 (乳化液到 3mL 的时 间)(min)	54℃　不大于	30	30	30	—	30	30	30	30	—	—	GB/T 7305
	82℃　不大于	—	—	—	30							
密封适应性指数　不大于		12	10	8	报告	13	12	10	8	报告	报告	SH/T 0305

续上表

项 目		质 量 指 标										实验方法
		L-HM(高压)				L-HM(普通)						
黏度等级(GB/T 3141)		32	46	68	100	22	32	46	68	100	150	
氧化安定性 1500h 后总酸值(以 KOH 计) (mg/g)不大于 1000h 后总酸值(以 KOH 计) (mg/g)不大于 1000h 后油泥(mg)		2.0 — 报告				— 2.0 报告						GB/T 12581 GB/T 12581 SH/T 0565
抗磨性	旋转氧弹(150℃) (min)	报告				报告						SH/T 0193
	齿轮机实验[f](失效级) 不小于	10	10	10	10	—	10	10	10	10	10	SH/T 0306
	叶片泵实验(100h,总 失重)[f](mg)不大于	—	—	—	—	100	100	100	100	100	100	SH/T 0307
	磨斑直径(392N,60min, 75℃,1200r/min)(mm)	报告				报告						SH/T 0189
	双泵(T6H20C)实验[f] 叶片和柱销总失重(mg) 不大于柱塞总失重(mg) 不大于	15 300				—						
水解安定性 铜片失重(mg/cm²) 不大于 水层总酸度(以 KOH 计)(mg) 不大于铜片外观		150/0 75/0 150/0				150/0 75/0 150/0						GB/T 12579
热稳定性(135℃,168h) 铜棒失重(mg/200mL) 不大于 钢棒失重(mg/200mL) 总沉渣重(mg/100mL) 不大于 40℃运动黏度变化率(%) 酸值变化率(%) 铜棒外观 钢棒外观		6	10	13	报告	5	6	10	13	报告	报告	SH/T 0308
过滤性 (s)	无水 不大于	30	30	30	—	30	30	30	30	—	—	GB/T 7305
	2%水[g] 不大于	—	—	30	—	—	—	—	—	30	30	
剪切安定性(250次循环后,40℃ 运动黏度下降率)(%) 不大于		12	10	8	报告	13	12	10	8	报告	报告	SH/T 0305

续上表

项 目	质量指标										实验方法
	L-HM(高压)				L-HM(普通)						
黏度等级(GB/T 3141)	32	46	68	100	22	32	46	68	100	150	

a 测定方法也包括用 SH/T 0604；
b 测定方法也包括用 GB/T 2541。结果又争议时，以 GB/T 1995 为仲裁方法；
c 用户有特殊要求时，可与生产单位协商；
d 测定方法也包括用 GB/T 264；
e 由供需双方协商确定，也包括用 NAS1638 分级；
f 对于 L-HM(普通)油，在产品定型时，允许只对 L-HM22(普通)进行叶片泵实验，其他各黏度等级油所含功能剂类型和量应与产品定型时 L-HM22(普通)实验油样相同。对于 L-HM(高压)油，在产品定型时，允许只对 L-HM32(高压)进行齿轮机实验和双泵实验，其他各黏度等级油所含功能剂类型和量应与产品定型时 L-HM32(高压)实验油相同；
g 有水时的过滤时间不超过无水时的过滤时间的两倍

(2) 齿轮油检测频率、标准

L-CKD-220/L-CKD-320。

L-CKD 品种代号；220/320 黏度等级；检测频率：2000h。

具体见表4-6-14。

齿轮油检测频率、标准　　　　表4-6-14

项 目	质量指标								实验方法
黏度等级(GB/T 3141)	68	100	150	220	320	460	680	1000	
运动黏度(40℃)(mm^2/s)	61.2~74.8	90.0~110	135~165	198~242	288~352	414~506	612~748	900~1100	GB/T 265
外观	透明								目测[1]
运动黏度(100℃)(mm^2/s)	报告								GB/T 265
黏度指数　不小于	90								GB/T 1995[2]
表观黏度达 150000Pa·s 时的温度(℃)	3								GB/T 11145
倾点(℃)　不高于	-12			-9			-5		GB/T 3535
闪点(开口)(℃)　不低于	180			200					GB/T 3536
水分(质量分数)(%)　不大于	痕迹								GB/T 260
机械杂质(质量分数)(%)　不大于	0.02								GB/T 511
泡沫型(泡沫倾向/泡沫稳定性)(mL/mL)	程序Ⅰ(24℃)不大于	50/0						75/10	GB/T 12579
	程序Ⅱ(93.5℃)不大于	50/0						75/10	
	程序Ⅲ(后24℃)不大于	50/0						75/10	
铜片腐蚀(100℃,3h)(级)不大于	1								GB/T 5096

续上表

项　　目		质　量　指　标								实验方法
黏度等级（GB/T 3141）		68	100	150	220	320	460	680	1000	
抗乳化性(82℃) 油中水（体积分数）(%)　不大于 乳化层(mL)　不大于 总分离水(mL)　不小于		2.0 1.0 80.0						2.0 4.0 50.0		GB/T 8022
液相锈蚀(24h)		无锈								GB/T 11143 （B法）
氧化安定性(121℃,312h) 100℃运动黏度增长(%)　不大于 沉淀值(mL)		6 0.1						报告 报告		SH/T 0123
极压性能（梯姆肯实验机法） OK负荷值(N)(1b)　不小于		267(60)								GB/T 11144
承载能力 齿轮机实验（失效级）　不小于		12				>12				SH/T 0306
剪切安定性（齿轮机法） 剪切后40℃运动黏度(mm^2/s)		在黏度等级范围内								SH/T 0200
四球机 实验	烧结负荷(P_D)/N(kgf) 　　不小于	2450(250)								GB/T 3142 SH/T 0189
	综合磨损指数/N(kgf) 　　不小于	441(45)								
	磨斑直径(196N,60min,54℃, 1800r/min)(mm)　不大于	0.35								

注：1 取30～50mL样品，倒入洁净的量筒中，室温下静置10min后，在常光下观察。

2 测定方法也包括GB/T 2541。结果有争议时，以GB/T 1995为仲裁方法。

3 此项目根据客户要求进行检测。

第5章 掘进施工技术

5.1 掘进参数选择及常见问题

5.1.1 工程地质条件

根据重庆的工程地质和水文地质勘察情况,重庆TBM项目区间隧道地质参数如表5-1-1所示。

区间隧道岩土力学参数表　　　　表 5-1-1

岩石名称	素填土	Ⅳ级围岩砂岩		Ⅲ级围岩砂岩		Ⅳ级围岩砂质泥岩		结构面
		强风化	中风化	强风化	中风化	强风化	中风化	
重度(kN/m³)	20*	23*	25.0	23*	24.9	23.5*	25.7	—
自然抗压强度(MPa)		—	25.4		39.0		9.0	
饱和抗压强度(MPa)		—	16.5		28.5		5.5	
内聚力 C (kPa)	28(综合 μ)		1308		2073		588	50
内摩擦角 φ (°)			40.5		42.2		33.2	18
抗拉强度(kPa)		—	340		620		148	—
弹性模量(MPa)			2364		4922		1123	
变形模量(MPa)			1975		4171		863	
泊松比 u			0.21		0.13		0.39	
岩质地基本承载力(kPa)		450*	2000	450*	2500	350*	900	
弹性反力系数 K (MPa/m)		—	300		500		200	
岩土体与铺固体黏结强度(MPa)		0.1*	0.3	0.1	0.5	0.08*	0.2	
围岩与圬工的摩擦系数		0.4*	0.45	0.4*	0.55	0.35*	0.40	
导热系数[W/(m·K)]		—	2.31		2.31	—	1.77*	
热容比[MJ/(kg·℃)]		—	0.86		0.86		0.88*	

注:带 * 号数据为经验值。

5.1.2 设备设计参数

根据设备制造厂家提供的设备设计参数,具体参数如表5-1-2所示。

第5章 掘进施工技术

TBM设备设计参数表　　　　　　　　　　　　　　　表5-1-2

刀盘转速（r/min）	刀盘扭矩（kN·m）	推进速度（mm/min）	总推进力（kN）	备注
0~5.34	0~5510	0~120	0~39886	

5.1.3 掘进参数统计

根据TBM在掘进过程中的正常掘进参数及姿态统计，经过汇总、分析，具体掘进参数及姿态控制情况如表5-1-3和表5-1-4所示。

TBM掘进参数统计表　　　　　　　　　　　　　　　表5-1-3

岩层	刀盘转速（r/min）	刀盘扭矩（kN·m）	推进速度（mm/min）	贯入度（mm/r）	总推进力（kN）	加水量（m³）
砂质泥岩	2.8~3.2	1537~3014	35~53	10.8~15.3	5600~7500	0.8~1.0
砂岩	2.6~3.0	2473~3267	28~42	9.6~13.5	6500~8900	0.4~0.5

注：本表中的参数根据现场掘进参数记录表进行汇总。

TBM掘进姿态统计表　　　　　　　　　　　　　　　表5-1-4

岩层	TBM姿态（mm）			仰角值（mm/m）	备注
	盾体	前端	后端		
砂质泥岩	左右偏差	-24	-2	5	
	垂直偏差	11	-25		
	左右偏差	10	25	4	
	垂直偏差	4	-21		
砂岩	左右偏差	0	22	6	
	垂直偏差	2	-23		
	左右偏差	-10	18	5	
	垂直偏差	8	-25		

5.1.4 掘进参数选择

1）掘进模式及参数选择

TBM掘进时，掌子面自稳性好，一般为全断面中风化或微风化岩石，不易发生坍塌，掘进可以在半敞开或完全敞开模式下进行。掘进时不易引起地表沉降，在掘进施工过程中要做好对盾构刀盘刀具的保护。

（1）刀盘转速的选择。在掘进中滚压破岩时刀具受到的压力较大，为使刀具在瞬时受到的冲击力不超过安全荷载25t，控制刀盘的转速在3.0r/min左右。

（2）推力的选择。掘进时，采用滚刀进行破岩，其破岩形式属于滚压破碎岩石，滚动产生冲击压碎和剪切碾碎的作用达到破碎岩石的目的。一般情况下在滚压破碎中推力是主要的参数，决定了扭矩以及其他参数。掘进过程中扭矩一般控制在1500~3000kN·m。在掘进中油缸的推力同样是控制掘进速度的重要手段，岩层中掘进速度应控制在20~40mm/min，在兼顾扭矩与掘进速度的同时对油缸推力进行调节，掘进油缸推力在10000kN以下，见图5-1-1。

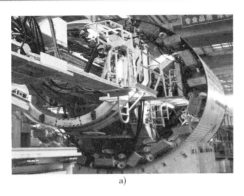 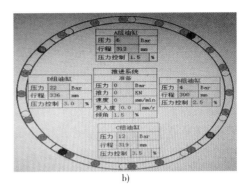

图 5-1-1　推进系统控制图

(3)随时观察渣土的颜色和形状,来确定渣土的石质及粒径。结合油缸推力、掘进速度、TBM 各系统温度等参数,来判断前方地层的硬度。根据以上信息及时选择正确的掘进参数,并保证设备在正常荷载下工作不被损坏。

(4)掘进时 TBM 容易产生较大的轴向偏差,在偏差值将要超出 ±8mm 时,可以根据偏差值选择刀盘转向对轴向偏差值进行调节。当偏差值为负值时,应逆时针旋转刀盘减少偏差值,偏差值为正值时,顺时针旋转刀盘减少盾体的轴向偏差。

(5)在掘进时,TBM 通过油缸调整方向,调向不及时,与设计隧道轴线产生较大偏差,水平、垂直偏差不允许超过 ±50mm。

2)不同地质条件掘进参数选择

重庆市地铁隧道穿越的围岩基本为砂质泥岩和砂岩,根据岩土力学参数表可知,砂质泥岩的抗压强度为 9.0MPa 左右,属于软岩,砂岩的抗压强度为 39.0MPa 左右,属于硬岩。根据掘进参数关系可知,推进速度/刀盘转速 = 贯入度,且推进速度靠推力控制。

(1)砂质泥岩地层

在砂质泥岩中掘进时,刀盘切削岩层较容易,推力达到 5600～7900kN,推进速度在 28～32 mm/min 时,属于正常掘进参数。当推力过小,掘进速度低,施工进度慢,并且由于地层较软,掌子面对刀具产生的阻力小于刀具的启动扭矩,导致刀具出现偏磨;推力过大,掘进速度快,由于地层软,在掘进过程中,TBM 姿态难以控制,效果不佳。

刀盘转速过小,推进速度不变时,刀盘扭矩会增大,增加对 TBM 主驱动损坏风险,主驱动出现故障,处理难度大,情况复杂,且时间长、费用高。在保证刀盘扭矩不变的情况下,推进速度要减小,导致贯入度小,刀具磨损快,且施工进度慢。刀盘转速过大,推进速度不变时,贯入度小,刀具磨损快,容易出现刀具偏磨等现象。在保证贯入度的前提下,推进速度增大,姿态调整难于控制。

(2)砂岩地层

在砂岩中掘进时,刀盘切削岩层困难,推力达到 6500～8900kN 时,推进速度在 26～30mm/min,推力过小,推进速度低,施工进度慢,且刀具磨损快,推力过大,由于地层硬,刀具切削岩体困难,超过刀具额定承载力,导致刀具损坏。

刀盘转速过小,相应的推进速度也要随着降低,施工进度慢,刀盘转速过大,推进速度不变的情况下,贯入度小,刀具磨损快,推进速度增大。推进速度是通过推力来控制,推力增大,贯入度增大,超过岩体的实际贯入度,刀具切削岩体困难,刀具与掌子面的压力超过刀具的承载力,导致刀具损坏。

(3) 砂质泥岩与砂岩交替地层

在砂质泥岩与砂岩交替的地层中掘进时,刀盘和刀具的受力是不均匀的。砂岩部位受的力大,砂质泥岩部位则相对要小得多,而且由于掘进范围内的砂岩强度高,阻止了掘进速度。如果推力过大,势必造成部分刀具损坏甚至刀座和刀盘变形,同时也容易造成刀盘卡死。

因此,在软硬不均的地层中掘进时,刀盘转速不能快,应慢速均匀向前推进,以保证受力均匀。根据经验,刀盘转速在 2.2~2.5r/min 为宜,掘进推力一般控制在 7200~7800kN。

(4) 刀盘加水

刀盘加水是为了降低粉尘、刀盘温度及改变渣土的流塑性,在砂质泥岩地层中掘进时,由于砂质泥岩遇水会变软,加水之后,便于刀盘切削岩层,且在切削岩层过程中,可以降低刀盘及刀具温度。砂质泥岩在掘进时粉尘大,刀盘加水可以降低粉尘,刀盘加水过多,渣土过稀,皮带输送渣土能力降低,且输送过程中沿皮带掉落泥浆,隧道文明施工难度增加,列车编组运送渣土时,出现一环的渣土一列编组运送不完,需要二次运送渣土,导致水及各种资源的浪费,加水过少,渣土的流塑性变差,刀盘切削岩层效果不佳,掘进速度减小且在切削岩层时,刀盘温度过高,刀具容易损坏,隧道粉尘大,施工空气质量差。

砂岩遇水不会改变强度,不用考虑渣土的流动性,刀盘加水为了降低粉尘及刀盘温度,用水量较小。

5.1.5 常遇见的问题及处理措施

(1) 单护盾 TBM 泥封刀盘

砂岩和砂质泥岩,岩层属于沉积岩层。当 TBM 刀盘在掘进过程中,在残积土的黏土以及泥岩类岩石经研磨后形成的粉粒状矿物质,在受压、受热、受湿环境条件下,极易在刀盘表面形成泥饼。

在"泥饼"形成过程中,TBM 刀盘扭矩变小、推力迅速增大,皮带机出渣不连续并出现较大泥块。随着泥饼的形成,推力逐渐增大,但扭矩逐渐恒定,波动不大,推进速度很小,渣土稀且有大块泥块,影响施工进度,见图 5-1-2。

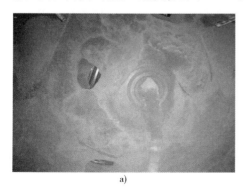

a)　　　　　　　　　　　　　　　b)

图 5-1-2　刀盘结泥饼图

处理的措施：

①TBM 掘进过程中，控制好刀盘加水，改善渣土的性状，减少黏结概率。

②加强 TBM 掘进时的参数设定管理，必须更加密切注意掘进的推力、刀盘转速和扭矩等。

③一旦产生泥饼，必须及时采取对策，必要时采用人工处理的方式清除刀盘上的泥饼。

④做到连续、快速施工，长时间停机会导致仓内渣土流动性变差。

（2）不均匀地层或突变地层掘进

在 TBM 掘进砂岩、砂质泥岩交错或软硬不均的地层时，对刀盘的适应性提出了很高的要求，由于地层岩性突变，对 TBM 的掘进方向和姿态的控制比较困难。

处理的措施：

①当通过软硬交错的地层时，可以根据地层的实际情况进行控制刀盘加水，并且调整 TBM 的推力、扭矩等参数。

②在掘进的过程中要时刻注意导向系统的变化，随时调整 TBM 的姿态。

③在该种地层段掘进时，主要通过控制推力和扭矩的最大值，保持合适的刀具贯入度进行掘进。

④在掘进过程中，严格控制掘进模式与掘进参数选择，并根据掘进参数、渣土性质等变化及时分析掌握刀具情况，确保 TBM 掘进过程中的刀具磨损情况始终处于可控状态。

（3）单护盾 TBM 主机旋转和管片旋转

TBM 在岩层中掘进时会产生强烈的冲击震动。岩层对盾体的围裹作用减弱，盾体不能从周围的地层中获得足够的摩擦力，刀盘扭矩的反作用力会使盾体产生滚转。同时旋转扭矩通过油缸传递到管片上，导致管片也产生旋转。

防止 TBM 旋转和管片旋转措施：

①掘进过程中加强对姿态、刀盘滚动等掘进参数的观察，发现主机扭转及时进行预警，并采取防扭措施。

②施工过程中通过对刀盘的正转和反转，实现主机部分防扭。

③利用 TBM 前盾位置设置的液压稳定器，通过增加摩擦增加防扭。

④施工过程中如出现较大旋转，将掘进模式转换为小推力、小扭矩。

（4）刀具磨损严重

TBM 在石英含量较高的砂岩地层掘进时，由于这种岩层的强度一般都超过了 35MPa，对刀具会产生严重的磨损，见图 5-1-3。

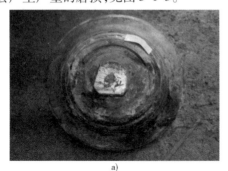

a)   b)

图 5-1-3 　刀具正常磨损图

减缓刀具磨损措施:

①TBM在掘进中通过皮带机尽快排出仓内渣土,减少渣土对刀具的二次磨损。

②合理选择刀盘转速及掘进速度,增大贯入度;经常性对刀具进行检查和更换,特别是边缘刀的及时更换。

③在掘进时合理加水,通过刀盘加水系统向刀盘注入水,以增加渣土的流动性,利于渣土的排出来减小渣土对刀具的磨损,同时也降低了刀具的温度。

(5)单护盾TBM主机卡机

单护盾TBM在砂岩、砂质泥岩中掘进,遇见围岩收敛变形,盾体与围岩之间无间隙,或由于地层埋深的变化巨大,一旦地层出现不稳定(塌陷现象),局部地段破碎岩块落入盾体开挖空隙时,导致盾体被围岩"抱死",会发生卡机现象。

防止卡机措施:

①设备出厂前,刀盘实际直径与设计直径进行复核对比。

②TBM纠偏时,应该控制纠偏量,不要过快。

③根据TBM掘进线路制订更换边刀磨损量。

④禁止长时间在岩层收敛段长时间停机。

⑤停机前控制注浆量。

⑥可以通过盾体圆周设计预留有径向孔和超前钻探孔等这些孔向盾体外加注润滑的添加剂,有利于盾体脱困。

⑦调节液压泵压力,通过调整液压系统,依靠TBM设备自身能力掘进通过。

⑧盾壳外掏渣,增加围岩与盾体间的预留变形量,以缓解围岩收敛变形带来的不利影响。

(6)单护盾TBM姿态控制

TBM在掘进过程中,掘进姿态控制通过推进油缸调整,掘进姿态控制直接影响隧洞施工质量,并影响隧洞施工进度,在转弯半径较小或围岩软硬不均时,导致姿态调整困难或无法调整,因此合理选择掘进参数,采取有效控制办法,控制TBM掘进姿态尤为重要,见图5-1-4。

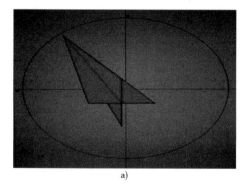
a)

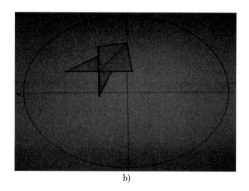
b)

图5-1-4 姿态控制显示图

姿态控制措施:

①单护盾TBM掘进调向应遵守勤调缓调原则,在掘进过程中,要明确盾尾间隙、TBM掘进趋势、做到勤调缓调。

②当TBM姿态和管片姿态出现不吻合时,要密切注意盾尾间隙,不要过于快速回调或者安装管片调整,要根据盾尾间隙,保证管片安装质量情况下,缓慢调整姿态。

③通过调整油缸调整姿态,油缸在TBM掘进施工中应用调整较少,调整幅度不能过大,油缸下部比上部稍微伸出,TBM掘进呈微抬头掘进,且在掘进过程中基本不予调整,要配合掘进参数控制掘进姿态,不能仅仅通过调整油缸来实现调整掘进姿态。

④控制好盾尾间隙基本能保证TBM姿态和管片姿态相吻合,从而保证管片安装质量。

总之,单护盾TBM在各类围岩下通过提高刀盘转速、增大推进油缸压力及主电机电流平均值等,可以提高TBM掘进速度,但是从设备保护及减少围岩扰动的角度考虑,应根据实际围岩工程地质条件选择适宜的掘进参数,在确保施工安全的前提下,实现经济稳定快速掘进。

5.2 碎石吹填注浆技术

由于单护盾TBM刀盘的开挖直径大于管片外径,管片拼装完毕并脱出盾尾后,与土体间形成一个环形间隙,简称超挖间隙。超挖间隙如果不及时得到填充,势必造成管片下沉形成错台、地层变形,使相邻地表建(构)筑物沉降或隧道本身偏移;填充超挖间隙,防止因超挖间隙的存在导致管片产生错台,是吹填碎石注浆的最重要目的之一。因此,碎石吹填注浆是TBM工法中必不可少的关键性辅助工法,合理的施工工艺选择是TBM掘进施工安全顺利的保证。

5.2.1 碎石吹填技术

1)碎石参数及选取

为了选取最佳的吹填和注浆效果,特做如下试验:

(1)碎石检测参数

碎石采用颗粒大的鹅卵石破碎而成,经筛分成5~10mm粒径碎石。检测结果见表5-2-1。

碎石检测参数   表5-2-1

筛孔(mm)	9.5	4.75	2.36	1.18	0.6
通过率(%)	85.8	17.5	97.1	97.1	97.1
检测指标	表观密度	堆积密度	紧装密度	松装空隙率	紧装空隙率
结果	2.73	1.5	1.63	45%	40%

(2)选取最佳吹填含水率

根据TBM碎石设备吹填管长度为22m,含水率大时容易堵管,含水率小时粉尘大不利于工人操作,所以选取以0.5%含水率依次递增做坍落试验。在相同的体积下,从30cm高处自由落下,查看坍落高度,由此模拟碎石吹填过程。从中选取吹填碎石最佳含水率,试验情况见图5-2-1。

2)第一阶段施工情况(1环~2环)

(1)吹填时间及压力

碎石吹填在管片脱离盾尾两环后进行,在管片拼装完成第四环后,第一环、第二环管片不再由盾尾支撑,此时在第一环和第二环开始进行碎石吹填。

第5章 掘进施工技术

a) 含水率为0.5%时,高度为110mm

b) 含水率为1.0%时,高度为100mm

c) 含水率为1.5%时,高度为85mm

d) 含水率为2.0%时,高度为80mm

图 5-2-1　碎石含水量示意图

注：根据试验可以确定碎石吹填含水率为0.5%~1.0%为最佳。

根据类似工程经验，初定吹填压力为0.3MPa。

(2) 吹填顺序

先对管片底部（1号~2号孔范围）进行吹填，其次是两侧拱（3号~4号孔范围），最后是顶部（5号~6号孔范围）。具体顺序如图5-2-2和图5-2-3所示（1-2-3-4-5-6号孔）。

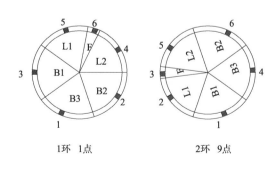

图 5-2-2　1环~2环吹填顺序图

图 5-2-3　底部碎石吹填

(3) 单护盾TBM姿态

1环~2环姿态情况见表5-2-2。

1环～2环姿态情况　　　　　　　　　　表 5-2-2

环号	封顶块位置	单护盾 TBM 姿态			仰角值(mm/m)
		盾体	前端(mm)	后端(mm)	
1	1 点	左右偏差	-4	17	3
		垂直偏差	-1	-26	
2	9 点	左右偏差	-3	14	5
		垂直偏差	-1	-27	

(4) 存在的问题

①当吹填底部管片时,堵管严重。量测实际超挖间隙,底部存在虚渣平均孔深为 70mm 左右,顶部平均孔深为 130mm 左右,底部缝隙小,碎石扩散不顺利,底部吹填不饱满。碎石喷射机存在一定缺陷,碎石罐输出量大于喷射机输入量,见图 5-2-4 ～ 图 5-2-6。

a)

b)

图 5-2-4　碎石喷射机出厂设计

图 5-2-5　碎石喷射机旁边堆积碎石

图 5-2-6　碎石喷射机现场改进(下料口变小)

②堵管后检查孔洞发现存在碎石堆积现象,并对相邻管片吹填孔进行开孔检查,无碎石,表明碎石从底部吹填,吹入超挖间隙里没有达到填充密实效果,见图 5-2-7。

③当管片完全脱离盾尾后,管片支撑不密实处于悬空状态,由于自重的原因会出现下沉。

④按照此顺序吹填碎石,吹填后发现管片环缝存在一定的错台,错台情况见表 5-2-3,现场情况如图 5-2-8 所示。

1环~2环掘进施工相关数据　　　　　　　　　表 5-2-3

环号	施工时间	相邻管片平整度最大偏差(mm)（管片拼装完成后检测）		吹填前管片与岩石间隙(mm)					
		纵缝	环缝	B1	B2	B3	L1	L2	F
1	2015.4.21	14	13	76			123	125	
2	2015.4.23	12	13	81		130			126

图 5-2-7　底部吹填后开孔检查结果

图 5-2-8　现场错台现象

3）第二阶段施工情况（3 环~8 环）

（1）问题处理措施

①对设备进行维护，将碎石泵进行改进，减少碎石罐输出量，更换碎石过滤网，使其满足输送需求，保证正常输送碎石，减少碎石的流量，见图 5-2-9。

②减少碎石吹填过程中堵管现象的措施之一是控制碎石粒径：把粒径大于 10mm 的碎石筛选出去，严格控制碎石粒径在 5~10mm。

③改变吹填碎石顺序，保证碎石吹入超挖间隙并密实填充。

④依据上阶段出现的问题进行分析，对吹填碎石的时间进行调整，由管片脱离盾尾两环改为脱离盾尾一环，试验是否使管片错台减小。

（2）吹填时间及压力

选择在管片脱离盾尾一环时进行碎石吹填，在第六环开始掘进前，第三环管片完全脱离盾尾，此时

图 5-2-9　5~10mm 碎石

在第三环管片进行碎石吹填，此时相对将管片与岩层之间间隙提前一环填充。吹填压力为 0.3MPa。

（3）吹填顺序

先对两侧拱（3 号~4 号孔范围），其次是是底部（1 号~2 号孔范围），最后是管片顶部（5 号~6 号孔范围）进行吹填。在吹填两侧拱时，打开底部注浆孔观察是否有碎石，根据碎石情况选择是在底部补吹碎石。在吹填顶部时，打开两侧拱吹填孔观察，直到孔洞里发现碎

石,表明碎石从顶部吹入后会沿两侧拱向下流动,填充超挖间隙,最后进行顶部碎石吹填。顺序如图5-2-10所示(3-4-1-2-5-6)。掘进施工相关数据见表5-2-4。

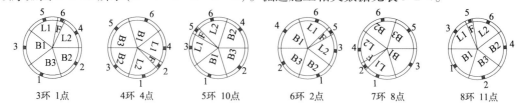

图5-2-10 3环~8环吹填顺序

3环~8环掘进施工相关数据 表5-2-4

环号	施工时间	相邻管片平整度最大偏差(mm)（管片拼装完成检测）		管片与岩石间隙(mm)					
		纵缝	环缝	B1	B2	B3	L1	L2	F
3	2015.4.23	14	12	124		81			130
4		13	11	131	78			85	
5	2015.4.24	12	14		115			127	
6		10	16				131	120	
7	2015.4.25	13	18		128			83	
8		9	23	86				132	

(4)单护盾TBM姿态

3环~8环姿态情况见表5-2-5。

3环~8环姿态情况 表5-2-5

环号	封顶块位置	单护盾TBM姿态			仰角值(mm/m)
		盾体	前端(mm)	后端(mm)	
3	1点	左右偏差	0	15	5
		垂直偏差	-1	-38	
4	4点	左右偏差	-3	15	4
		垂直偏差	-3	-39	
5	10点	左右偏差	-2	16	6
		垂直偏差	1	-45	
6	2点	左右偏差	-2	12	5
		垂直偏差	3	-43	
7	8点	左右偏差	-10	12	3
		垂直偏差	-2	-40	
8	11点	左右偏差	-5	0	4
		垂直偏差	1	-41	

(5)存在的问题

①吹填完成后,选择使用地质雷达检测对1环~5环进行测试(图5-2-11),检测超挖间

隙是否填充密实,检测结果作为理论数据指导施工。检测结果表明,腰部及底部范围内不密实。采取的措施为补充吹填碎石。

图 5-2-11 现场雷达检测

②单护盾 TBM 姿态数据表明,垂直方向前盾与盾尾的姿态偏差过大,且前盾高、盾尾低。

③根据两阶段错台数据比较,管片依然存在错台现象,且错台没有减小的趋势。需要进一步加强管片错台控制。

(6)进一步改善吹填工艺(9 环~14 环)

①吹填时间。进一步对碎石吹填的时间进行调整,选择在管片脱离盾尾 1.2m 时,即注浆孔刚通过盾尾刷时进行碎石吹填,在第十一环开始掘进前,第九环管片在盾尾里面,当第十一环掘进 1.2m 时,此时第九环有 0.3m 在盾尾里面,由盾尾刷支撑不会下沉,注浆孔已经脱出盾尾,及时进行碎石吹填。吹填碎石主要作用是提前为管片形成支撑,当管片完全脱离盾尾后,由提前吹填的碎石进行支撑。

②吹填顺序。先对两侧拱(3 号~4 号孔范围),其次是是底部(1 号~2 号孔范围),最后是管片顶部(5 号~6 号孔范围)进行吹填。在吹填两侧拱时,打开底部注浆孔观察是否有碎石出现,根据碎石情况选择是否进行底部补吹碎石。TBM 故障停机时进行相邻几环碎石补充吹填,使超挖间隙碎石吹填饱满,顺序见图 5-2-12(3-4-1-2-5-6)。掘进数据见表 5-2-6。

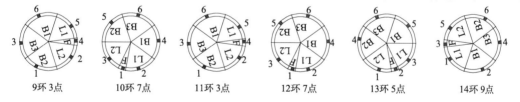

图 5-2-12 9 环~14 环吹填碎石顺序

9 环~14 环相关掘进数据　　　　表 5-2-6

环号	施工时间	相邻管片平整度最大偏差(mm)		管片与岩石间隙(mm)					
		纵缝	环缝	B1	B2	B3	L1	L2	F
9	2015.4.25	7	25	133		90			
10	2015.4.26	4	15	86	128				
11		13	13	131		91			
12		10	20	93	126				
13	2015.4.27	5	26		80	121			
14		8	17	130		93			

③单护盾 TBM 姿态见表 5-2-7。

9 环～14 环姿态情况 表 5-2-7

环号	封顶块位置	单护盾 TBM 姿态			仰角值(mm/m)
		盾体	前端(mm)	后端(mm)	
9	3 点	左右偏差	-2	7	2
		垂直偏差	-3	-41	
10	7 点	左右偏差	3	7	3
		垂直偏差	0	-42	
11	3 点	左右偏差	-2	13	2
		垂直偏差	-2	-41	
12	7 点	左右偏差	-2	10	1
		垂直偏差	-5	-42	
13	5 点	左右偏差	-5	18	-2
		垂直偏差	-16	-43	
14	9 点	左右偏差	-3	3	-4
		垂直偏差	-22	-41	

④存在的问题。

a. 单护盾 TBM 姿态数据显示,垂直方向前盾与盾尾的姿态偏差过大,且前盾高、盾尾低。

b. 管片错台现象在 9 环～14 环相对于 3 环～8 环改善较小,但是每环错台的现象依然存在。

c. 当管片脱离盾尾的过程中,盾尾刷对管片有一定的挤压作用,管片螺栓复紧不及时,导致管片脱出盾尾下沉形成错台。

4) 第三阶段施工情况(15 环～25 环)

(1) 问题处理措施

①根据 TBM 姿态显示情况,专家提出需要严格控制单护盾 TBM 姿态,做好单护盾 TBM 姿态的调整,使单护盾 TBM 姿态前盾与盾尾在水平、垂直方向上差值减小,使管片中心轴线与盾体轴线相吻合。

②管片螺栓二次复紧的时间改为在管片通过盾尾刷时立即进行,盾尾刷挤压管片使管片缝隙变小,螺栓紧固以后,管片脱出盾尾后,螺栓对整环管片产生拉力,管片不会立即下沉。

③碎石吹填过程中,专家提出降低吹填压力,使碎石在进入管片与岩壁之间空隙时是自然下降形成流动状态,而不是碰撞岩壁反弹扩散。

④控制管片拼装质量,按要求拼装管片,封顶块先搭接 2/3,径向推上,然后纵向插入。

(2) 吹填顺序

根据专家对施工中问题所提出的意见进行分析,碎石吹填顺序为先对管片两侧拱(3 号～4 号孔范围)进行吹填,碎石会沿着管片与岩壁空隙向下流动,填充底部和两侧拱;其次是顶部(5 号～6 号孔范围)进行吹填,直到每个孔都吹填不进去为止,表明碎石吹填饱满。顺序见图 5-2-13 和图 5-2-14(3-4-5-6)。掘进数据见表 5-2-8。

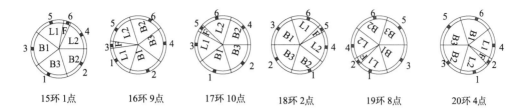

图 5-2-13　15 环～20 环碎石吹填顺序

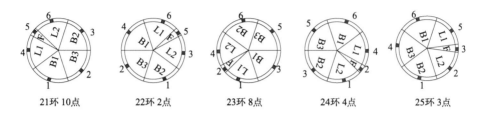

图 5-2-14　21 环～25 环碎石吹填顺序

15 环～25 环掘进相关数据　　表 5-2-8

环号	施工时间	相邻管片平整度最大偏差(mm)		管片与岩石间隙(mm)					
		纵缝	环缝	B1	B2	B3	L1	L2	F
15	2015.4.28	10	14	83			132		
16		11	12		128	93			
17	2015.4.29	11	11					131	125
18		7	8				126		98
19		10	10		132			81	
20		3	9	127				92	
21	2015.4.30	4	6				83		123
22		3	3	77				132	
23		2	5		129		83		
24	2015.5.1	3	4	125					83
25	2015.5.2	2	5						

（3）单护盾 TBM 姿态

15 环～25 环姿态情况见表 5-2-9。

15 环～25 环姿态情况　　表 5-2-9

环号	封顶块位置	单护盾 TBM 姿态			仰角值(mm/m)
		盾体	前端(mm)	后端(mm)	
15	1 点	左右偏差	−12	6	−5
		垂直偏差	−34	−51	
16	9 点	左右偏差	−5	1	−7
		垂直偏差	−42	−55	

续上表

环号	封顶块位置	单护盾 TBM 姿态			仰角值(mm/m)
		盾体	前端(mm)	后端(mm)	
17	10 点	左右偏差	-4	5	-2
		垂直偏差	-34	-13	
18	2 点	左右偏差	3	2	1
		垂直偏差	-27	-80	
19	8 点	左右偏差	7	7	2
		垂直偏差	-22	-83	
20	4 点	左右偏差	11	14	5
		垂直偏差	-13	-82	
21	10 点	左右偏差	9	14	-2
		垂直偏差	-20	-65	
22	2 点	左右偏差	8	27	3
		垂直偏差	12	-61	
23	8 点	左右偏差	1	19	-2
		垂直偏差	10	-42	
24	4 点	左右偏差	-9	21	-3
		垂直偏差	9	-40	
25	3 点	左右偏差	-4	12	-7
		垂直偏差	1	-33	

(4)吹填时间及压力

按照前阶段的数据为依据进行分析,注浆孔脱出盾尾时,立即进行碎石吹填,先进行两侧拱吹填,再进行顶部吹填,吹填量为 3.5~4.0m³,吹填饱满后,继续进行掘进施工。碎石吹填压力改为 0.2MPa。

(5)处理措施

①对单护盾 TBM 姿态进行调整,使单护盾 TBM 姿态前盾与盾尾在水平、垂直方向上差值减小,使管片中心轴线与盾体轴线吻合。同时,严格按要求进行管片拼装,保证适当的盾尾间隙。

②管片通过盾尾刷时,立即进行管片螺栓二次复紧,整环管片脱出盾尾时,进行管片螺栓三次复紧。

③碎石吹填过程中,降低吹填压力,使碎石吹填压力控制在 0.2MPa。

④控制管片拼装质量,掘进过程中,增大初始油缸行程,为管片安装提供充足的安装空间,严格按要求进行管片拼装。

5)隧道管片质量检测

(1)管片错台

单护盾 TBM 管片拼装数据(错台)见表 5-2-10。

第5章　掘进施工技术

单护盾 TBM 管片拼装数据（错台）　　　表 5-2-10

环号	环向错台(mm) 位置(下)	环号	径向错台(mm)			
			位置(上)	位置(下)	位置(左)	位置(右)
0~1	13	1	2	2	2	14
1~2	13	2	8	10	12	5
2~3	12	3	3	14	20	8
3~4	11	4	6	13	8	0
4~5	14	5	5	12	5	8
5~6	16	6	5	10	8	2
6~7	18	7	4	13	4	8
7~8	23	8	6	9	5	1
8~9	25	9	7	2	2	6
9~10	15	10	2	2	4	4
10~11	13	11	4	13	4	10
11~12	20	12	2	10	2	2
12~13	26	13	5	3	2	4
13~14	17	14	2	8	3	3
14~15	14	15	3	10	5	5
15~16	12	16	3	11	4	2
16~17	11	17	6	3	11	5
17~18	8	18	3	3	2	2
18~19	10	19	5	10	8	3
19~20	9	20	3	3	2	2
20~21	6	21	4	3	5	4
21~22	3	22	2	3	3	4
22~23	5	23	1	2	4	5
23~24	4	24	9	4	3	3
24~25	5	25	2	3	2	4

注：1.《盾构法隧道施工与验收规范》(GB 50446—2008)规定：管片拼装相邻管片的径向错台允许偏差 5mm，相邻管片环面错台允许误差 6mm；成品验收隧道相邻管片的径向错台允许偏差 10mm，相邻管片环向错台 15mm。

2.《盾构法隧道施工与验收规范》(GB 50446—2008)规定：成型隧道验收错台为一般项目，经计算得出，环向错台合格率为 95%，径向错台合格率为 91%。

经过以上的试验、分析、总结，管片错台减小，符合要求，隧道管片成型质量得到有效控制，目前，严格按照总结的经验进行现场施工。

（2）区间隧道管片防水检测

区间隧道结构防水等级应为二级，顶部不允许滴漏，其他部位不允许漏水，管片表面可有少量湿渍，总湿渍面积不大于总防水面积的 2/1000，任意 100m² 防水面积上的湿渍不得超过 3 处，单个湿渍面积的最大面积不大于 0.2m²。隧道工程中的平均渗水量不大于

0.05L/(m²·d),任意 100m² 防水面积渗水量不大于 0.15 L/(m²·d)。重庆某项目 A 区间隧道对其中拼装完成 28 环进行漏水检查,管片表面出现水渍情况均来自临时封堵的注浆孔,28 环中有 5 个注浆孔洞存在渗水情况,如图 5-2-15 ~ 图 5-2-19 所示。

(3)管片拼装平面位置

管片姿态检测:依据《盾构法隧道施工与验收规范》(GB 50446—2008)规定:城市铁路中隧道轴线平面位置允许偏差为 ±100mm,隧道轴线高程偏差 ±100mm。试验阶段数据见表 5-2-11。

图 5-2-15 临时封堵注浆孔渗水情况

图 5-2-16 1 环螺栓孔左侧渗水情况

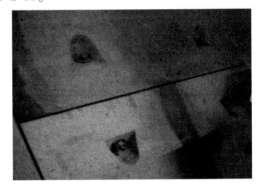

图 5-2-17 14 环左侧纵缝渗水情况

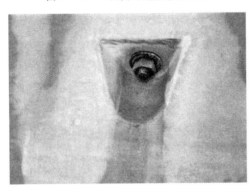

图 5-2-18 23 环螺栓孔 1 渗水情况

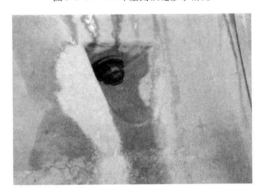

图 5-2-19 23 环螺栓孔 2 渗水情况

管片拼装平面位置检测表　　　　表 5-2-11

测点编号	桩号	平面偏位 (m)	实测坐标			轨面高程 (m)	高程偏差 (m)
			X	Y	Z		
Q01	K3 +751.124	-0.029	65107.364	52148.636	275.351	276.362	-0.111
Q02	K3 +749.655	-0.021	65107.128	52147.186	275.347	276.359	-0.112
Q03	K3 +749.555	-0.024	65107.116	52147.087	275.346	276.359	-0.113
Q04	K3 +748.222	-0.007	65106.893	52145.772	275.346	276.356	-0.110
Q05	K3 +748.015	-0.009	65106.863	52145.568	275.347	276.356	-0.109

续上表

测点编号	桩　　号	平面偏位（m）	实测坐标			轨面高程（m）	高程偏差（m）
			X	Y	Z		
Q06	K3+746.621	-0.020	65106.658	52144.189	275.355	276.353	-0.098
Q07	K3+746.513	-0.014	65106.634	52144.083	275.349	276.353	-0.104
Q08	K3+745.154	-0.010	65106.420	52142.741	275.358	276.350	-0.092
Q09	K3+745.039	-0.031	65106.423	52142.624	275.344	276.350	-0.106
Q10	K3+743.637	-0.014	65106.189	52141.241	275.351	276.347	-0.096
Q11	K3+743.515	-0.022	65106.177	52141.120	275.334	276.347	-0.113
Q12	K3+742.129	-0.028	65105.969	52139.749	275.348	276.343	-0.095
Q13	K3+741.999	-0.030	65105.951	52139.621	275.337	276.343	-0.106
Q14	K3+740.637	-0.015	65105.725	52138.278	275.351	276.338	-0.087
Q15	K3+740.469	-0.020	65105.704	52138.111	275.337	276.338	-0.101
Q16	K3+739.135	-0.030	65105.507	52136.792	275.347	276.333	-0.086
Q17	K3+738.971	-0.019	65105.471	52136.631	275.333	276.332	-0.099
Q18	K3+737.635	-0.027	65105.272	52135.310	275.341	276.327	-0.086
Q19	K3+737.459	-0.027	65105.244	52135.136	275.330	276.326	-0.096
Q20	K3+736.13	-0.021	65105.033	52133.824	275.338	276.320	-0.082
Q21	K3+736.001	-0.021	65105.013	52133.697	275.326	276.319	-0.093
Q22	K3+734.622	-0.026	65104.804	52132.334	275.333	276.312	-0.079
Q23	K3+734.524	-0.024	65104.787	52132.238	275.323	276.312	-0.089
Q24	K3+733.132	-0.034	65104.581	52130.861	275.324	276.304	-0.080
Q25	K3+733.006	-0.028	65104.556	52130.737	275.318	276.303	-0.085
Q26	K3+731.651	-0.042	65104.359	52129.396	275.310	276.295	-0.085
Q27	K3+731.543	-0.046	65104.347	52129.289	275.299	276.294	-0.095
Q28	K3+730.152	-0.023	65104.109	52127.918	275.286	276.285	-0.099
Q29	K3+730.028	-0.023	65104.089	52127.796	275.278	276.284	-0.106
Q30	K3+728.628	-0.038	65103.887	52126.411	275.269	276.274	-0.105
Q31	K3+728.525	-0.022	65103.855	52126.311	275.261	276.274	-0.113
Q32	K3+727.135	-0.022	65103.640	52124.938	275.256	276.263	-0.107
Q33	K3+727.002	-0.021	65103.618	52124.807	275.255	276.262	-0.107
Q34	K3+725.612	-0.044	65103.426	52123.430	275.246	276.251	-0.105
Q35	K3+725.475	-0.050	65103.410	52123.294	275.232	276.250	-0.118
Q36	K3+724.102	-0.026	65103.174	52121.940	275.226	276.238	-0.112
Q37	K3+723.991	-0.010	65103.141	52121.834	275.218	276.237	-0.119
Q38	K3+722.607	-0.006	65102.922	52120.467	275.218	276.224	-0.106
Q39	K3+722.413	-0.036	65102.922	52120.271	275.211	276.222	-0.111
Q40	K3+721.138	-0.005	65102.694	52119.015	275.205	276.210	-0.105
Q41	K3+720.977	-0.013	65102.677	52118.856	275.196	276.208	-0.112

6)存在问题及下一步采取措施

(1)错台

①狠抓现场落实,严格按照现场实践总结的施工工艺施工,确保碎石吹填饱满。

②要求作业队伍采用两台碎石吹填系统同时工作,确保碎石吹填及时、密实。

③进一步对拼装完成的每环管片进行错台和沉降观测,直至管片下沉稳定后停止观测。

④通过改进碎石吹填管与管片注浆孔的连接头,使碎石在吹填过程中向四周扩散,能够达到有效填充。

⑤通过与管片设计厂家沟通,尽量达到在每块管片上设计两个注浆孔或将注浆孔增大,使碎石扩散到管片与岩层空隙均匀、饱满。

⑥后配套拖车完全通过之后的管片进行每环错台测量,验证在后配套拖车通过后,管片错台是否会减小。

(2)管片拼装平面位置

调整 TBM 姿态,保证成型隧道的管片的平面位置符合要求,TBM 姿态控制为水平:前盾、盾尾均为 ±10mm;垂直:前盾 0 ~ +20mm,盾尾为 ±10mm。

(3)管片渗水

严格控制管片连接螺栓的遇水膨胀橡胶圈按要求安装,同时对渗水处采取增加安装遇水膨胀橡胶圈的措施,达到防水效果。

5.2.2 注浆技术

1)管片壁后注浆的作用及目的

(1)在碎石吹填完成后,采用背后注浆技术的作用

①及时充填所吹填碎石之间空隙,抑制天然土体变形,控制地面沉降,保证环境安全;

②增强隧道的防水能力,作为衬砌防水的第一道防线,提供长期、均质、稳定的防水功能;

③可使外力作用均匀化,确保管片的稳定性;

④作为隧道衬砌结构的加强层,提高其耐久性;

⑤单护盾 TBM 管片壁后注浆的浆液有两种,即单液浆和双液浆,两者的目的也不同。

(2)注双液浆的目的

①利用双液浆初凝时间短、流动性较差的特点,向脱出盾尾后的两环管片注双液浆形成封闭环,再在其后数环再注单液浆,可有效防止单液浆侵入盾尾,避免浆液损失,有效提高了浆液利用率;

②双液浆初凝时间短,能迅速填充管片壁后空隙、稳定管片,使测量人员能利用此位置安放全站仪,从而有效提高掘进的准确性。

(3)注单液浆目的

①单液浆流动性好,能有效填充数环管片的壁后空隙,操作流程较注双液浆简单,提高了注浆效率;

②没有加入水玻璃,降低了注浆成本;

③与碎石结合紧密,一段时间后,可有效形成管片壁后防水层。

2）浆液配比的确定

（1）注浆配合比分析

根据 TBM 设备注浆压力和管片后注浆碎石空隙是否完全注满，做注浆模拟试验，在相同体积下用不同配合比浆液进行注浆，观察注浆后空隙填充情况，见图 5-2-20 和图 5-2-21。

图 5-2-20　注浆试验过程

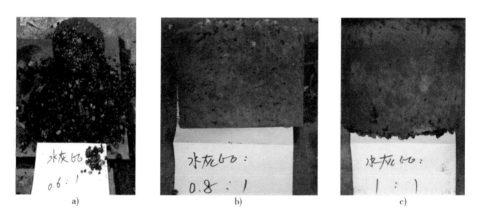

图 5-2-21　注浆完成后效果图

注：1. 水泥净浆在水灰比是 1:0.6 的无压力注浆下，浆液未注完且底部没有浆液注入。

2. 水泥净浆在水灰比是 1:0.8 的无压力注浆下，浆液注完且基本饱满。

3. 水泥净浆在水灰比是 1:1 的无压力注浆下，浆液注完且封口面没有浆液。

结论：根据图纸要求，浆液水灰比可采用 1:1~0.6:1，开始时用 1:1 稀浆灌浆，待出浆口排浆时，改用 0.6:1 浓浆，出浆口返回浓浆时堵塞出浆口。根据以上试验可以确定使用水灰比为 0.8:1 的情况下，碎石空隙注浆基本注满，为了更好地控制质量，减少后期漏水风险，故使用水灰比为 0.7:1 为施工配合比。

（2）注浆配合比验证

选定水灰比 1:0.7 做相同体积下的无压力注浆，观察注浆后空隙填充情况，见图 5-2-22。

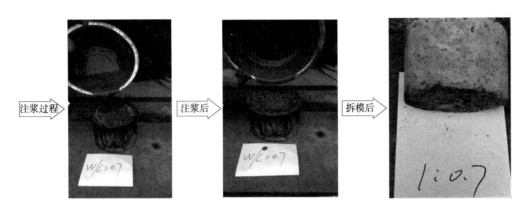

图 5-2-22 水灰比 1:0.7 验证

注:以上试验可以确定选定水灰比为 0.7:1 的情况下,碎石空隙注浆完全注满。

3)双液浆配比

在水泥:水 =1:0.7、水玻璃:水 =1:1 情况下,水泥净浆与不同掺量水玻璃进行凝结时间测定。双液浆配比相关统计验证情况如表 5-2-12 所示。

水玻璃掺入水泥净浆后凝结时间统计　　　　表 5-2-12

水泥浆:水玻璃	1:0.4	1:0.6	1:0.8	1:1.0	1:1.2	1:1.4
性能描述	12s 失去流动性	15s 失去流动性	18s 失去流动性	25s 失去流动性	38s 失去流动性	45s 失去流动性
初凝时间	14min 23s	6min 48s	4min 25s	2min 46s	1min 54s	1min 40s
终凝时间	1h30min 17s	55min 23s	37min 54s	26min 17s	22min 13s	20min 11s

注:水玻璃参量按照体积比计算。

在取得大量试验参数的基础上,按照注浆设计要求,本着既保证浆液扩散半径,又方便施工、降低工程成本的原则,选定水灰比为 0.7:1,水玻璃:水为 1:1,取双液浆配比为 1:1 为施工配合比。

双液浆中水玻璃为速凝材料,可以起到快速凝结的作用,在吹填碎石后进行双液浆灌注能达到隔离水的效果。

4)注浆方案一(双液封环、单液填充)

利用双液浆初凝时间短、流动性较差的特点,向脱出盾尾后的两环管片注双液浆形成封闭环,再在其后数环注单液浆加以填充。注双液浆形成的封闭环可供测量人员换站时放置全站仪。当掘进至直线段时,测量换站频率较低(直到后视棱镜到达 8 号拖车时换站),一般间隔 30 环注一次双液浆,最多不得超过 40 环。当掘进至圆曲线或者缓和曲线段时,测量换站频率较高,此时一般间隔 20 环注一次双液浆。方案一立面示意图见图 5-2-23 所示,设计封环效果见图 5-2-24 所示。

(1)方案一注浆参数

注双液浆时,按照水泥浆:水玻璃 =1:1 的比例实施。电瓶车一次带 $7m^3$ 水泥浆,分别在 10 点和 2 点位置开孔,两边注浆量基本相等,保证在 10 点和 2 点以下形成封闭环。

(2)管片壁后注浆所需设备

方案一注浆设备见表 5-2-13。

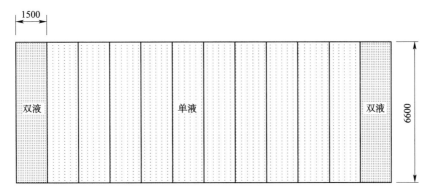

图 5-2-23 方案一注浆立面示意图(尺寸单位:mm)

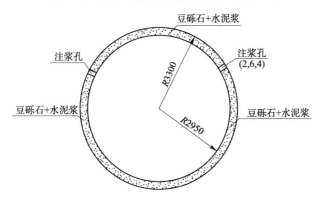

图 5-2-24 方案一注浆平面示意图(尺寸单位:mm)

注 浆 设 备 表 5-2-13

设 备	数 量	设 备	数 量
液压注浆泵(盾构上已配置)	2	气泵	1
砂浆罐车(8.0m³)	1	储浆罐	1
注浆管	若干	拌和站	1
注浆头(分单双液两种)	1	电瓶车	1
抽浆泵	1		

(3)注浆过程及效果分析

该方案可以在一定程度上防止单液浆侵入盾尾,同时利用双液浆初凝时间短、能迅速填充管片壁后空隙、稳定管片等特点,使测量人员能利用此位置安放全站仪,管片对全站仪扰动较小,从而有效提高掘进姿态的准确度。

该方案在实际操作过程中存在较多难以避免的问题。首先,由于管片底部积累较多岩粉,并且前期吹填大量碎石,而水玻璃双液浆流动性较差,所以并没有完全形成封闭环,后期注单液浆过程中仍存在浆液侵入盾尾的情况,封环不易达到预期的效果。其次,该方案将使用大量水玻璃,并且需要配备相应的气泵及管路,增加了生产成本。同时,该方案操作流程较为复杂,工作量较大,操作人员难以快速熟练掌握操作要点,注双液浆时一旦出现失误,便会造成堵管,严重损坏管路或者设备,不便管理,难以保证注浆质量。

按照方案一进行注浆后,对隧道某环10点进行取芯检测,发现该环管片10点位置浆液保有量较少,碎石和水泥浆并未完全胶结形成整体,无法取出完整块体,见图5-2-25和图5-2-26。此结果说明方案一并未达到预期效果,管片顶部2点至10点之间的区域浆液较少甚至没有浆液,需要在二次补浆时进行大量补充。

图5-2-25 取芯检测

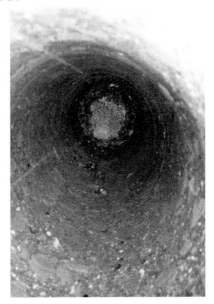
图5-2-26 某环10点取芯结果

5)注浆方案二(左右交替、互为补充)

不再注水玻璃双液浆,改在8号拖车注单液浆,除浆液严重侵入盾尾和管片接缝严重漏浆等情况外,坚持每车带水泥浆,注浆顺序平面示意图如图5-2-27所示,立面示意图如图5-2-28所示,注浆设计效果如图5-2-29所示。

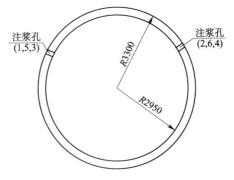

图5-2-27 方案二注浆顺序平面示意图　　图5-2-28 方案二注浆顺序立面示意图

(1)操作流程

每6环为一个注浆单元,按照图中的顺序依次向前注浆。注浆前,先由技术员在相应注浆孔位置标注出顺序,再由注浆操作人员按照既定顺序进行操作。

(2)方案二采用的注浆设备

方案二注浆设备见表5-2-14。

第5章 掘进施工技术

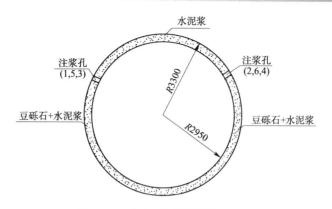

图 5-2-29　方案二注浆设计效果示意图

注　浆　设　备　　　　　表 5-2-14

设　备	数　量	设　备	数　量
SWING 液压注浆泵（TBM 上已配置）	2	气泵	1
砂浆罐车（7.0m³）	1	储浆罐	1
注浆管	若干	拌和站	1
注浆头（分单双液两种）	1	电瓶车	1
抽浆泵	1		

（3）注浆过程及效果分析

该方案操作简单，便于管理，注浆操作人员可根据既定顺序进行操作，省去注单、双液浆时复杂的操作流程。不再使用水玻璃、气泵及相应管路，降低了生产成本。同时，每车所带的 $4m^3$ 水泥浆在管片背后形成以注浆孔为顶点的三角形流域，相互重叠，相互补充，使浆液和碎石充分接触并胶结，再由二次补浆进行填充，以期达到良好的注浆效果。注浆实际效果图如图 5-2-30 所示。

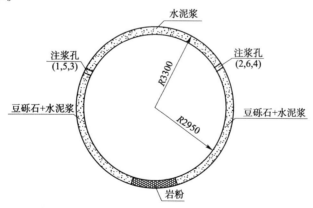

图 5-2-30　方案二注浆实际效果图

按照方案二进行注浆后，对隧道第 500 环附近几环的不同点位进行取芯检测，结果可以发现，各环管片壁后的浆液和碎石胶结良好，具有良好的整体性。其中，第 506 环 10 点位置完全由浆液填充，有效弥补了碎石吹填不足的情况，充分说明方案二已达到预期效果，见图 5-2-31 和图 5-2-32。

图 5-2-31　第 500 环 9 点取芯结果　　图 5-2-32　第 506 环 10 点取芯结果

值得特别说明的是，方案二的注浆管路较长，泵送压力到达 8 号拖车时已经明显减小，容易造成 7、8 号拖车上的注浆管内沉淀水泥夹层，此时即需要在注浆结束时用大量清水冲洗管路，防止水泥夹层多次沉淀造成堵管。

（4）方案二方量计算

①计算方案二每环所需水泥浆、碎石量。查阅相关资料得知，重庆 TBM 项目所使用的 TBM 全断面硬岩掘进机开挖直径为 6.88m，管片外径为 6.6m，管片内径为 5.9m，管片厚度为 350mm，宽度为 1.5m，碎石孔隙率 0.3。开挖直径和管片外径之间的区域（除 V_0 外）为吹填碎石和注浆的区域，设该区域的体积为 V_1：

$$V_1 = 1.5\pi \times (3.44^2 - 3.3^2) = 4.4(\text{m}^3)$$

结合工程实际情况，吹填碎石时在 10 点、2 点位置开孔，假设每环均吹填饱满，碎石最大量即达到 10 点和 2 点位置，设此时吹填碎石的体积为 V_2：

$$V_2 = \frac{2}{3}V_1 = \frac{2}{3} \times 4.4 = 3.0(\text{m}^3)$$

上部空隙区域将由水泥浆液填充，设此区域的体积为 V_3：

$$V_3 = \frac{1}{3} \times V_1 = \frac{1}{3} \times 4.4 = 1.5(\text{m}^3)$$

碎石的孔隙率为 0.3，碎石的空隙区域将由水泥浆液填充，设该区域体积为 V_4：

$$V_4 = 0.3V_2 = 0.3 \times 3.0 = 0.9(\text{m}^3)$$

则方案二每环设计需要的水泥浆液体积为：

$$V_5 = V_3 + V_4 = 1.5 + 0.9 = 2.4(\text{m}^3)$$

每环设计需要的碎石的体积为：$V_2 = 0.3\text{m}^3$

考虑到拼装完成后，管片底部会有岩粉，查阅相关资料，取管片外圆 6 点钟位置左右各 10° 的范围为岩粉掉落区域，如图 5-2-33 所示。

设该区域体积为 V_0：

$$V_0 = \frac{10 \times 2\pi}{360}(3.3^2 - 2.95^2) \times 1.5 = 0.6(\mathrm{m}^3)$$

施工过程中吹填碎石量和注浆量需要扣除岩粉的体积 V_0，则方案二每环需要吹填的碎石量为：

$$V_{2*} = V_2 - V_0 = 3.0 - 0.6 = 2.4(\mathrm{m}^3)$$

注浆量为：$V_{5*} = 0.3V_{2*} + 1.5 = 2.2(\mathrm{m}^3)$

此计算过程仅假设开挖区域围岩稳定性足够好，开挖过程中不出现盾体外部塌方、管片底部不堆积岩粉的情况。而在实际施工过程

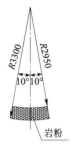

图 5-2-33 岩粉掉落区域示意图

中，这些情况客观存在，有些位置开孔吹填的碎石量为计算量的 2 倍左右，注浆量也会随之增加。

②计算实际施工过程中水泥浆、碎石量。以该工程 11、12 月为例，两月左右两线一共使用散装水泥 2310.45t。其中，左线两月共计完成 612 环，右线两月共计完成 577 环。查阅施工相关资料得知，实际施工中每环吹填碎石量为 $2.5\mathrm{m}^3$，该水泥密度为 $2.95\mathrm{g/cm}^3$，水灰比为 W:C = 0.7:1。则需要水的质量为：

$$M_1 = 0.7 \times 2310.45 \times 10^3 = 1617315(\mathrm{kg})$$

则水泥浆的体积为：

$$V_8 = \frac{2310.45 \times 10^3 + 1617315}{1.7 \times 10^3} = 2310.45(\mathrm{m}^3)$$

由此可计算出首次注浆每环注浆体积为：

$$V_9 = \frac{2310.45}{612 + 577} = 1.9(\mathrm{m}^3)$$

结合工程实际情况，首次注浆仅覆盖 10 点、2 点以下区域，其余区域需要二次注浆予以补充，则二次注浆所用水泥浆量也应计算在施工所用水泥浆量中。由上述计算过程可以得知，10 点、2 点以上区域将全部依赖水泥浆液填充，其体积为：

$$V_3 = \frac{1}{3} \times V_1 = \frac{1}{3} \times 4.4 = 1.5(\mathrm{m}^3)$$

则施工中所用水泥浆液量为 $V_{10} = V_9 + V_3 = 1.9 + 1.5 = 3.4(\mathrm{m}^3)$

③计算图纸设计的水泥浆、碎石量。图纸设计是假设管片壁后完全由碎石和水泥浆液填充，碎石吹填饱满，浆液和碎石胶结完整。则需要的碎石量为：

$$V_1 = 4.4\mathrm{m}^3$$

水泥浆液量为：

$$V_{11} = 0.3V_1 = 0.3 \times 4.4 = 1.3(\mathrm{m}^3)$$

计算结果如表 5-2-15 所示。

方量计算表　　　　　　　　　　　　　表 5-2-15

材　料	图纸设计量（m³）	方案二设计量（m³）	施工中的实际用量（m³）
碎石	4.4	2.4	2.5
水泥浆	1.3	2.2	3.4

6）上述两种注浆方案漏水位置结果统计

吊装孔及管片接缝漏水位置统计见表5-2-16和表5-2-17。

吊装孔漏水位置统计表　　　　　表5-2-16

区间	注浆方案	总环数	漏水孔数量（个）	比例（%）
A	方案一	567	134	3.9
B	方案二	719	107	2.5

管片接缝漏水位置统计表　　　　　表5-2-17

区间	注浆方案	总环数	接缝漏水数量（环）	比例（%）
A	方案一	567	91	16.0
B	方案二	719	64	8.9

统计计算说明：

（1）计算吊装孔漏水比例。如重庆某项目A区间漏水孔所占比例为：

$$\eta = \frac{134}{567 \times 6} \times 100\% = 3.9\%$$

（2）管片接缝漏水比例计算公式为 $\lambda = \frac{接缝漏水环数}{总环数} \times 100\%$，如重庆某项目A区间管片接缝漏水所占比例为：

$$\lambda = \frac{91}{567} \times 100\% = 16.0\%$$

（3）统计表中漏水吊装孔是指截止到统计时，该孔附近仍有明显水渍或水流痕迹的吊装孔。管片接缝漏水数量是指截止到统计时仍存在漏水缝的管片环数。

5.3 点位选择

管片拼装后形成隧道的永久衬砌，通过平衡围岩的压力来实现对隧道的永久保护。在管片拼装前尤其应注意拼装点位的选择，点位选择的合理与否在一定程度上决定了管片拼装的质量。同时，管片拼装与吹填豆粒石、螺栓复紧等其他几道工序密不可分，只有各工序之间环环相扣，才能确保工程的整体质量。

5.3.1 拼装点位的选择

（1）影响因素

首先，管片拼装是在油缸行程达到一定长度（1.75～1.8m）后开始的，考虑到管片的宽度（1500mm）和油缸行程的极限（2200mm）以及拼装工艺的实际要求，油缸行程在此范围内时拼装管片最为合适。拼装前，应由土建技术员选择拼装点位，影响管片拼装点位的选择因素总结起来主要有：盾尾间隙、铰接油缸行程、推进油缸行程、上一环点位以及盾体姿态等。

（2）盾尾间隙和铰接油缸行程

盾尾间隙是盾尾内径与管片外径之间留出的施工缝隙，其作用是便于TBM在曲线段的移动，因此，要求每一次选点位之前都应测量一下盾尾间隙。盾尾间隙是在推进到1.5m时用钢尺来量(图5-3-1),量取上下左右四个部位的间隙数据,通过这四个部位盾尾间隙的大小能初步选出能平衡盾尾间隙的点位;接下来要考虑的是铰接油缸行程(图5-3-2),此因素在曲线段的影响尤为突出,尤其在某项目区间隧道中,平曲线线段较长,半径较小(最小半径仅390m),更应时刻注意铰接油缸的行程,否则会出现铰接油缸行程超限的情况,在这种情况下中盾尾部和尾盾可能会顶到岩石,这样不仅不利于选点位,还会对盾体造成磨损,甚至会使盾体变形,因此选点位时应着重考虑该因素。

图5-3-1 量取盾尾间隙

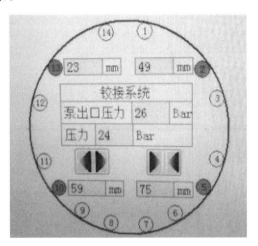

图5-3-2 铰接油缸行程

(3)推进油缸行程

在TBM推进过程中,有A、B、C、D 4组油缸参与推进,4组油缸分别位于上、右、下、左。由于推进过程中要实时控制盾体姿态,在推进结束的时候4组油缸的行程往往不等(图5-3-3),所以在点位选择时也应考虑推进油缸的行程以使管片在拼装完毕后4组油缸的行程差减小(图5-3-4)。本工程所用的通用管片中B3块宽度最大(1519.8mm),F块宽度最小(1480.2mm),在考虑铰接油缸行程和盾尾间隙的基础上,应尽量将这两类管片分别放在推进油缸的最大行程和最小行程处以补充油缸行程。

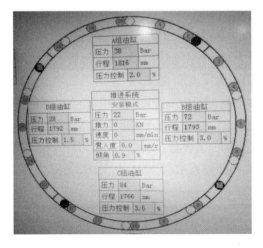

图5-3-3 拼装前推进油缸行程

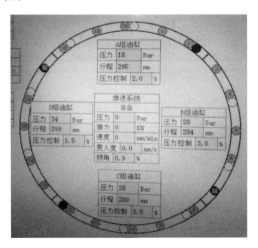

图5-3-4 拼装后推进油缸行程

(4)上一环点位

最后要考虑的因素就是上一环管片的点位,选点位时应严格按照1、3、5、8、10和2、4、7、9、11这两种点位交替选择的要求(图5-3-5)。每种点位对应的均是奇数油缸,若不按此规则拼装会造成管片错缝在同一直线上进而形成危险,这种交替选择方法是点位选择的原则,选点位时必须遵循。

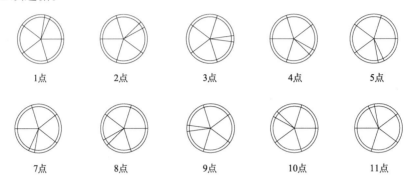

图5-3-5 选点原则

5.3.2 拼装前的准备

拼装前,先由电瓶车将管片运输至1号台车的防撞梁处。此时,跟机技术员应立即检查材料的外观、数量及规格并做好相关记录,若有异常应立即处理。紧接着摘车,将管片车(若带浆时也包括浆车)固定在防撞梁处,在防撞梁与拼装机之间已拼好的管片上铺两根方木(长4m),之后采用双轨梁将管片运输至连接桥下待拼装区域(图5-3-6)。

图5-3-6 拼装前管片的放置

5.3.3 管片拼装

拼装过程共需4人:1人拼装,2人打螺杆,1人运管片。管片拼装采用的是管片拼装机(图5-3-7),管片拼装机有旋转、伸缩和摇摆的功能,这三种功能使得拼装机能将管片运送至合适的位置。拼装前应先缩回所拼管片对应区域的油缸,为了安全起见,拼装的第一块管片要求在3点、9点以下。拼装到位后,应先穿环向螺杆同时上对应的螺栓,上螺栓之前应确保防水垫圈已放好,之后立即伸出对应区域的油缸顶紧管片,在此过程中应避免油缸撑靴偏位,紧接着穿径向螺杆上对应的螺栓,此操作未完成前严禁拼装机松拼装头,待全部管片拼装完毕后,还应用风动扳手将全部螺栓紧一遍,确保螺杆外露丝扣不少于4个丝,见图5-3-8~图5-3-10。

5.3.4 质量控制

施工过程中应对管片拼装质量做到实时监控,这其中最主要的就是对管片错台的控制。

经过实地观察总结,导致管片错台的主要原因是豆粒石吹填不及时和螺栓未复紧或复紧不及时,因为这两种情况会使得管片有自由活动的空间,尤其在转弯区段,管片不仅会有上下位移,还会随着推进时盾尾的摆动和推进油缸的不均匀推力产生左右位移。因此拼装后应及时拧紧螺栓,待推进下一环至1.5m时还应对上一环管片的全部螺栓进行复紧(图5-3-11),同时还应着重注意豆粒石的吹填时间,及时跟进以控制错台,才能保证管片拼装质量。

图5-3-7　管片拼装机　　　　　　　图5-3-8　安装防水垫圈

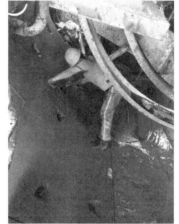

图5-3-9　油缸撑靴偏位　　　图5-3-10　紧螺栓　　　图5-3-11　螺栓复紧

5.3.5　注意事项

(1)管片吊装前,拼装头应完全拧进螺栓孔。

(2)管片落地前,必须垫方木。

(3)拼装时严禁全部油缸同时缩回,螺栓未上到位和油缸未顶紧管片之前严禁拼装机松拼装头。

(4)伸油缸前确保撑靴正对管片。

(5)拼装过程中,拼装机作业范围内严禁站人。

点位选择和管片拼装是单护盾 TBM 施工过程中的两个重要环节,点位选择间接影响拼装质量,拼装质量直接影响工程质量。选择合适的拼装点位,同时合理地安排相关工序的进行时间才能确保管片拼装质量,进而提高项目总体质量水平。

5.4 过站

5.4.1 过站设计

重庆TBM项目第一区间掘进贯通后,需在B车站进行过站,B车站属于暗挖车站,单护盾TBM采用整体自行式步进过站方法。

1)变坡设计

过站期间单护盾TBM需要整体进入暗挖车站,在出洞时盾体与B车站地面有一定高差,后面的配套拖车需要通过轨道回到地面,故须为后边的台车及电瓶车轨道制作变坡,洞口最后一环管片距地面95cm。变坡利用铁马镫逐渐降低高度,从而实现TBM整体回到地面,相邻铁马镫高差为2cm,水平间距为1m,个数应按照实际情况制作,依次排列直至回到地面。后续轨道铺设于长4m、宽10cm、厚0.5cm的长方形钢板上,每榀轨道长6m,铁马镫采用200mm×200mm的H型钢制作;铁马镫间距的设计需要考虑电瓶车的负载爬坡能力,电瓶车负载后爬坡能力有限,所以变坡的长度设置为100m,保证下一区间向前掘进时电瓶车能顺利通过变坡段,设计如图5-4-1所示。

图5-4-1 铁马镫与轨道关系位置图

2)反力装置设计

(1)重心确认

根据相关理论结合软件计算确定设备重心位置,将地面坐标原点置于前盾与中盾之间,第一次计算如图5-4-2、图5-4-3所示。

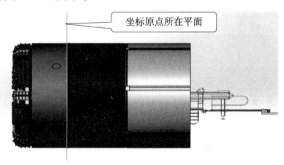

图5-4-2 建立设备模型及坐标原点选择

第一次计算结论:主机的重量分布在左右和上下两个方向上是基本对称,重心可以认为就在盾体中心线上。为方便工地测量,统一以前中盾法兰连接面为参考,此处重心距离中盾法兰连接面距离为 $449 - 60 = 389(\text{mm})$。

进行第二次重心计算,将平面坐标原点置于刀盘前进行计算,如图5-4-4和图5-4-5所示。

第 5 章 掘进施工技术

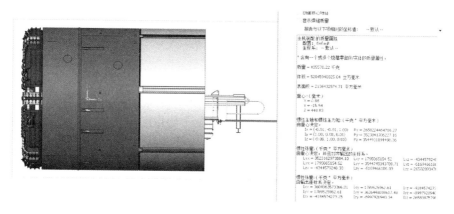

图 5-4-3 第一次重心计算结果

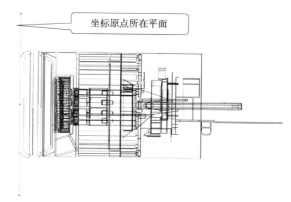

图 5-4-4 建立设备模型及坐标原点选择

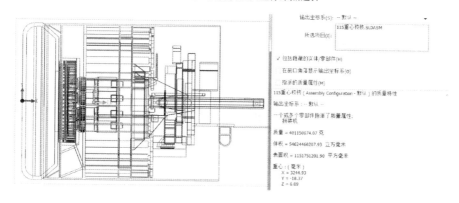

图 5-4-5 第二次重心计算结果

第二次计算结论:同样地,主机重量在左右和上下两个方向上分布基本对称,重心可以认为就在盾体中心线上。为方便工地测量,统一以前中盾法兰连接面为参考,此处重心距离前中盾法兰连接面距离为 3245 - 2900 = 345(mm)。

重心计算结论:

①两次计算结果差别不大,表明重心位置非常靠近盾体中心线,可近似认为重合。

②在主机含且仅含刀盘、主驱动、前中尾盾、管片拼装机的情况下,可以估计主机重心位

于前中盾法兰连接面后$(345+389)/2=367(\text{mm})$。

③保守估计,重心位于前中盾法兰连接面后300~450mm之间。

(2)三角支撑设计及位置确定

盾体前进时需要盾体与托架发生竖直位移,之后托架与盾体再发生相对位移,从而使盾构机前进,故此需要在盾体两侧焊接四个三角支撑用作安置油缸来完成竖直位移。由于盾体主要重量集中在前盾与中盾,故此盾体的重心靠前,所以两边三角支撑的也应该放置在前盾与中盾。

三角支撑采用三块间距为150mm弧形钢板焊接而成,外侧和底侧用钢板密封。设定盾体总质量440t,每个受力支架承担110t。支架和底座采用Q235钢板焊接而成,钢板厚度为20mm。弹性模量$E=206\text{GPa}$,密度$=7850\text{kg/m}^2$,泊松比$=0.28$。使用ANSYS软件建模分析,利用Solid92实体单元进行网格划分,见图5-4-6。

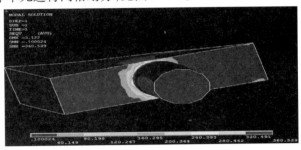

图5-4-6 模拟验算三角支撑应力分布图

分析结果:

①最大位移发生在最高点,侧向最大形变为3.122mm。

②最大应力发生在千斤顶与支撑接触的地方,约为360.539MPa,而Q235钢板的受力极限为235MPa,所以需要在千斤顶与支撑接触的位置进行加固。

③焊接采用钢板双面焊缝,计算时采用最不利受力情况进行计算,安全系数极高,不需要考虑。

如图5-4-7所示,始发托架与盾体接触的两个点为受力点,力的方向指向盾体的重心,受力分析可知重力的两个分力分别作用在托架底部的两块钢板的中心位置,取其中心点到托架中心点为距离为1520mm,而钢板的横长必须是1520mm的三分之二才能使其达到稳定,故此三角支撑的底部钢板为1097mm。理论上竖直钢板与盾体圆面相切可以承受最大的力,结构最稳定,但是考虑到油缸的行程有限,并且油缸的缸直径较小,故需要放置钢板来减小地面混凝土垫层所受压力,所以综合考虑现场实际情况及操作的可行性,决定放到与重力方向呈70°角的位置,在刀盘最外延向下作垂线,之后结合底板面的长度,确定竖直钢板的长度1515mm。因两块底座受力面积过小,压坏混凝土垫层,后换两块1000mm×1000mm×40mm的钢板。

图5-4-8所示为同侧两个三角支撑的选择,前盾隔板到重心所在法兰平面的距离为$1100+375=1475(\text{mm})$,中盾支撑环到重心所在平面的距离为$2105-375=1730(\text{mm})$,两个平面到重心平面的距离相似,同时这两个位置为盾体连接处的加固位置,结构相对盾体其他部分更牢固,所以选择这两个位置焊接三角支撑。

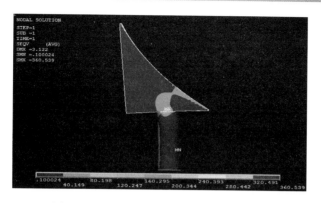

图 5-4-7 模拟验算三角支撑和底座应力分布图

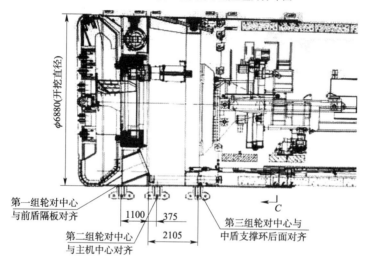

图 5-4-8 三角斜撑到所在平面到中心平面的距离

(3) 反力装置设计验算

过站前进是通过盾体与始发托架不断相对位移完成的,故此需要在始发托架上面焊接反力装置才能完成位移,所以反力架必须可以承受油缸的推力而不损坏,才能保证过站的连续前进。

主机重量:$W_1 = 3800 \text{kN}$;后配套重量:$W_2 = 1700 \text{kN}$;推进油缸直径:$d = 230 \text{mm}$;型钢的摩擦系数为 $\mu = 0.15$;向前推进时的压力平均值 $P = 0.7 \text{MPa}$。

$$F_1 = \mu W_1 + \mu W_2 = 255 + 570 = 825(\text{kN}) = 82.5(\text{t})$$
$$S = \pi (D\backslash 2)^2 = 415.25(\text{cm}^2)$$
$$F_2 = SP = 415.25 \times 7 = 2907.82(\text{kN}) \approx 291(\text{t})$$
$$F = F_2 - F_1 = 2907.82 - 825 = 2082.82(\text{kN}) \approx 208.3(\text{t})$$

所以后边小反力支架需要承受大概 208.3t 的力,设计时应保证结构可承受此力。

小反力架用长度为 3760mm 的 250mm×250mm 的 H 型钢焊接在步进小车上,H 型钢前侧焊接四块钢板,H 型钢中部并排焊接两块竖立的 250mm×250mm 的 H 型钢。施加 150t 纵向荷载。所有材料均选用 Q235 钢,弹性模量 $E = 206 \text{GPa}$,密度 $= 7850 \text{kg/m}^3$,泊松比 $= 0.28$。利用 Solid92 实体单元进行网格划分,见图 5-4-9~图 5-4-11。

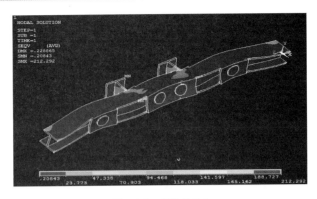

图 5-4-9　模拟结果 1

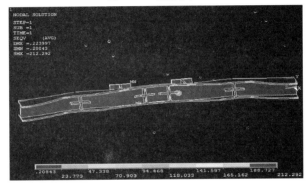

图 5-4-10　模拟结果 2

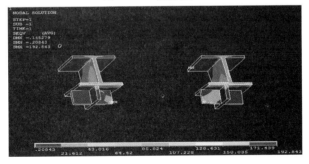

图 5-4-11　模拟结果 3

分析结果：

①最大位移发生在两侧油缸与反力装置接触的位置，形变约为 5mm，形变较小。

②最大应力发生在反力装置后侧两块加劲肋 H 型钢上，压力 192.843MPa，接近 Q235 钢材的受力极限，步进过程中要注意观察，及时进行结构加固，防止结构破坏。

3）焊接的技术要求

由于焊接的母件承受力较大，根据焊接等级要求，作用力垂直于焊缝长度方向的横向对接焊缝或 T 形对接与角接组合焊缝，受拉力时应为一级，受压时应为二级，焊缝外观应符合下列标准：

一级焊缝不得存在未焊满、根部收缩、咬边或接头不良等缺陷，一级焊缝和二级焊缝不得存在表面气孔、夹渣、裂纹或电弧擦伤等缺陷。

盾构机在进行过站时,盾体上的焊接件承受着盾体的重力,后边反力架承受油缸的推力,由于盾体较重且受拉力与压力,所以盾体上的三角斜撑与反力架的焊接需要达到一级焊缝的水平。

4)影响过站因素及改进意见

推进的周期一般为10min推进1.45~1.55m,平均推进4次需要接设一次轨道(台车与电瓶车轨道共4条),每节轨道需要5个铁马镫,电瓶车往返一次需要1h10min,每次可运输焊接两次的轨道和马镫,下料及焊接需要1h20min,台车轨道焊接好后不影响推进时可以推进,一般接两根轨道焊接需要20min,所以约80min推进12m,等电瓶车进入及接焊轨道共需时间为1h50min,所以每班理论可以推进40m。由于电瓶车的延误,推进时受力过大导致焊接件脱焊、方向偏差、地面不平整等因素影响每班实际进度与预计进度有差别,情况良好时每班可推进30m。

影响过站的主要因素为钢结构及焊接点的损坏、人员分配的不合理和材料供给不及时三类,如果可以解决这三类问题,将大大提升过站的速度,缩短工期。

(1)钢结构及焊点的损坏

过站推进过程中,由于盾体较重,辅助推进的焊接件很容易损坏,液压千斤顶连接处经常脱焊,脱落。推进油缸的撑靴螺栓脱丝,丝牙损坏,螺栓变形。左线还出现始发架轨道损坏的情况。另外,左线还出现小反力架变形等严重的钢结构损坏,极大地影响了过站的工程进度。

改进方案:对液压千斤顶的连接处进行加固,焊接完成后可以在连接处两侧焊接钢筋卡住固定油缸的小滑轨,达到加固的目的,推进时尽量将起升高度达到最大,使盾体和始发托架完全脱离地面,减小摩擦力从而减小撑靴受力。在反力架后面安装传力装置,将力导入地下,使油缸撑靴与小反力架的连接处尽量处于平稳的接触,防止接触面不完全导致撑靴螺栓变形。反力架轨道的损坏主要是因为地面不平整,受力分布不均匀,发现地面有角度后适当将低的一侧垫起,可以减少损坏。

(2)人员的分配和材料的供给

本次过站的人员分为电焊工2人、机修工4人、电工2人、劳务焊工1人(焊接轨道马镫),劳务队辅助推进,材料主要影响推进速度的是铁马镫和台车电瓶车轨道的供给等。

改进方案:前期准备工作都应在盾体出洞前准备好,包括电焊、气割及其辅助材料,焊接件的钢板。开始的焊接工作量比较大,应适当增加焊工的人数,建议增加到4人,焊接工作量减小后可以减少人数;机修工的人数足够进行向前推进,建议不增加;推进时没有足够的对讲机(盾体的三个方向都要有人观察,有一人操作液压泵站),有可能沟通不方便导致起落时钢结构的损坏,时间上也影响,建议加配对讲机;推进时焊接轨道的焊工少,进度跟不上推进的速度(修理时除外),建议增加1人;材料供给上影响推进,主要和协调有关,再者和地面准备也有关系,电瓶车下完材料还在洞内等待,出去之后吊装材料耗时较大,都会影响过站进度,建议加强洞内和地面的协调,缩短下料的时间。洞内应预留一定的易损元件和辅助设备,如较容易损坏的撑靴螺栓等;各尺寸的钢板和工字钢等应有备用的整块料,小损坏后可以直接切割加工;氧气乙炔焊条等加强管理,每天上下班后及时把即将消耗完的材料上报,及时调配,也可在一定程度上加快推进的速度。

5.4.2 施工顺序准备工作

1)TBM 过站施工顺序

TBM 到达前的准备→单护盾 TBM 到达→单护盾 TBM 接收→步进架反力装置的安装→步进过站→始发前的准备→进行始发。

2)过站准备

(1)过站区域硬化基础、铺设垫层,通过计算确定所需混凝土厚度与强度等级。混凝土的垫层厚度与强度等级的确定详见 5.4.5 小节。

(2)为保证过站期间排水系统畅通,在铺设垫层时要对其平整度及横坡作以下要求:对垫层基底表面的淤泥、杂物均应清理干净,并应有防水和排水设施。如果是干燥非黏性土应用水湿润,表面不得留有积水;混凝土捣振密实后,按标杆检查一下上平,然后用大杠刮平,表面再用木抹子搓平。有泛水要求的地面,应按设计要求做出坡度,一般对设计要求的允许偏差不应大于 0.2%,最大偏差不应大于 30mm。

(3)为了后期 TBM 的接收工作,在铺设接收洞处垫层时,要在设定区域埋设预埋件,预埋件表面要露出垫层面。

5.4.3 过站施工

1)TBM 到达前的准备

(1)TBM 到达前速度与姿态的控制

在将要到达接收洞前,TBM 如果推力过大推进速度过快,会使 TBM 姿态很难控制,有可能使接收洞岩壁垮塌,出现安全隐患。所以要减慢推进速度,将出洞姿态调整平稳。为了使盾构机在预定的位置顺利出洞,在距出洞口 20 环的时候就要将姿态的纵、横偏差控制在 25mm 以内。在距出洞 3m 左右时,盾体油缸推力控制在 500t 左右,推进速度在 5~10mm/min,刀盘转速 1.3r/min 左右,扭矩保持在 300~500kN·m。

(2)TBM 接收前的测量工作

①测量组放样出轨道的中心线,为出洞时步进小车的铺设与行进路线做准备。

②对步进基础混凝土底板标高进行测量确认,确保出洞时 TBM 的接收。

③由测量组每隔 5 环对洞尾与接收洞的距离进行测量计算,将 TBM 姿态数据跟操作手交底并及时进行调整,防止不能按预期出洞。

2)单护盾 TBM 到达

(1)刀盘露出接收洞后,及时清理刀盘前部推落的渣土、石块,在清理过程中确保 TBM 在停机状态,清理时要注意洞口上方可能会有碎石掉落,做好排险工作,确保安全作业。

(2)刀盘露出接收洞后,对步进基础混凝土底板标高、接收洞导轨标高进行复测,如果有问题可以及时做出相应对策。

(3)刀盘露出接收洞后对管片、碎石、注浆的要求:

①此时管片的拼装要根据现场情况做相应调整。

②碎石吹填一定要及时、吹填方量要充足,防止管片下沉,影响 TBM 接收。

③从距盾尾 5 环位置开始注双液浆直至盾尾出洞口,利用浆迅速凝结,防止管片下沉,

使接收 TBM 不受影响。

(4)步进托架组装与铺设:

①使用 25t 吊车将步进托架拼接就位,在就位前要确保就位区域地面平整,干净无物,不影响铺设。

②就位时,要确保步进托架中线与轨道中线重合(图 5-4-12)。

③步进托架要放置在刀盘下方,使台架尽量与洞门贴近,方便 TBM 接收。支架就位后要确保刀盘下部与轨道的间距在 5cm 以内,防止盾体落在支架上倾角过大,造成盾尾间隙过小影响管片拼装。

④步进托架就位之后,将其与地面预制钢板焊接在一起,固定在预定位置;同时为了防止接收 TBM 过程中,步进托架发生位移,还要对步进托架与地面的连接进行加固(图 5-4-13)。

图 5-4-12 调整台架中线与轨道中线重合

图 5-4-13 进步托架与地面的连接加固

3)单护盾 TBM 接收

(1)在接收 TBM 之前,为了减小 TBM 与步进托架轨道的摩擦,要在轨道上涂抹黄油;并在盾体下方与轨道接触位置焊接长 20cm、宽 15cm 的钢板,减少盾体与轨道的接触面积。

(2)如果当 TBM 前盾到达步进托架轨道上时,对步进架造成推移,要在盾体与步进架之间焊接反力装置,在步进架上放置液压油缸,当 TBM 前进时同时给步进托架施加反向推力,使其不会发生推移。

(3)由于 TBM 上推进油缸行程不能满足,要想使盾体全部出洞,要在盾尾底部 6 点拼装区域临时拼装两块标准块的管片,利用底部油缸将盾体全部推至进步车轨道上,然后将临时拼装管片拆除完成出洞。

4)步进架反力装置的安装

(1)安装前准备工作

①安装所需的电焊机、气割设备、钢板、工字钢、手拌葫芦、链拉葫芦。

②电工确保现场的照明与用电安全,机修与焊工负责反力装置(图 5-4-14)的安装。

(2)三角支架的焊接

由于盾体的重心位于前中盾法兰连接面后 300~450mm,经过计算得出盾体的四个受力点,将三角支架(图 5-4-15)焊接于四个力点上,前

图 5-4-14 盾体与进步架之间的反力装置

盾、中盾左右各一个,共四个。因为要承受整个盾体的重量,所以焊接一定要牢固。

(3)液压油缸的焊接

在每个三角支架下方各焊接一个提升油缸(图5-4-16),共四个,在步进中负责对盾体整体的提升。在提升过程中可能产生较大扭矩,要将油缸焊接牢固。

图 5-4-15　三角支撑　　　　　　　　　图 5-4-16　提升油缸

(4)受力底座的焊接

在每个提升油缸下焊接一个受力底座,增大油缸与地面的接触面积,承受盾体重量。

(5)滑轨焊接

在盾体两侧各焊接两根长度为2.4m滑轨(图5-4-17),采用手扳葫芦与下部步进托架连接,当提升油缸时将TBM与步进托架同时提升。用于滑轨的钢板要达到足够的强度,保证吊起托架时不会发生变形,其焊接位置应在托架的四个受力点的垂线与盾体相交的位置,保证托架提升时的稳定性从而保证盾体的稳定性。

(6)步进托架反力装置的焊接

在步进托架尾部焊接反力架,反力架与推进油缸之间用长度为3760mm的250H型钢连接,底部C组油缸全部使用,见图5-4-18。

图 5-4-17　滑轨　　　　　　　　　图 5-4-18　步进托架尾部反力装置

(7)铰接油缸加固

中盾与尾盾由铰接油缸接连,为了保证其在步进过程中的稳定,在它们之间焊接若干钢板进行固定,见图5-4-19和图5-4-20。

图5-4-19 受力底座焊接

图5-4-20 铰接油缸加固

5)步进过站

(1)人员分配

①在步进过程中,盾体左右要各站一人实时观察,如果有轨道断裂、提升油缸提升不足等情况,及时通知操作手停止前进,处理问题。

②1名控制油缸升降的人员。

③1名负责推进的操作手。

④1名现场指挥人员。

⑤7名铺设轨道人员,其中包括2名固定轨道的焊工,在推进过程中,2名焊工可能无法及时固定轨道,影响推进速度,可以增加1~2名焊工。

(2)步进过程

①步进流程:盾体推进→提升盾体与步进托架→步进托架前移→放下盾体与步进托架→盾体推进。

②步进的原理:利用步进托架与地面的摩擦力提供反力,TBM油缸提供动力进行步进。

③步进步骤:

a. 使用步进托架、TBM油缸将盾体向前推进至一定距离。

b. 采用提升油缸将TBM与步进托架一同提升。提升高度控制在2~3cm。盾体举升装置设计图如图5-4-21所示。

c. 回收推进油缸,步进托架向前行走,收起提升油缸,准备下一循环的步进。正常情况下,一次循环时间为7~10min,其中TBM油缸将盾体向前推进时间为30~60s,提升油缸提升时间为2~4min,步进托架前进时间为30~60s,提升油缸下降的时间为3~5min。

d. 步进到始发洞结束步进,进行二次始发。

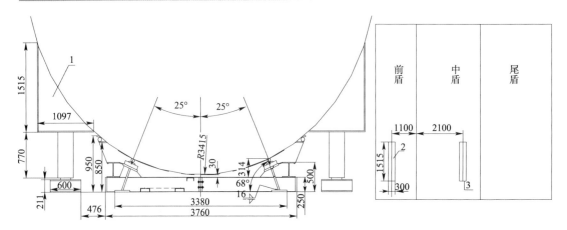

图 5-4-21　盾体举升装置设计图(尺寸单位:mm)

（3）步进过站过程中轨线的延伸

在步进过站过程中，随着 TBM 前移，台车轨道和电瓶车轨道都要随之向前延伸，如有变坡需求，通过设置铁马镫来完成变坡。

6）步进注意事项

（1）由于盾构机自重很大，在油缸提升时，地面受力点很小，所以要注意地面的沉降。如果发生沉降，及时更换大的油缸底部支撑，避免受力集中，减小地面承受压力。

（2）在提升油缸下降时，要注意四组油缸均匀慢放，将下降时间控制在 2min 以内。如果放得太快，可能会使步进架轨道压力过大发生断裂。

（3）在步进过程中，可能会出现盾体与轨道摩擦力过大推进困难，此时要及时在轨道上涂抹黄油，减小摩擦力。

（4）过站推进速度要均匀，按照测量放样出的中心线步进。

（5）在 TBM 调向时，为了避免扭动距离过大使盾体后方台车无法承受其产生的扭矩而脱轨，要循序渐进慢慢调整，将每一循环的调整距离控制在 5cm 以内。

（6）过站铁马镫要按施工要求布置间距为 1m，铁马镫按照适当高度制作，要保证轨道的平缓。

（7）当 TBM 下坡后，为加强轨道的稳定性，要在轨道与地面间放置扁铁，使其与轨道焊接在一起。扁铁的长度应控制在 4~6m，如果太短可能在盾体调整方向时，扁铁无法承受其产生的扭矩，使轨道翻转发生脱轨，扁铁的间距为 1m。

图 5-4-22　双轨梁分离

（8）在 TBM 调向时，为了避免扭转距离过大，撑靴和反力架接触部位受力不均匀，会受到横向剪力的作用使撑靴螺栓断裂，调向时要循序渐进慢慢调整，将每一循环的调整距离控制在 5cm 以内。

（9）由于双轨梁位于连接桥上，在下坡时，连接桥会产生很大扭矩，为了防止双轨梁发生变形折断，要提前将双轨梁在盾尾与 1 号台车处分离(图 5-4-22)。

5.4.4 人员结构及其工效

根据整个过站工效的总结和统计,得出以下人员结构及工效,见表5-4-1。

过站所需人员及工效　　　　　表5-4-1

步进前步进装置的焊接过程	主要工作	托架的安装,盾体反力三角铁焊接,液压千斤顶焊接,托架滑轨焊接,托架吊耳焊接,盾尾连接加固,推进反力架的焊接,照明设备安装等
	所需人员及其主要工作内容（实际情况）	（1）项目副经理1人,负责现场技术支持和指导,督促现场作业人员按照技术交底、施工内容完成过站任务; （2）现场技术员1人,主要负责现场的组织协调,对作业过程的质量、安全进行控制; （3）机修4人,主要负责步进装置的安装,作业过程中各项设备的操作、设备维修以及焊接的质量控制; （4）焊工2人,主要负责在此过程中的焊接工作; （5）电工1人,主要负责过站过程中电力的输送以及用电安全的控制; （6）劳务4人,在此过程主要负责材料搬运,辅助安装等工作
	所需设备和材料	主要设备有电焊机、气割设备、液压泵站、液压千斤顶、手扳葫芦、链拉葫芦;主要材料有2cm厚钢板、H型钢、焊丝、焊条、二氧化碳、氧气、乙炔等（设备及材料的具体数量和规格参考机电部总结）
	实际工效	（1）人员安排方面,焊工人数（实际2人）大大影响工效,因为此过程中的焊接工作均可同时进行,所以应增加焊工人数; （2）材料供给,每次材料运输所花费时间在1～1.5h（材料完全且充足的情况下）; （3）人员的工作效率,焊工的工作效率与焊接要求、焊缝的大小、焊接位置等有直接关系,实际情况此过程焊接工作用时3d
	最佳工效	（1）增加焊工2人,共4人同时作业（人数过多会增大成本达不到最大利用率）,缩短焊接所用时间; （2）所需材料一次性供给,省掉运输材料所花费时间,理论上此过程焊接安装过程需2d左右
步进前移过程	主要工作	盾体提升,油缸推进,收缩油缸,马镫或扁铁的安装,轨道铺设,轨道压板的焊接,连接马镫钢筋焊接,照明设备安装,水管续接等
	所需人员及其主要工作内容（实际情况）	（1）项目副经理1人,负责现场技术支持和指导; （2）现场技术员1人,主要负责现场的组织协调,在过站过程中需进行现场旁站,对过站的质量、安全进行控制; （3）机修4人,主要负责各项设备的操作、设备维修以及过站的质量控制; （4）焊工2人,主要负责轨道压板,连接马镫钢筋焊接; （5）电工1人,主要负责过站过程中电力的输送以及用电安全的控制; （6）劳务4人,其中2人主要负责步进过程中轨道的续接,另外2人负责水管续接
	所需材料	轨道,钢筋,轨道压板,马镫,轨枕,扁铁,电力线,水管等（具体数量和规格参考机电部总结）

续上表

步进前移过程	实际工效	在步进过程中,每次油缸推进1.4~1.5m所需3min,提升盾体所需3min,降下盾体所需3min,故每步进1.4~1.5m所需时间为9min左右;因为每节轨道长6m,故每步进4次需续接一次轨道;在续接轨道之前要安装马镫或扁铁,一次材料运输时间为1~1.5h,每安装一次马镫所需时间为20~30min,吊运轨道所用时间为10min左右,4根轨道续接所用时间为20~30min,每一个马镫和4个轨道连接需焊接8个轨道压板,每续接一次轨道需安装6个马镫或扁铁,需焊接48个轨道压板,焊接一个轨道压板需1min左右,故共需24min(焊工2人)。 综上所述: (1)每一个大循环(推进6m,马镫或扁铁安装,轨道续接等)最多用时为3.5h(包括电瓶车运输材料时间),此时每个班最少步进20m。 (2)每一个大循环最少用时1.8h,此时每个班最多步进38m
	最大工效	增加劳务2人,负责接轨道,共4人,左边和右边同时进行;每个班材料尽可能一次运完或在步进时运输;此时每个班最少步进25m,最多步进40m
备注	以上分析均为理想状态下	

5.4.5 过站准备相关验算

混凝土的垫层厚度与强度等级与工期时间、垫层底部的地质情况、混凝土的局部受压荷载力等有关。

(1)混凝土的"强度等级"是根据"立方体抗压强度标准值"来确定,具体的评定方法应以标准养护28d龄期的试件为准,试件为边长150mm的立方体,3件试件为1组,制取组数应符合相关规范规定。水泥混凝土抗压强度的合格标准:

①试件≥10组时,应以数理统计方法的规定进行判断。

②试件少于10组时,可按下述条件进行评定:只要材料和配合比不变,混凝土的强度都应尽可能采用数理统计评定;也可作为一批评定。每批的混凝土试件组数也不宜过多,一般不超过80~100组。

(2)混凝土垫层厚度的计算。单护盾TBM前盾质量约100t,中盾质量约105t,尾盾质量约35t,刀盘质量95t,总质量约335t。由四个液压千斤顶顶起,地面垫层支撑于4个点上,地面的接触面积为$(1000 \times 1200)mm^2$,故地面垫层使用荷载为$70t/m^2$。盾体的长度取9m,宽度取6.8m。C40混凝土抗拉强度:$f_t = 1.71MPa$。

满足承载能力极限状态的最小垫层厚度计算:

①各支点面积:
$$A = 1000 \times 1200 = 1.2 \times 10^6 (mm^2)$$

②当量半径根据《建筑地面设计规范》公式(C.2.3)计算:
$$r_j = 0.564\sqrt{A} = 0.564 \times \sqrt{1.2 \times 10^6} = 617(mm)$$

③支点荷载根据《建筑地面设计规范》公式(C.2.6-1)计算:
$$S = 70 \times 9 \times 6.8 \times 1.4 \div 4 = 1499.4(kN/m^2)$$

④垫层厚度计算取:
$$r_0 = 1.0, k_c = 1.0, \beta = 0.94 \times 10^{-3} \, l/mm$$

由《建筑地面设计规范》公式(C.3.1)：

$$h = \sqrt{\frac{r_0 k_c S}{14.24(\beta r_i + 0.36) f_t}} = 25.5 \text{cm}$$

故满足单护盾 TBM 过站的 C40 混凝土的最小厚度为 25.5cm。

5.5 负环拆除

5.5.1 负环拆除范围

区间始发阶段安装有 7 环负环管片，负环管片拱顶无可用吊点且负环管片顶部距围岩约 1.6m，管片上有轨道、水管、照明灯线、电缆线等给负环拆除作业带来一定的困难。为了使得负环管片能够顺利拆除，制订如下拆除方法。

5.5.2 负环管片拆除方案

摘取一节电瓶车满载土渣的渣箱为吊装设备基座，用 H 型钢在电瓶车渣箱两侧焊接高于整环顶部管片（$D=6600\text{mm}$）高度的钢支架，将滑轮焊接 3.5m H 型钢一端，另一端用插销固定在钢支架上，穿过滑轮的钢丝绳一端用卡扣固定吊环并连接吊装螺栓，另一端固定在电瓶车车尾部，模拟吊车起吊。

拆除负环管片施工顺序：

第一阶段（上半部分）：（钢支架距轨道面高度 $H=7.5\text{m}$）钢支撑（圆钢支撑）→焊接渣箱两侧钢支架→反力架→洞内滑轮安装→负 7 环→负 6 环→负 5 环→负 4 环→负 3 环→负 2 环→负 1 环→运输管片至地面。

第二阶段（下半部分）：（钢支架距轨道面高度 $H=6\text{m}$）拆除轨道→清理底部管片内部杂物→负 7 环→负 6 环→负 5 环→负 4 环→负 3 环→负 2 环→负 1 环→运输管片至地面。

5.5.3 负环管片拆除前的准备工作

负环拆除是一项具有风险的施工作业，在进行负环拆除前必须做好相应的准备工作，使负环拆除作业安全、经济、高效。其要点如下：

（1）负环拆除前作业空间清理

①拆除负环管片前，应将车站始发处范围内的电线、水管、高压电缆拆除或者安全回避，确保作业场地可控。

②拆除负环管片前，将车站反力架处淤泥清理干净，并用污水泵抽走污水以便负环拆除。

（2）负环拆除前机具、材料、人员配置

①准备好气割设备、电焊设备、手动葫芦、吊装螺栓、活动扳手、呆扳手、电瓶车等，并进行必要的检查与调试，确保设备工作正常，做到设备可控。设备表见表 5-5-1。

设 备 表　　　　　　　　　表 5-5-1

序号	型号	规格	数量	备注
1	割枪	套	2	
2	焊机	NBC-350	1	
3	吊装螺栓		2	吊装管片
4	手动葫芦	2t	5	
5	手动葫芦	5t	2	
6	活动扳手	8″	1	
7	呆扳手	36-41	1	卸管片螺栓螺帽
8	电瓶车	55JXC-直交变频	2	

②准备好钢丝绳、吊带、H 型钢、卸扣、吊环、滑轮等材料,确保其强度、拉力等满足拆除作业安全进行,做到材料可控。材料表见表 5-5-2。

材 料 表　　　　　　　　　表 5-5-2

序号	型号	规格	数量	备注
1	钢丝绳	φ25mm×45m	2 根	
2	吊带	20t10m	2 根	
3	H 型钢	250×250	35m	脚手架支撑 6m
4	槽钢	120×53×5	24m	
5	卡头	子硕/6-36	8 个	钢丝绳卸扣
6	卸扣	SLX	5 个	
7	吊环	12t	4 个	扣吊装管片吊耳
8	吊环	25t	1 个	连接钢丝绳和滑轮
9	吊耳		4 个	与螺栓焊接
10	焊条	E4311	20 包	
11	氧气		5 罐	
12	乙炔		3 罐	
13	滑轮	25t	2 个	
14	高空作业安全带		6 套	

③劳动力准备充分,做好人员分工,明确各自职责。人员配置见表 5-5-3。

人 员 配 置 表　　　　　　　　　表 5-5-3

工种	人数	作业天数	作业时长(h)	备注
技术员	1	12	120	
焊工	2	6	42	
工人	6	12	720	
机修人员	3	5	35	
电瓶车司机	2	12	240	

5.5.4 负环管片拆除步骤

(1) 钢支撑拆除

先将钢支撑与底板、中板预埋板以及反力架之间的焊缝割除,然后拆除钢支撑,并用电瓶车运出,见图 5-5-1 和图 5-5-2。

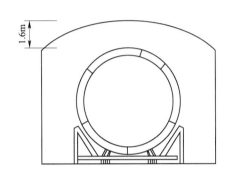

图 5-5-1 负环管片示意图

图 5-5-2 圆钢支撑拆除

(2) 组装吊装设备(图 5-5-3)

① 在反力架横梁中垂线两侧 800mm 左右处各焊接一个吊耳,将手动葫芦悬挂于吊耳上,用手动葫芦将 6m H 型钢拉起至合适位置,电瓶车反向行驶至待渣箱焊接 H 型钢位置(距轨道大约 1.6m),用斜支撑固定住 H 型钢使与渣箱紧密接触,然后将 H 型钢与渣箱侧面焊接牢固,见图 5-5-4 和图 5-5-5。

② 电瓶车向前行驶约 1.6m 至待焊接 H 型钢处,用手动葫芦悬吊 H 型钢至合适位置,竖向基本和渣箱尾端平齐时,将 H 型钢固定并焊接,此处渣箱左右 H 型钢高度高于前一对 H 型钢的高度约 500mm。

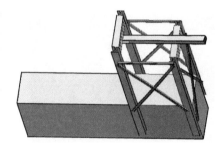

图 5-5-3 吊装设备示意图

图 5-5-4 手动葫芦拉 H 型钢

图 5-5-5 H 型钢顶部位置情况

③待渣箱两侧竖向 H 型钢焊接好后,用槽钢分别加固钢支架横向和纵向连接,防止钢支架倾斜和受力不均脱焊。将 3.5m 一端焊接好滑轮的 H 型钢(图 5-5-6)斜插横向钢支架中,末端用插销固定。

(3)反力架拆除

拆除反力架间螺栓连接,用吊装设备将反力架放倒,见图 5-5-7。

图 5-5-6　H 型钢滑轮位置

图 5-5-7　反力架拆除

(4)洞内滑轮安装

取下第四环管片顶部螺栓,用钢丝绳穿过螺栓孔和滑轮吊孔,用卡扣将钢丝绳卡住,见图 5-5-8。

(5)负环拆除

①负环拆除按每块单独拆除(F 块与邻边块同时拆除),拆除顺序从顶部往下依次对称拆除。

②每块负环第一块拆除时,先将顶部第一块吊装孔打穿,打穿后用已加工好的吊装螺栓从吊装孔由下往上穿入并与吊装设备钢丝绳连接,见图 5-5-9。

③拆除管片连接螺栓,将通过滑轮的钢丝绳固定电瓶车尾部,当电瓶车反向均匀行驶时,管片将缓慢沉落着地,着地后取下吊环,见图 5-5-10。

图 5-5-8　洞内滑轮安装

④将焊有吊耳的螺栓分组安装在管片径向螺栓孔上,通过洞内滑轮和吊装设备滑轮的钢丝绳固定于同侧一对吊耳连接钢丝绳中部,隧道外面的电瓶车均匀行驶,使着地管片抬至放置管片的合适高度处,此时洞内电瓶车也均匀行驶,使整个管片悬空至平板车上合适高度,将平板车推至管片下部,缓慢放置平板车上,见图 5-5-11。

⑤顶部第一块管片拆除后,按拱腰距隧道中线最近的管片吊装顺序对称吊装,将焊有吊耳的螺栓安装管片径向螺栓孔上,把通过吊装设备的钢丝绳固定在连接吊耳的钢丝绳中部,确认钢丝绳拉紧之后将底部连接螺栓拆除,当电瓶车反向均匀行驶时,管片将缓慢沉落着地,按照上述步骤,将管片放置平板车上,待上部管片拆除完之后再进行下一环拆除,见图 5-5-12。

图 5-5-9 顶部负环管片拆除　　　　图 5-5-10 电瓶车行驶下吊管片

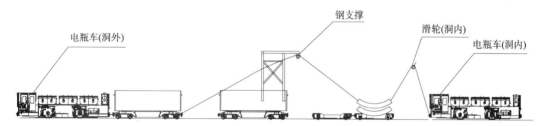

图 5-5-11　放置负环管片示意图

⑥待整个负环管片拆除结束后,利用渣箱上焊接的吊耳用使手动葫芦拉住脚手架,将电瓶车渣箱两侧焊接的钢支架整体降低 1.5m(图 5-5-13),用电瓶车将拆除管片运送至地面,平放堆置在方木上。

图 5-5-12 拱腰部负环管片拆除　　　　图 5-5-13 脚手架整体降低图

⑦拆除轨道连接板,用气割沿着轨道连接缝隙将轨道割开,拆除轨道完成后,清理底部管片场地管线、淤泥等,用同样方法将负环底部管片逐步拆除运送至地面放置好。

负环管片拆除顺序如图 5-5-14 所示。

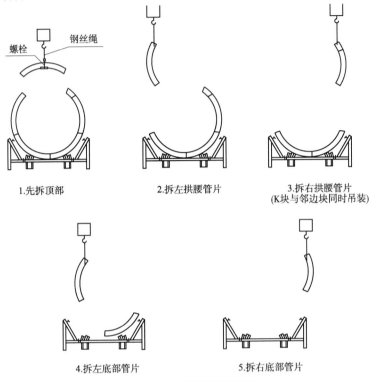

图 5-5-14　负环管片拆除顺序图

5.5.5　负环管片拆除工效统计

负环拆除工效统计见表 5-5-4。

负环拆除工效统计　　　　表 5-5-4

序号	管片位置	拆除消耗时间（min）	装运消耗时间（min）	其他工序消耗时间（min/d）	备注
1	顶部管片	85	30		
2	腰部管片	115	35		
3	底部管片	65	25		
4	钢丝绳连接			8	
5	焊接脚手架			2d	
累计消耗时间		17d			

5.5.6　负环管片拆除注意事项及质量保证措施

(1)注意事项

①随时对钢丝绳进行观察和监测,防止管片起吊时钢丝绳断裂。

②部分管片连接螺栓由于受力不均使螺栓变形,拆除时可用气割焊将其割断。
③选用钢丝绳、吊环、滑轮、卸扣等必须满足承载能力。
④氧气和乙炔使用时须保持一定距离,使用完毕后须撤离作业区域,避免空中物碰撞发生不安全事故。

（2）质量保证措施
①施工前组织有关人员熟悉方案以及进行技术交底。
②在吊装过程中,吊点应按规定设置不得随意改动。
③在吊装过程中,必须确保钢丝绳无破损或断裂现象,且卸扣扣紧无松动。
④在吊装下吊过程中,必须保证管片缓慢着地,避免大幅度扭转使钢丝绳断裂。
⑤机械设备、机具使用前应重新检查其机械性能,确保符合使用要求。
⑥选用吊耳的钢丝绳长度必须一致,严禁有长短不一,以免起吊后造成构件扭曲变形,钢丝绳长度应与构件的夹角为60°。
⑦将管片放置平板车时,须缓慢避免管片间碰撞损坏。

5.5.7 负环管片拆除安全措施

（1）进入施工现场的作业人员必须戴安全帽,高空作业人员应佩戴安全带。
（2）施工作业前应组织有关人员进行安全交底。
（3）特殊工种作业人员必须持证上岗。
（4）在起吊作业范围内设立禁行标志,严禁非作业人员进入。
（5）在起吊作业范围内应将电线、水管、高压电缆拆除或者安全回避。
（6）指挥人员应由具有施工经验的人员担任,使用统一指挥信号,信号要鲜明、准确。
（7）在吊装过程中,必须确保电瓶车缓慢均匀行驶且保证对讲机沟通畅通。
（8）施工作业前应检查工具、机具的性能,防止脱扣、断裂。
（9）高空作业人员切勿急于求成,用力过猛,严禁抛掷工具。
（10）电屏车行驶起吊管片时,所用人员须远离钢丝绳区域,防止钢丝绳断裂回弹伤人。
（11）摘除管片吊装螺栓时,禁止作业人员进入管片下部摘取,须远处敲击至掉落着地。
（12）起吊过程中,所有人员远离起到区域,防止管片吊起后晃动碰撞伤人。
（13）起吊过程中,电瓶车行驶须缓慢均匀,避免管片悬空扭转或吊环持力过大断裂。
（14）作业人员推动平板车至管片下部时,禁止作业人员进入管片底部,防止钢丝绳断裂,管片脱落伤人。
（15）管片上吊时,作业人员必须远离管片区域,防止吊耳焊接处断裂使管片脱落或钢丝绳弹回伤人。
（16）气割人员要严格执行气割安全操作规程,氧气乙炔瓶工作间距不得少于5m,与明火相距不得小于10m,乙炔瓶不得平放使用,作业场所不得堆放5瓶以上乙炔。

5.5.8 负环管片拆除出现问题

负环管片拆除出现问题如图5-5-15~图5-5-22所示。

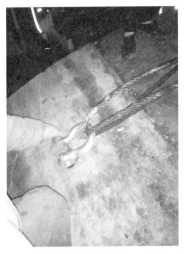 

图 5-5-15　管片下吊钢丝绳断裂、吊耳破损

图 5-5-16　电瓶车行驶钢丝绳断裂

图 5-5-17　螺栓与吊耳焊接处断裂

图 5-5-18　钢丝绳断裂管片掉落

图 5-5-19　放置管片时吊耳脱落、钢丝绳断裂

图 5-5-20　由于螺栓变形造成起吊时钢丝绳断裂

a)　　　　　　　　　　　　　　　b)

图 5-5-21　吊耳与吊环连接处插销断裂

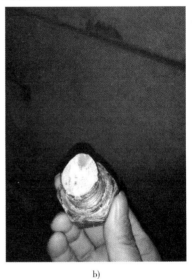

a)　　　　　　　　　　　　　　　b)

图 5-5-22　螺栓变形受力断裂

5.6　刀具管理

通过单护盾 TBM 在 A 车站至 B 站工程的应用,收集单护盾 TBM 刀具检测数据以及更换后的统计结果,做出刀具的检测、更换、维修分析,加强刀具的管理,对提高单护盾 TBM 的掘进效率和成本控制有着重要意义。

5.6.1　刀具结构

17in 滚刀是由 1 个刀轴、2 个密封圈、2 个 O 形圈、1 个上端盖、1 个下端盖、2 个轴承、1 个刀壳、1 个挡环、1 个锁片、2 个螺栓组成,见图 5-6-1。

第5章 掘进施工技术

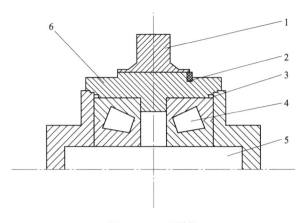

图5-6-1 刀具结构
1-刀圈;2-挡环;3-密封;4-轴承;5-刀轴;6-刀壳

5.6.2 刀具选型与分类

(1) 刀具的选型

根据地质勘查报告可知,隧道围岩以砂质泥岩和砂岩为主,局部浅埋部分夹杂第四系人工填土。针对砂质泥岩和砂岩的地质情况,并且根据工程要求,隧道的施工直径为6.88m,所以采用单护盾TBM进行施工,单护盾TBM刀盘上安装的刀具是直径17in滚刀。在刀具质量方面,应做好滚刀性价比的衡量,选择材质较好价格中等的滚刀,满足刀圈应具有较好的耐磨性、轴承密封应具有较高的耐高温高压的要求。

(2) 刀具的分类

单刃滚刀和中心双连滚刀见图5-6-2和图5-6-3。

图5-6-2 单刃滚刀

图5-6-3 中心双连滚刀

5.6.3 刀具更换统计与分析

1) 刀具的磨损情况及分析

(1) 正常磨损

在掘进过程中,刀具在与岩层摩擦时会造成刀具的磨损,正面滚刀正常磨损值一般在20mm以内,边缘滚刀正常磨损值一般在10mm以内,并且刀圈磨损比较均匀,见图5-6-4。

(2)弦磨

在掘进过程中,岩石硬度的变化、刀盘推力操作不当,都会造成刀具卡死,从而只用某一角度的刀圈破碎岩石,造成刀具的弦磨,见图 5-6-5。

图 5-6-4 正常磨损

图 5-6-5 弦磨

(3)崩刃

在掘进过程中,刀盘推力过大、刀盘温度过高、刀具长时间使用造成扭矩增大,这些因素都会造成刀圈崩刃(图 5-6-6)。

(4)刀具端盖磨损

掘进完一段距离,没有及时清理刀盘导致石块或者泥土堆积在刀箱里,下一掘进循环继续推进,会造成刀具端盖磨损、进泥,导致刀具轴承以及刀轴损坏,造成整把刀具损毁的严重后果,见图 5-6-7。

图 5-6-6 崩刃

图 5-6-7 刀具端盖磨损

(5)刀具轴磨损

遇到硬质岩层刀盘扭矩很大时,刀具轴位置受力很大,容易使轴磨损;刀具端盖磨损进泥时,杂质会让轴承与轴产生很大的摩擦力,造成轴的磨损(图 5-6-8)。

(6)刀具轴承磨损

刀具在使用一段时间后刀具的气密性会下降,可能出现漏油现象,轴承与轴没有润滑油,摩擦力增大导致轴承磨损;刀具的端盖进泥也会导致轴承的磨损(图 5-6-9)。

(7)大面积偏磨解决方案

在工程施工刚开始的时候,刀具出现了大面积的偏磨,经过现场检查与研究,发现 TBM 在掘进时推力过大,导致了刀具的受力太大而产生了刀具大面积的偏磨现象。

图 5-6-8　刀轴磨损

图 5-6-9　刀具轴承磨损

2) TBM 滚刀磨损过程的分析

在盘形滚刀破岩过程中，推进油缸向前推进使刀盘顶在掌子面上，因此滚刀承受的压力十分巨大，且随着岩石强度的增大，滚刀承受的压力也随之增大。随着刀刃贯入深度的增加，与之接触的刀圈表面发生局部塑形变形，受到岩石中坚硬磨料的挤压而形成微隆起，当压痕深度超过断裂临界深度时发生微断裂。随着刀圈不断贯入岩石，微隆起逐渐脱落，微裂缝逐渐扩展，从而使材料逐渐磨损。岩石中硬矿物质含量越高，颗粒形状越不规则，微隆起形成越多，刀圈磨损越快。

经研究，盘形滚刀刀圈的磨损来自两个方面：①滚刀在掌子面上滚动过程中岩石对刀尖的磨蚀；②贯入岩石过程中岩渣对刀刃两侧的磨蚀。

刀盘旋转一周，滚刀的贯入度一般不大于 20mm，而滚刀需要在各自形成的沟槽中碾压一周，沟槽对滚刀造成的磨损远远大于滚刀贯入岩石时的磨损距离。在滚刀破岩过程中，刀刃两侧受到破碎区岩渣、岩粉的侧向摩擦，刀刃尖端受到新鲜岩面的切向摩擦，岩渣、岩粉与岩面分别对刀刃的两侧和尖端磨蚀，加快了刀圈上微隆起的形成和脱落，产生微观切屑。

有上述可得，距离刀盘中心越远的滚刀，其破岩过程中行走的路径越长，磨损也越快。例如重庆轨道交通环线 TBM 项目施工过程中，边刀的消耗量要远大于中心刀，如表 5-6-1 中的滚刀轨迹统计，可以看出滚刀行走轨迹越大，磨损越快。在相同的地质条件下，TBM 所消耗的正（边）滚刀数量是消耗中心刀数量的 3~4 倍。图 5-6-10 所示为重庆某项目刀具消耗统计图。刀盘设计与组装见图 5-6-11 和图 5-6-12。

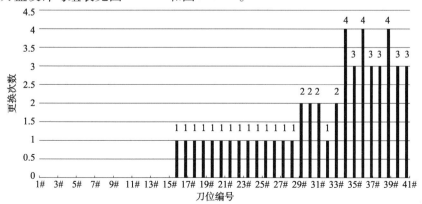

图 5-6-10　刀具消耗统计

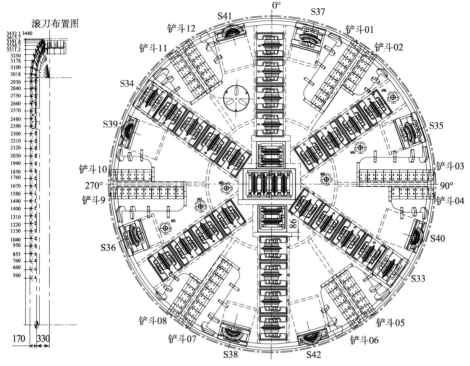

图 5-6-11 刀盘设计图

图 5-6-12 刀盘组装图

某项目单护盾 TBM 滚刀行走轨迹统计表见表 5-6-1 和表 5-6-2。

根据现场掘进数据统计及现场刀具磨损测量数据,总结出以下结论:

①刀盘平均每环运转 133 圈,边刀每环行走 0.29km。

根据 38# 边刀磨损量和运转公里数,计算可得:

砂质岩层:每公里磨损量是 0.05mm;

泥岩:每公里磨损量是 0.02mm。

②正面滚刀,根据 20# 正面滚刀数据,计算可得:

砂质岩层:每公里磨损量是 0.02mm。

泥岩:每公里磨损量是 0.01mm。

第 5 章 掘进施工技术

表 5-6-1

重庆某项目单护盾(右线)TBM 滚刀行走轨迹统计

第一次统计

刀位号	行走半径 (mm)	周长 (mm)	厂家	刀轴号	更换日期	起始环	终止环	初始磨损量 (mm)	当前磨损量 (mm)	运转圈数	行走里程 (km)	平均贯入度 (mm/r)	推力 (kN)	扭矩 (kN·m)	磨损形式	刀圈情况
1#																
2#																
3#																
4#																
5#																
6#	560	3516.8														
7#	660	4144.8														
8#	760	4772.8														
9#	855	5369.4														
10#	950	5966														
11#	1040	6531.2														
12#	1130	7096.4	中天	A1320	1月5日	1070	1220	12	18	23504	166.793	8.55	8146	2447		
13#	1220	7661.6														
14#	1310	8226.8														
15#	1400	8792	中天	A1557	12月22日	1070	1115									崩刃
16#	1490	9357.2														
17#	1580	9922.4														
18#	1670	10487.6														
19#	1760	11052.8	中天	A1560	1月5日	257	1220	12	16	93873	1037.559	10	6169	1967		
20#	1850	11618														
21#	1940	12183.2														

续上表

刀位号	行走半径(mm)	周长(mm)	厂家	刀轴号	更换日期	起始环	终止环	初始磨损量(mm)	当前磨损量(mm)	运转圈数	行走里程(km)	平均贯入度(mm/r)	推力(kN)	扭矩(kN·m)	磨损形式	刀圈情况
22#	2030	12748.4														
23#	2120	13313.6														
24#	2210	13878.8														
25#	2300	14444	中天	A1289	1月5日	557	1220	0	9	83873	1211.461	10	6068	1967		
26#	2390	15009.2														
27#	2480	15574.4														
28#	2570	16139.6														
29#	2660	16704.8														
30#	2750	17270	中天	A1331	8月11日	300	476	0	14.5	21583.4	372.745	13.62	6578	1713	正常磨损	新刀圈
31#	2840	17835.2	中天	A1334	8月31日	300	557	0	11	31865.4	568.316	10.5	6975	1640	正常磨损	新刀圈
32#	2930	18400.4	中天	P2862	9月2日	450	557	0	23.5	14775.4	271.864	8.64	7760	1590	正常磨损	新刀圈
33#	3018.1	18953.668	中天	A1293	11月24日	257	527	0	8.63	27307	517.567	8.63	7075	1734	正常磨损	新刀圈
34#	3099.6	19465.488	中天	A1333	8月18日	257	527	0	16	27307	531.544	11.4	7097	1637	正常磨损	新刀圈
35#	3177.5	19954.7	中天	A1303	7月24日	239	337	0	13	13131.4	262.033	12.7	5306	1267	正常磨损	新刀圈
36#	3249.8	20408.744	中天	A1537	7月8日	239	270	0	偏磨							
37#	3311.2	20794.336	中天	A1464	7月24日	239	337	0	13	13131.4	273.058	12.7	5306	1267	正常磨损	新刀圈
38#	3358.7	21092.636	中天	A1338	7月24日	239	337	0	13	13131.4	276.975	12.7	5306	1267	正常磨损	新刀圈
39#	3391.8	21300.504	中天	A1337	7月24日	239	337	0	13	13131.4	279.705	12.7	5306	1267	正常磨损	新刀圈
40#	3415.7	21450.596	中天	A1313	7月25日	239	337	0	13	13131.4	281.676	12.7	5306	1267	正常磨损	新刀圈
41#	3432.1	21553.588	中天	A1533	8月6日	239	421	0	18	16277	350.827	7.28	5895	1486	正常磨损	新刀圈
42#	3440	21603.2	中天	A1497	7月4日	239	257	0	崩刃							

第一次统计

第5章 掘进施工技术

续上表

刀位号	行走半径(mm)	周长(mm)	厂家	刀轴号	更换日期	起始环	终止环	初始磨损量(mm)	当前磨损量(mm)	运转圈数	行走里程(km)	平均贯入度(mm/r)	推力(kN)	扭矩(kN·m)	磨损形式	刀圈情况
1#																
2#																
3#																
4#																
5#																
6#	560	3516.8														
7#	660	4144.8														
8#	760	4772.8														
9#	855	5369.4														
10#	950	5966														
11#	1040	6531.2														
12#	1130	7096.4														
13#	1220	7661.6														
14#	1310	8226.8														
15#	1400	8792														
16#	1490	9357.2														
17#	1580	9922.4														
18#	1670	10487.6														
19#	1760	11052.8														
20#	1850	11618														
21#	1940	12183.2														

第二次统计

续上表

刀位号	行走半径 (mm)	周长 (mm)	厂家	刀轴号	更换日期	起始环	终止环	初始磨损量 (mm)	当前磨损量 (mm)	运转圈数	行走里程 (km)	平均贯入度 (mm/r)	推力 (kN)	扭矩 (kN·m)	磨损形式	刀圈情况
22#	2030	12748.4														
23#	2120	13313.6														
24#	2210	13878.8														
25#	2300	14444														
26#	2390	15009.2														
27#	2480	15574.4														
28#	2570	16139.6														
29#	2660	16704.8														
30#	2750	17270	中天	A1420	12月28日	557	1186	0	14	77435	1337.302	10.3	5972	1675	正常磨损	新刀圈
31#	2840	17835.2	中天	A1633	1月5日	557	1220	0	17	83873	1495.891	10	6169	1967	正常磨损	新刀圈
32#	2930	18400.4	中天	A1426	12月28日	557	1186	0	10	77435	1424.834	10.3	5972	1675	正常磨损	新刀圈
33#	3018.7	18953.7	中天	A1329	1月5日	557	882	0	10	26348	499.391	8.8	4878	1459	正常磨损	新刀圈
34#	3099.6	19465.5	中天	A1537	11月24日	527	882	0	偏磨	45359	882.935	9.7	5494	1534	正常磨损	新刀圈
35#	3177.5	19954.7	中天	A1449	8月9日	337	450	0	10	15410	307.502	8.3	6507	1691	正常磨损	新刀圈
36#	3249.8	20408.7	中天	A1289	8月18日	270	527	0	11	28154	574.587	8.6	7087	1734	正常磨损	新刀圈
37#	3311.2	20794.4	中天	A1321	8月6日	337	421	0	11	11491	238.947	7.8	6069	1583	正常磨损	新刀圈
38#	3358.7	21092.6	中天	A1338	8月18日	337	527	0	10	25303	533.707	7.8	6069	1583	正常磨损	新刀圈
39#	3391.8	21300.5	中天	A1337	8月18日	337	527	0	9	25303	538.966	7.8	6069	1583	正常磨损	新刀圈
40#	3415.7	21450.6	中天	A1313	8月11日	338	476	0	8	18587	398.702	8.5	6713	1734	正常磨损	新刀圈
41#	3432.1	21553.6	中天	A1295	8月18日	421	527	0	9	14238	306.879	9.29	8236	1860	正常磨损	新刀圈
42#	3440	21603.2	中天	A1541	8月18日	257	527	0	10	27307	589.918	8.63	7075	1734	正常磨损	新刀圈

第二次统计

续上表

第 5 章 掘进施工技术

刀位号	行走半径 (mm)	周长 (mm)	厂家	刀轴号	更换日期	起始环	终止环	初始磨损量 (mm)	当前磨损量 (mm)	运转圈数	行走里程 (km)	平均贯入度 (mm/r)	推力 (kN)	扭矩 (kN·m)	磨损形式	刀圈情况
1#																
2#																
3#																
4#																
5#																
6#	560	3516.8														
7#	660	4144.8														
8#	760	4772.8														
9#	855	5369.4														
10#	950	5966														
11#	1040	6531.2														
12#	1130	7096.4														
13#	1220	7661.6														
14#	1310	8226.8														
15#	1400	8792														
16#	1490	9357.2														
17#	1580	9922.4														
18#	1670	10487.6														
19#	1760	11052.8														
20#	1850	11618														
21#	1940	12183.2														

第三次统计

续上表

第三次统计

刀位号	行走半径（mm）	周长（mm）	厂家	刀轴号	更换日期	起始环	终止环	初始磨损量（mm）	当前磨损量（mm）	运转圈数	行走里程（km）	平均贯入度（mm/r）	推力（kN）	扭矩（kN·m）	磨损形式	刀圈情况
22#	2030	12748.4														
23#	2120	13313.6														
24#	2210	13878.8														
25#	2300	14444														
26#	2390	15009.2														
27#	2480	15574.4														
28#	2570	16139.6														
29#	2660	16704.8														
30#	2750	17270														
31#	2840	17835.2														
32#	2930	18400.4														
33#	3018.1	18953.668														
34#	3099.6	19465.488	中天	P2862	1月5日	882	1220		8	41681	811.341	10.2	7061	1754	正常磨损	新刀圈
35#	3177.5	19954.7	中天	A1415	8月30日	450	557	0	10	14482	288.983	8.64	7760	1596	正常磨损	新刀圈
36#	3249.8	20408.744	中天	A1320	11月24日	527	882	0	10	45522	929.047	9.68	5552	1531	正常磨损	新刀圈
37#	3311.2	20794.336	中天	A1340	8月30日	421	557	0	9	18992	395.426	8.62	7687	1654	正常磨损	新刀圈
38#	3358.7	21092.636	中天	A1464	11月24日	527	882	0	9	45522	960.179	9.68	5552	1531	正常磨损	新刀圈
39#	3391.8	21300.504	中天	A1303	11月24日	527	882	0	8	45522	969.642	9.68	5552	1531	正常磨损	新刀圈
40#	3415.7	21450.596	中天	A1330	8月30日	476	557	0	10	11475	246.146	8.34	7705	1494	正常磨损	新刀圈
41#	3432.1	21553.588	中天	A1578	11月24日	527	882	0	10	45522	981.162	9.68	5552	1531	正常磨损	新刀圈
42#	3440	21603.2	中天	A1418	11月24日	527	882	0	10	45522	983.421	9.68	5552	1531	正常磨损	新刀圈

续上表

第四次统计

刀位号	行走半径 (mm)	周长 (mm)	厂家	刀轴号	更换日期	起始环	终止环	初始磨损量 (mm)	当前磨损量 (mm)	运转圈数	行走里程 (km)	平均贯入度 (mm/r)	推力 (kN)	扭矩 (kN·m)	磨损形式	刀圈情况
1#																
2#																
3#																
4#																
5#																
6#	560	3516.8														
7#	660	4144.8														
8#	760	4772.8														
9#	855	5369.4														
10#	950	5966														
11#	1040	6531.2														
12#	1130	7096.4														
13#	1220	7661.6														
14#	1310	8226.8														
15#	1400	8792														
16#	1490	9357.2														
17#	1580	9922.4														
18#	1670	10487.6														
19#	1760	11052.8														
20#	1850	11618														
21#	1940	12183.2														

续上表

第四次统计

刀位号	行走半径（mm）	周长（mm）	厂家	刀轴号	更换日期	起始环	终止环	初始磨损量（mm）	当前磨损量（mm）	运转圈数	行走里程（km）	平均贯入度（mm/r）	推力（kN）	扭矩（kN·m）	磨损形式	刀圈情况
22#	2030	12748.4														
23#	2120	13313.6														
24#	2210	13878.8														
25#	2300	14444														
26#	2390	15009.2														
27#	2480	15574.4														
28#	2570	16139.6														
29#	2660	16704.8														
30#	2750	17270														
31#	2840	17835.2														
32#	2930	18400.4														
33#	3018.1	18953.668														
34#	3099.6	19465.488														
35#	3177.5	19954.7	中天	A1541	11月24日	557	882	0	10	40603	810.221	10.1	5364	1583	正常磨损	新刀圈
36#	3249.8	20408.744	中天	P2872	1月5日	882	1220	0	10	41681	850.657	10.2	7061	1754	正常磨损	新刀圈
37#	3311.2	20794.336	中天	A1333	11月24日	557	882	0	10	40603	844.312	10.1	5364	1583	正常磨损	新刀圈
38#	3358.7	21092.636	中天	P2874	1月5日	882	1220	0	15	41681	879.162	10.2	7061	1754	正常磨损	新刀圈
39#	3391.8	21300.504	中天	A1340	1月5日	882	1220	0	16	41681	887.826	10.2	7061	1754	崩刃	新刀圈
40#	3415.7	21450.596	中天	A1449	11月24日	557	882	0	10	40603	870.958	10.1	5364	1583	正常磨损	新刀圈
41#	3432.1	21553.588	中天	P2876	12月28日	882	1186	0	9	35243	759.613	10.8	6784	1799	正常磨损	新刀圈
42#	3440	21603.2	中天	P2907	12月28日	882	1186	0	9	35243	761.362	10.8	6784	1799	正常磨损	新刀圈

第5章 掘进施工技术

重庆某项目单护盾(左线)TBM滚刀行走轨迹统计

表 5-6-2

第一次统计

刀位号	行走半径(mm)	周长(mm)	厂家	刀轴号	更换日期	起始环	终止环	初始磨损量(mm)	当前磨损量(mm)	运转圈数	行走里程(km)	平均贯入度(m/r)	推力(kN)	扭矩(kN·m)	磨损形式	刀圈情况
1#																
2#																
3#																
4#																
5#																
6#	560	3516.8														
7#	660	4144.8														
8#	760	4772.8														
9#	855	5369.4														
10#	950	5966	天工	TG1507009323	11月10日	0	730	0	20	90999	542.900	9.6	5746	1535		
11#	1040	6531.2														
12#	1130	7096.4	天工	TG1507028323	11月23日	0	835	0		91659	650.449	9.5	5640	1524		刀圈断裂
13#	1220	7661.6														
14#	1310	8226.8														
15#	1400	8792														
16#	1490	9357.2	天工	TG1501080323	11月10日	201	529	0	偏磨	42956	401.948	8.69	5554	1575	正常磨损	新刀圈
17#	1580	9922.4	天工	TG1501086323	9月19日	232	556	0	偏磨	40895	405.777	9.44	6567	1748	正常磨损	新刀圈
18#	1670	10487.6	天工	P2896	11月22日	213	835	0	18	81064	850.167	9.03	5704	1546	正常磨损	新刀圈
19#	1760	11052.8	天工	TG1503001323	11月22日	213	835	0	偏磨	84070	929.209	9	5741	1540	正常磨损	新刀圈
20#	1850	11618	天工	TG1501057323	11月10日	168	730	0	9.5	69796	810.890	8.94	5654	1544	正常磨损	新刀圈
21#	1940	12183.2														

续上表

第一次统计

刀位号	行走半径 (mm)	周长 (mm)	厂家	刀轴号	更换日期	起始环	终止环	初始磨损量 (mm)	当前磨损量 (mm)	运转圈数	行走里程 (km)	平均贯入度 (m/r)	推力 (kN)	扭矩 (kN·m)	磨损形式	刀圈情况
22#	2030	12748.4	天工	TG1507005323	11月10日	168	730	10	17	69796	889.787	8.94	5654	1544	正常磨损	旧刀
23#	2120	13313.6	天工	TG1507021323	9月19日	254	556	0	8.5	37050	493.269	9.71	6540	1778.5	正常磨损	新刀圈
24#	2210	13878.8	天工	TG1501080323	12月22日	201	1189	10	19	128440	1782.593	6.76	3932	1513		旧刀
25#	2300	14444														
26#	2390	15009.2	天工	TG1501085323	12月22日	201	1189	11	30	76396	1146.643	6.76	3932	1513	正常磨损	旧刀
27#	2480	15574.4	天工	TG1501041323	8月30日	129	510	0	12崩刃	40686	633.660	8.78	6564	1691		旧刀
28#	2570	16139.6														
29#	2660	16704.8	天工	P2883	12月28日	129	1231	0	10	91659	1531.145	9.5	5640	1524	正常磨损	新刀圈
30#	2750	17270	天工	TG1501079323	8月30日	168	510	0	合金掉块	40800	704.616	8.79	6561	1692	正常磨损	新刀圈
31#	2840	17835.2	天工	TG1501057323	8月23日	129	460	0	刀圈断裂	33889	604.4171	8.76	6534	1669	正常磨损	新刀圈
32#	2930	18400.4	天工	TG1501049323	8月23日	129	460	0	16	33889	623.571	8.76	6534	1669	正常磨损	新刀圈
33#	3018.1	18953.668	中天	A1327	8月23日	111	460	0	崩刃20mm	36753	696.604	8.46	6336	1641	正常磨损	新刀圈
34#	3099.6	19465.488	天工	P2928	8月7日	111	320	0	17	20029	389.874	7.08	6100	1474	正常磨损	新刀圈
35#	3177.5	19954.7	天工	TG1501030323	8月7日	111	320	0	16	20029	399.673	7.08	6100	1474	正常磨损	新刀圈
36#	3249.8	20408.744	天工	TG1501062323	8月7日	129	320	0	15	17167	350.357	7.35	6430	1493	正常磨损	新刀圈
37#	3311.2	20794.336	天工	TG1503002323	8月7日	111	320	0	14	20029	416.490	7.08	6100	1474	正常磨损	新刀圈
38#	3358.7	21092.636	天工	TG1501093323	8月7日	129	320	0	16	17167	362.097	7.35	6430	1493	正常磨损	新刀圈
39#	3391.8	21300.504	天工	TG1503004323	8月7日	129	320	0	14	17167	365.666	7.35	6430	1493	正常磨损	新刀圈
40#	3415.7	21450.596	天工	TG1501039323	8月7日	129	320	0	正常磨损	17167	368.242	7.35	6430	1493	正常磨损	新刀圈
41#	3432.1	21553.588	天工	TG1501087323	8月7日	129	320	0	正常磨损	17167	370.010	7.35	6430	1493	正常磨损	新刀圈
42#	3440	21603.2	中天	A1323	8月7日	111	320	0	正常磨损	20029	432.690	7.08	6100	1474	正常磨损	新刀圈

第 5 章 掘进施工技术

续上表

第二次统计

刀位号	行走半径 (mm)	周长 (mm)	厂家	刀轴号	更换日期	起始环	终止环	初始磨损量 (mm)	当前磨损量 (mm)	运转圈数	行走里程 (km)	平均贯入度 (m/r)	推力 (kN)	扭矩 (kN·m)	磨损形式	刀圈情况
1#																
2#																
3#																
4#																
5#																
6#	560	3516.8														
7#	660	4144.8														
8#	760	4772.8														
9#	855	5369.4														
10#	950	5966														
11#	1040	6531.2														
12#	1130	7096.4														
13#	1220	7661.6														
14#	1310	8226.8														
15#	1400	8792														
16#	1490	9357.2														
17#	1580	9922.4	天工	TG1501096323	11月22日	556	835	0	18	36716	364.311	9.05	4768	1359		
18#	1670	10487.6														
19#	1760	11052.8	天工	TG1507050323	12月22日	835	1189	0	24	41338	456.901	10.4	5683	1634	正常磨损	
20#	1850	11618	天工	P2875	12月22日	730	1189	10	20	55372	643.312	10	5760	1616		新刀圈
21#	1940	12183.2														

续上表

第二次统计

刀位号	行走半径（mm）	周长（mm）	厂家	刀轴号	更换日期	起始环	终止环	初始磨损量（mm）	当前磨损量（mm）	运转圈数	行走里程（km）	平均贯入度（m/r）	推力（kN）	扭矩（kN·m）	磨损形式	刀圈情况
22#	2030	12748.4														
23#	2120	13313.6														
24#	2210	13878.8														
25#	2300	14444														
26#	2390	15009.2														
27#	2480	15574.4														
28#	2570	16139.6														
29#	2660	16704.8														
30#	2750	17270		TG1501049323	1月2日	510	1286		18	91659	1582.951	9.5	5640	1524	正常磨损	
31#	2840	17835.2		P2879	1月2日	460	1286		崩刃	91659	1634.756	9.5	5640	1524	正常磨损	
32#	2930	18400.4		P2923	12月22日	460	1186		30	91659	1686.562	9.5	5640	1524	正常磨损	
33#	3018.1	18953.668		TG1507016323	12月22日	460	1186		30	91659	1737.274	9.5	5640	1524	正常磨损	
34#	3099.6	19465.488	天工	TG1507010323	8月23日	320	460	0	12	16898	328.928	10.03	6474	1816	正常磨损	新刀圈
35#	3177.5	19954.7	天工	TG1507005323	8月30日	320	510	0	12	23522	469.374	9.91	6667	1848	正常磨损	新刀圈
36#	3249.8	20408.744	天工	TG1507022323	8月30日	320	510	0	12 崩刃	23522	480.054	9.91	6667	1848	正常磨损	新刀圈
37#	3311.2	20794.336	天工	TG1507027323	8月23日	320	460	0	正常磨损	16898	351.383	10.03	6474	1816	正常磨损	新刀圈
38#	3358.7	21092.636	天工	TG1501096323	8月30日	320	510	0	18	23522	496.141	9.91	6667	1848	正常磨损	新刀圈
39#	3391.8	21300.504	天工	TG1507009323	8月23日	320	460	0	18	16898	359.936	10.03	6474	1816	正常磨损	新刀圈
40#	3415.7	21450.596	天工	TG1501082323	8月23日	320	460	0	11	16898	362.472	10.03	6474	1816	正常磨损	新刀圈
41#	3432.1	21553.588	天工	TG1507028323	8月23日	320	460	0	刀圈断裂	16898	364.212	10.03	6474	1816	正常磨损	新刀圈
42#	3440	21603.2	天工	TG1507014323	8月23日	320	460	0	11	16898	365.051	10.03	6474	1816	正常磨损	新刀圈

第 5 章　掘进施工技术

续上表

刀位号	行走半径(mm)	周长(mm)	厂家	刀轴号	更换日期	起始环	终止环	初始磨损量(mm)	当前磨损量(mm)	运转圈数	行走里程(km)	平均贯入度(m/r)	推力(kN)	扭矩(kN·m)	磨损形式	刀圈情况
1#																
2#																
3#																
4#																
5#																
6#	560	3516.8														
7#	660	4144.8														
8#	760	4772.8														
9#	855	5369.4														
10#	950	5966														
11#	1040	6531.2														
12#	1130	7096.4														
13#	1220	7661.6														
14#	1310	8226.8														
15#	1400	8792														
16#	1490	9357.2														
17#	1580	9922.4														
18#	1670	10487.6														
19#	1760	11052.8														
20#	1850	11618														
21#	1940	12183.2														

第三次统计

续上表

刀位号	行走半径 (mm)	周长 (mm)	厂家	刀轴号	更换日期	起始环	终止环	初始磨损量 (mm)	当前磨损量 (mm)	运转圈数	行走里程 (km)	平均贯入度 (m/r)	推力 (kN)	扭矩 (kN·m)	磨损形式	刀圈情况
22#	2030	12748.4														
23#	2120	13313.6														
24#	2210	13878.8														
25#	2300	14444														
26#	2390	15009.2														
27#	2480	15574.4														
28#	2570	16139.6														
29#	2660	16704.8														
30#	2750	17270														
31#	2840	17835.2														
32#	2930	18400.4														
33#	3018.1	18953.668														
34#	3099.6	19465.488	天工	P 2877	8月30日	460	510	0	正常磨损	6930	134.896	8.91	6730	1806	正常磨损	新刀圈
35#	3177.5	19954.7	天工	P 2914	11月10日	510	730	0	10	28161	561.944	9.16	4366	1325	正常磨损	新刀圈
36#	3249.8	20408.744	天工	P 2913	11月10日	510	730	0	10	28161	574.731	9.16	4366	1325	正常磨损	新刀圈
37#	3311.2	20794.336	天工	P 2869	11月10日	460	730	0	10	35007	727.947	9.11	4808	1415	正常磨损	新刀圈
38#	3358.7	21092.636	天工	P 2875	11月10日	510	730	0	10	28161	593.989	9.16	4366	1325	正常磨损	新刀圈
39#	3391.8	21300.504	天工	TG1501030323	9月19日	460	556	0	6	12549	267.300	9.37	6209	1745	正常磨损	新刀圈
40#	3415.7	21450.596	天工	TG1501061323	9月19日	460	556	0	9	12549	269.183	9.37	6209	1745	正常磨损	新刀圈
41#	3432.1	21553.588	天工	P 2882	9月19日	460	556	0	8	12549	270.475	9.37	6209	1745	正常磨损	新刀圈
42#	3440	21603.2	天工	TG1501088332	9月19日	460	556	0	正常磨损	12549	271.098	9.37	6209	1745	正常磨损	新刀圈

第三次统计

续上表

刀位号	行走半径 (mm)	周长 (mm)	厂家	刀轴号	更换日期	起始环	终止环	初始磨损量 (mm)	当前磨损量 (mm)	运转圈数	行走里程 (km)	平均贯入度 (m/r)	推力 (kN)	扭矩 (kN·m)	磨损形式	刀圈情况
1#																
2#																
3#																
4#																
5#																
6#	560	3516.8														
7#	660	4144.8														
8#	760	4772.8														
9#	855	5369.4														
10#	950	5966														
11#	1040	6531.2														
12#	1130	7096.4														
13#	1220	7661.6														
14#	1310	8226.8														
15#	1400	8792														
16#	1490	9357.2														
17#	1580	9922.4														
18#	1670	10487.6														
19#	1760	11052.8														
20#	1850	11618														
21#	1940	12183.2														

第四次统计

续上表

刀位号	行走半径(mm)	周长(mm)	厂家	刀轴号	更换日期	起始环	终止环	初始磨损量(mm)	当前磨损量(mm)	运转圈数	行走里程(km)	平均贯入度(m/r)	推力(kN)	扭矩(kN·m)	磨损形式	刀圈情况
22#	2030	12748.4														
23#	2120	13313.6														
24#	2210	13878.8														
25#	2300	14444														
26#	2390	15009.2														
27#	2480	15574.4														
28#	2570	16139.6														
29#	2660	16704.8														
30#	2750	17270														
31#	2840	17835.2														
32#	2930	18400.4														
33#	3018.1	18953.668														
34#	3099.6	19465.488	天工	TG1507010323	12月22日	510	1189	0	26	76396	1487.085	9.8	5252	1513		
35#	3177.5	19954.7	天工	TG1501092323	12月28日	730	1231	0	10	61577	1228.751	9.9	5917	1623		
36#	3249.8	20408.744	天工	TG1501086323	12月28日	730	1231	0	10	61577	1256.709	9.9	5917	1623		
37#	3311.2	20794.336	天工	P2877	12月22日	730	1189	0	15	55372	1151.423	10	5760	1616		
38#	3358.7	21092.636	天工	P2889	12月22日	730	1189	0	26	55372	1167.941	10	5760	1616		
39#	3391.8	21300.504	天工	P2899	11月10日	556	730	0	10	23384	498.091	8.76	4033	1225	正常磨损	新刀圈
40#	3415.7	21450.596	天工	P2908	11月22日	556	835	0	8	36716	787.580	9.05	4768	1359	正常磨损	新刀圈
41#	3432.1	21553.588	天工	P2921	11月10日	556	730	0	8	23384	504.009	8.76	4033	1225	正常磨损	新刀圈
42#	3440	21603.2	天工	P2912	11月22日	556	835	0	8	36716	793.183	9.05	4768	1359	正常磨损	新刀圈

第四次统计

③自施工以来,左线更换刀圈 50 个,左线掘进工 1287 环,平均每环消耗刀圈 0.039 个;右线更换新刀圈 51 个,右线共掘进 1222 环,平均每环消耗刀圈 0.042 个。截至今日,重庆 TBM 项目换刀 24 把,双线总计掘进 2509 环,平均每环损耗刀具 0.01166 把。

5.6.4 刀具的检查、测量与存档

刀具的检查和测量是刀具管理的第一步。根据之前的水文地质报告,初步拟定掘进参数,但是在施工过程中又会遇到不同的地质情况,及时检查刀具是否有偏磨、崩刃、结泥饼等情况,及时处理,可以让施工做到事半功倍,否则等刀具已经在刀箱中报废,既耽误进度,又造成了很大的劳动力浪费,同时增加了施工成本。施工过程中,加强刀具测量,把一些已经达到磨损上限的刀具拆下来进行必要的维修,既能节约成本,也不会影响施工的进度。

(1)刀具的检测频率

为了保证及时了解刀具的使用情况,而又不耽误掘进时间,利用每一次出渣后刀盘停转约 20min 的时间进入刀盘对刀具进行测量,每次测量不少于 10 把刀具,对于出现刀具严重偏磨、崩刃或漏油等其他特殊情况,要及时通知相关部门及人员进行更换刀具,见表 5-6-3 ~ 表 5-6-5。

刀具检查、测量、更换原始记录表　　　　表 5-6-3

环号	刀号	磨损情况	磨损值(mm)	密封情况	刀温(℃)	更换				备注
						旧刀刀轴号	旧刀厂家	新刀刀轴号	新刀厂家	
	跟机维保人员:									
	TBM 土木技术员:									
	机电部跟机人员:									

注:1. 跟机维修工必须每环进行刀具检查,发现糊刀现象必须清理,刀具磨损的记录磨损值,发现刀具磨损严重或偏磨需要更换的必须将刀号、旧刀刀轴号、厂家、新刀刀轴号、厂家记录清楚。

2. 机电部值班人员负责监督执行,每班值班人员将原始数据交回机电部归档。

刀具拆卸联系单　　　　　　　　　　　　　　　　　　　表 5-6-4

机电部：

经过刀具检查、测量，现在确定更换刀具，刀具刀轴号如下：

序号	刀箱号	旧刀轴号	磨损量	新刀轴号
1				
2				
3				
4				

刀具安装联系单　　　　　　　　　　　　　　　　　　　表 5-6-5

机修人员：

经过查看刀具检查、测量的原始数据，现在决定更换刀具，请根据刀具标记对应换刀相应的刀箱位置，刀具刀轴号如下：

序号	新刀轴号	刀箱号	备注
1			
2			
3			
4			

(2) 刀具检查及积泥清理过程中的注意事项

在刀具检查、测量及清理刀具积泥过程中，工作人员需要进入刀盘，这个过程中必须要做好安全防护工作，做好进出刀盘的工作人员登记确认工作(表5-6-6)，进出刀盘的工作人员必须签字确认，严禁在没有通知 TBM 操作手的情况下进入刀盘，并且严禁在刀盘内有工作人员的情况下启动刀盘。

进出刀盘工作人员登记表　　　　　　　　　　　　　　表 5-6-6

序号	日期	时间	进刀盘人员	出刀盘人员	备注
1					
2					
3					
4					
5					
6					
7					
8					

在测量刀具磨损量时，常见的问题就是在现场测量的磨损量和拆卸之后测量的磨损量误差有时候会很大，究其原因，是因为现场测量时刀具安装在刀盘上，其安装位置及刀盘所转动的角度对刀具的测量误差影响太大。经过现场查看后，决定改进滚刀量刀尺，增加量刀尺与滚刀挡圈的接触，使量刀尺能够稳定地放置在滚刀上，能够准确地测量滚刀磨损量。

(3) 建立刀具更换档案

刀具记录卡、滚刀维修确认表、刀具更换记录见表5-6-7～表5-6-9。

刀 具 记 录 卡　　　　　　　　　　表 5-6-7

刀箱号	第一次更换日期	换刀时使用环数	原刀轴号	新刀轴号	损坏原因
1#					
2#					
3#					
4#					
5#					
6#					
7#					
8#					
9#					
10#					

滚刀维修确认表汇总　　　　　　　　　　表 5-6-8

序号	刀具编号	更换刀圈	磨损情况	挡圈	刀体	刀轴	轴承	端盖1	端盖2	浮动密封	O型圈	更换润滑	检测日期
1													
2													
3													
4													

刀 具 更 换 记 录　　　　　　　　　　表 5-6-9

项　　目	
施工单位	
TBM 编号	
更换刀具日期	
掘进环数	
第　次更换刀具	

滚刀编号	磨损限值(mm)	实际磨损值(mm)	原来刀具(厂家及刀号)	新换刀具(厂家及刀号)
1#				
2#				
3#				

(4)刀具照片记录

每一次的刀具拆卸之后都要拍照存档,拍照要求:可以清晰地看到刀具全貌和刀轴号,如果有偏磨严重的情况拍摄偏磨细部照片,拍照之后根据刀具的损坏情况对刀具照片进行详细分类并完好保存。

(5)刀具的检测标准

每次掘进完成后,用专用的量刀卡尺对刀具进行磨损值测量,正面滚刀磨损超过20mm

的刀具就需要进行更换,否则会在切削岩层时受力太大导致滚刀轴承损坏,边缘滚刀磨损超过 10mm 需要进行更换,否则会影响开挖半径,导致盾体被岩石卡住。如果只有一把刀具磨损量超出范围,并且刀具没有出现偏磨、漏油等情况时,可以暂时不用更换刀具。

刀具在掘进过程中可能会出现偏磨、漏油、崩刃等情况,出现上述情况时必须进行刀具的更换。

5.6.5 刀具的维修

(1) 损坏确定

当刀具已经磨损过大或出现损坏时,拆卸之后运到刀具修理处,对刀具进行检测,根据刀具的损坏情况,制订不同的维修方案,需对更换的配件进行统一记录,对于达到报废标准的刀具,需及时上报请示处理意见。

(2) 分类维修

针对刀具损坏情况(正常磨损、偏磨、崩刃、漏油等)提出不同的修复方案,争取把维修成本降到最低。下面介绍维修过程:

① 拆卸端盖见图 5-6-13。

图 5-6-13 拆卸端盖

② 拆卸刀轴见图 5-6-14 和图 5-6-15。

图 5-6-14 拆卸刀轴1   图 5-6-15 拆卸刀轴2

③ 配件更换见图 5-6-16 和图 5-6-17。

图 5-6-16　更换并安装新轴承 1

图 5-6-17　更换并安装新轴承 2

(3) 维修后的检测

刀具维修完成后,需要进行严格的检测方可安装使用,需要保证安装之后不出现因维修不合格产生的故障,造成停机换刀。

①气密性检测。刀具气密性的检测是保证刀具维修后加注润滑油不出现漏油的一个重要环节,须按照规定进行充气检测,充气的压强是 0.7MPa,充气后 0.5h 不漏气,方可判断刀具维修合格。

②扭矩检测。刀具维修完成后,需要保证刀具在使用时能正常自转,扭矩太小,刀具破岩力度不够,扭矩太大,则会出现刀具不能自转而出现偏磨,合格刀具的正常扭矩取 22~26N·m。

5.6.6　滚刀的安装

(1) 标记

根据滚刀更换的位置,标记好刀轴号以及要更换的刀箱号,见图 5-6-18。

(2) 运输

用电瓶车将滚刀运到 TBM 台车处,图 5-6-19。

(3) 吊运

用管片吊机将滚刀吊运到管片拼装机前面,见图 5-6-20。

图 5-6-18　刀轴号及标记

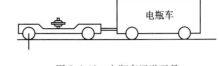

图 5-6-19　电瓶车运送刀具

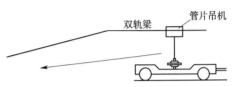

图 5-6-20　双轨梁运送刀具

(4) 把滚刀吊运到刀箱处

刀盘出渣口处挂上手拉葫芦,用手拉葫芦将滚刀吊运到刀盘里面进行滚刀安装,见图 5-6-21。

5.6.7 刀具维修后的安装位置及要求

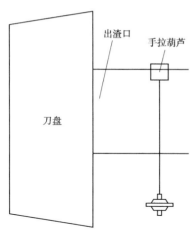

图 5-6-21 刀具运入刀盘

(1)刀具修复完成之后,刀具的安装必须按照相邻刀具凹凸值不超过 8mm 的标准进行安装,相邻刀具不在同一平面,会造成凸起刀具磨损过快,而凹陷刀不受力,最后导致一大部分新刀具受力太大而很快就成为旧刀,增加了刀具使用成本,而且浪费了刀具资源。刀具维修之后,机电部会按照磨损量对每把刀具做好标记,并指定该刀具的安装位置。

(2)刀具更换时,边缘滚刀都是安装新刀或者更换新刀圈之后的滚刀,经过检查,没有偏磨、漏油、崩刃等滚刀损坏现象时,在更换刀具时拆卸之后直接安装在正面滚刀,这样可以降低刀具的更换及维修成本。

(3)根据刀具的磨损、更换、报废情况,建立刀具台账,做到对刀具使用情况的及时跟进,对于报废的刀具,可将其可用零部件集中收集重复使用,做到刀具的再利用。

5.7 TBM 掘进统计分析

5.7.1 重庆某项目 B 区间掘进统计分析

(1)掘进每循环时间分析

目前,TBM 掘进位置已到达 B 站至 C 站区间之内,随着时间的推进,掘进的距离越来越长,电瓶车在路上运行消耗的时间将会增大。为了提高效率,已经在 B 车站内设置岔道用于电瓶车错车。根据以往的施工情况以及真实勘察的数据,特进行工序与时间效率的分析用于施工经验总结。

根据实地勘测记录,得到表 5-7-1~表 5-7-5 所示基础数据。

基 础 数 据 表 格　　　　　　表 5-7-1

项 目	时间(min)	说 明
掘进一环	45	取平均值,不同地质情况时间略有不同
拼装一环	25	机器故障影响除外
电瓶车从进洞到出洞一个循环	80	包括掘进、装卸碎石罐、拆卸和连接管片车以及接渣等其他操作
井口出渣	33	龙门吊每出一斗渣需用时 6min,一次出渣共计 5 斗,考虑中途工人挂钩、电瓶车水平移动的时间,取 33min 为宜
吊装管片	9	考虑中途电瓶车水平移动的时间,三个过程共取 30min 为宜
吊装碎石	9	
灌注砂浆车	9	
电瓶车到达井口并完成操作后离开井口进洞时间	60	井口出渣、吊装管片、吊装碎石、灌注砂浆以及其他操作所用时间

第5章 掘进施工技术

距离统计　　　　　　　　　　　　　　　　　　　　　　　　　表 5-7-2

区　　间	距离（m）	环　　数
A—B	843	562
B—C	1500	1028

速　度　表　格　　　　　　　　　　　　　　　　　　　　　　　表 5-7-3

项　　目	速度（m/min）	项　　目	速度（m/min）
进洞	120	出洞	100

1 号龙门吊运行速度记录表　　　　　　　　　　　　　　　　　表 5-7-4

项目	距离（m）	时间（s）	速度（m/s）	平均（m/s）
向下运行	19	82	0.231	0.235
	19	80	0.238	
	19	89	0.213	
	17	70	0.240	
向上运行	19	72	0.264	0.265
	17.5	63	0.278	
	19	80	0.238	
	16.5	59	0.280	
水平运行	10	35	0.286	0.324
	20	65	0.308	
	28	90	0.311	
	28	67	0.418	
	10	34	0.294	

2 号龙门吊运行速度记录表　　　　　　　　　　　　　　　　　表 5-7-5

项目	距离（m）	时间（s）	速度（m/s）	平均（m/s）
向上运行	17	95	0.18	0.19
	17	85	0.20	
	17	90	0.19	
向下运行	17	65	0.26	0.26
	17	67	0.25	
	17	63	0.27	
水平运行	30	71	0.42	0.45
	20	39	0.51	
	20	46	0.43	
	20	47	0.43	
	20	45	0.44	

注：龙门吊在上行和下行的过程中，下行大多吊有重物，而上行过程多为空或者是轻物，导致上行速度较慢下行速度较快。

掘进一个循环的时间:70min(从开始掘进到掘进后完成拼装);
A 车站出渣及吊装管片等一系列活动累计时间:70min;
电瓶车在路上的速度:车从隧道内出洞速度100m/min(车头在前);
车从隧道外进洞速度120m/min(车头在后)。

(2)对设置错车位进行分析

根据以上数据进行分析,示意图如图5-7-1所示。

图5-7-1 A－B－C 三车站示意图

为了保证运行效率不会降低,就要保证当装满渣土的车出来后,在最短的时间内,空的电瓶车能及时地进入隧道。这里就要体现在 B 车站设置的错车道的作用。

假设一个起始状态,B 岔道处2辆电瓶车都在,空车为1号车,满车为2号车,1号空车开始进洞装渣,2号满车装满渣土开始向外运输,取隧道掘进方向为前进方向。

1号车回到 B 车站的过程所用时间为:

进洞消耗时间 + 掘进时间(仅接渣,不包括拼装) + 出洞消耗时间

2号车回到 B 车站的过程所用时间为:

出洞消耗时间 + 井口时间(包括出渣、下管片等) + 进洞消耗时间

当盾构机经过 B 站开始向 C 推进时,由于盾构机距离 B 站距离近,所以1号车总是早于2号车到达 B,此时,推进一环的消耗时间由2号车决定,即2号车满车从 B 出发再回到 B 消耗的时间,时间为固定值:

$$T = 843 \div 100 + 843 \div 120 + 60 = 75.5(\min)$$

但随着推进距离的增加,1号车行走的距离越来越大,消耗时间越来越多,这样慢慢地就会达到一个平衡点,即当1号车进洞装渣结束后出洞到达错车位置时,2号车也恰好来到错车位置,两车运行同时到达 B 车站错车位,见图5-7-2。

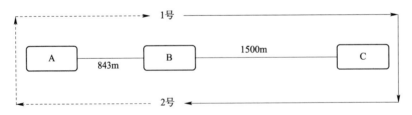

图5-7-2 电瓶车运行示意图

此时,盾构机的位置即为1号车和2号车的平衡位置,盾构机继续推进,则1号车消耗时间增加而2号车消耗时间不变,此时决定推进一环消耗时间段由2号车变为1号车。

根据时间的平衡点,假设平衡点的位置位于 B 到 C 方向距 B X 处,利用时间相等原则列出方程:

$$60 + \frac{843}{120} + \frac{843}{100} = \frac{X}{120} + \frac{X}{100} + 45$$

求解得到:$X = 1664 \text{m}(1109 \text{环})$。

总结:在 B 站设置岔道后,岔道显著提高施工的效率。最理想的状态是空车早于满车来到 B 岔道位置。根据计算,当盾构机与 B 的距离小于 1664m 时,满车将先于空车回到错车位置,满车需要在错车位置等待,有一定时间的闲置,而 B 至 C 区间距离为 1500m,小于 1664m,未到达平衡点,则推进一环要 75.5min,一个班(12h)可以掘进 9.5 环。

(3)对设置错车位和不设置进行对比分析(图 5-7-3)

不管设置错车位置或者不设置错车位置,掘进由于距离的增加从而使运行时间跟着增加,现在分别计算设置错车位时 B 到 C 区间掘进时所需的最小与最大时间和不设置错车位时 B 到 C 所需的最小与最大时间。

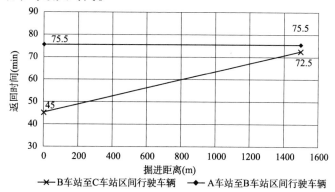

图 5-7-3 B 站错车位两车返回时间与掘进距离关系图

注:"A 车站至 B 车站区间行驶车辆"指满渣车从 B 车站开始行驶弃渣完成后回到 B 车站结束,"B 车站至 C 车站区间行驶车辆"指空车从 B 车站开始行驶至掘进位置装渣完成后回到 B 车站结束。

①设置错车位。由于 B 至 C 区间隧道长度为 1500m,小于 1664m,所以掘进时间最大与最小相等,时间为:

$$60 + \frac{843}{120} + \frac{843}{100} = 75.5 (\min)$$

②不设置错车位。

a. 当掘进位于 B 时用时最短,时间为:

$$45 + \frac{843}{120} + \frac{843}{100} = 75.5 (\min)$$

b. 当掘进到达 C 时用时最长,时间为:

$$45 + \frac{2500}{120} + \frac{2500}{100} = 91 (\min)$$

(4)进度情况分析

当掘进通过 B 站后,随着掘进距离的增加,若不设置岔道则完成一环所需时间也随之增加,从 75.5min 线性增加到 91min。每天完成的环数随着掘进距离的增大而减少,理论上从每天完成 9.5 环逐渐减少至每天完成 7.9 环。

总结:根据以上所得结果进行对比,绘制距离—时间图(图 5-7-4),则可以得到,无论是在哪里,设置错车道都比不设置错车道提升效率、节省时间。

(5)掘进停机时间分析

为了更加详细地分析掘进时的施工效率,由实地勘察记录数据,取 11 月 16 日至 12 月

28日之间的掘进参数进行分析,记录影响TBM掘进的因素,并记录下相应的影响时间,最终总结分析,现整理数据如表5-7-6所示。

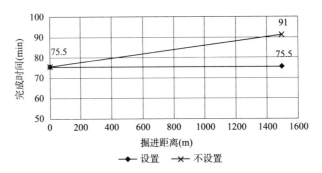

图5-7-4 掘进一环时间对比图

影响TBM掘进时间分析表　　　　　　　　　　　　　　　　　表5-7-6

时间(周)	左 线		右 线		周平均(%)
	时间(min)	百分比(%)	时间(min)	百分比(%)	
第1周	2430	24.1	2480	24.6	24.4
第2周	4400	43.6	4130	40.9	42.3
第3周	3175	31.5	4532	45.0	38.3
第4周	2809	27.9	2965	29.5	28.7
第5周	2335	23.2	5264	52.2	37.7
第6周	4780	47.4	2487	24.7	36.0
总平均(%)	3322	33.0	3643	36.2	34.6

由于数据较多,有的数据可能会因为个别原因过大或者过小,不具备代表性。所以,为了保证数据的准确性,对最终的总平均值计算应去掉一个最大值,去掉一个最小值,用剩余10个数值进行计算得到最终的平均百分比W:

$$W = \frac{24.1 + 24.6 + 43.6 + 40.9 + 31.3 + 45 + 27.9 + 29.5 + 47.4 + 24.7}{10} = 34\%$$

所以,最终结果可以得到掘进过程中,影响TBM正常施工导致停机的时间所占百分比为$W = 34\%$。

(6)总结

在每循环掘进时间分析中可以得到结论,在B至C站区间隧道内掘进时,排除机械故障等停机的情况下,理论上一个班组(12h)可以掘进9.5环。

在掘进停机时间分析中,根据数据计算的结论,在总体掘进时间中,34%的时间会由于各种因素的影响而无法掘进。

通过以上两个结论可以总结得到一个推进效率系数,系数的意义在于可以清晰明确地反映正常掘进时实际发生的施工效率情况,一个班组可以掘进9.5环,则一天(24h)理论可以掘进19环。而由于各种因素引起的停机系数为34%,最终可以得到推进效率系数N:

$$N = 1 - 0.34 = 0.66$$

所以最终可以得到正常施工情况下,每天(24h)可以掘进的平均水平为:
$$19 \times 0.66 = 12.5(环)$$

5.7.2 重庆某项目A区间掘进统计分析

A 至 B 车站全长 843m,自 4 月份始发,至 8 月 23 日右线贯通,至 9 月 7 日左线贯通。现根据现场实测数据以及施工情况特进行掘进效率的总结,用于指导今后的施工。

根据实地勘测记录,得到表 5-7-7 和表 5-7-8 所示基础数据。

基 础 数 据 表 格　　　　表 5-7-7

项　　目	时间(min)	说　　明
掘进一环	45	取平均值,不同地质情况时间略有不同
拼装一环	25	机器故障影响除外
电瓶车从进洞到出洞一个循环	80	包括掘进、装卸碎石罐、拆卸和连接管片车以及接渣等其他操作
井口出渣	33	龙门吊每出一斗渣需用时 6min,一次出渣共计 5 斗,考虑工人挂钩、电瓶车水平移动时间,取 33min 为宜
吊装管片	9	考虑中途电瓶车水平移动的时间,三个过程共取 30min 为宜
吊装碎石	9	
灌注砂浆车	9	
电瓶车到达井口并完成操作后离开井口进洞时间	50	井口出渣、吊装管片、吊装碎石、灌注砂浆以及其他操作所用时间

速 度 表 格　　　　表 5-7-8

项　　目	速度(m/min)	项　　目	速度(m/min)
进洞	120	出洞	100

掘进一个循环的时间:70min(从开始掘进到掘进后完成拼装);

A 站出渣及吊装管片等一系列活动累计时间:50min;

电瓶车在路上的速度:车从隧道内出洞速度 100m/min(车头在前);

车从隧道外进洞速度 120m/min(车头在后)。

在 A 车站设置岔道用于电瓶车错车,当单护盾 TBM 开始掘进后,随着掘进距离的增加,每掘进一环所需要的时间也会慢慢地增加,而每环掘进时间为"井口操作时间"和"电瓶车进洞到出洞时间"二者中取较大一个。在开始始发时,掘进一环时间为"井口操作时间"较大,取 50min,随着掘进距离的增加,"电瓶车进洞到出洞时间"相应地增加,当其超过"井口操作时间"时,掘进一环的时间则为"电瓶车进洞到出洞的时间",假设盾构机即将贯通,则此时掘进一环需要时间为:

$$45 + \frac{843}{120} + \frac{843}{100} = 60.5(\min)$$

A-B 车站如图 5-7-5 所示。

绘制推进时间对比图(图 5-7-6),可以看出二者存在交叉点,交叉点位于 272m 处,在掘进距离小于 272m 时,每掘进一环需要 50min,此时一个班组(12h)理论可以掘进 14 环,当掘进距离超过272m时,掘进时间会随着距离的增加而线性增加,最终达到掘进一环需要60.5min,此时一个班组(12h)理论上由掘进14环逐渐降低到12环。

图5-7-5 A-B车站示意图

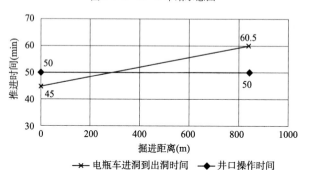

图5-7-6 推进时间对比图

注:"电瓶车进洞到出洞时间"指空渣车从井口进洞到满车出洞到达井口时间,"井口操作时间"指井口出渣、下管片以及其他各种材料总时间(存在同时作业的工序)。

根据之前总结的推进效率系数,可以总结得到实际施工时平均每天可以掘进环数,取掘进效率系数0.66,则最终得到结论。

当掘进距离小于272m时,一个班组(12h)实际掘进环数平均水平为:
$$14 \times 0.66 = 9(环)$$

当掘进距离大于272m时,一个班组(12h)实际掘进环数会从9环开始慢慢地较小,逐渐减小到最小值:
$$12 \times 0.66 = 8(环)$$

参 考 文 献

[1] 周文波.盾构法隧道施工技术及应用[M].北京:中国建筑工业出版社,2004.
[2] 竺维彬,鞠世健.复合地层中的盾构施工技术[M].北京:中国科学技术出版社,2006.
[3] 韩亚丽,陈馈.南京地铁盾构隧道管片拼装技术[J].隧道建设,2003(2).
[4] 陈馈,南京地铁盾构掘进技术[J].建筑机械化,2004(2).
[5] 陈韶章,洪开荣.复合地层盾构设计概论[M].北京:人民交通出版社,2010.
[6] 土木学会.隧道标准规范(盾构篇)及解说[M].朱伟,译.北京:中国建筑工业出版社,2001.
[7] 白廷辉.盾构法隧道施工技术与环境保护[J].地下工程与隧道,1993(3).
[8] 张凤祥,傅德明,杨国祥.盾构隧道施工手册[M].北京:人民交通出版社,2005.
[9] 陈馈.南京地铁TA15标盾构法施工技术[J].建筑机械,2014(10).
[10] 傅德明.我国隧道盾构掘进机应用技术的发展现状[J].岩土工程界,2002.
[11] 中华人民共和国住房和城乡建设部.CJJ/T 164—2011 盾构隧道管片质量检测技术标准[S].北京:中国建筑工业出版社,2012.
[12] 中华人民共和国国家标准.GB 50446—2008 盾构法隧道施工与验收规范[S].北京:中国建筑工业出版社,2008.
[13] 魏新江,魏纲,丁智.城市隧道工程施工技术[M].北京:化学工业出版社,2011.